U0139699

做一个理想的法律人
To be a Volljurist

法律人进阶译丛【经典阅读】

李 昊 / 译丛主编

法律漏洞的确定

法官在法律外续造法之前提与界限的方法论研究 （第2版）

〔德〕克劳斯-威廉·卡纳里斯 著　杨旭 译

Die Feststellung von Lücken im Gesetz

Eine methodologische Studie über Voraussetzungen und
Grenzen der richterlichen Rechtsfortbildung praeter legem

Claus-Wilhelm Canaris　　　　　2., überarbeitete Auflage

北京大学出版社

PEKING UNIVERSITY PRESS

著作权合同登记号　图字:01-2018-8586
图书在版编目(CIP)数据

　　法律漏洞的确定：法官在法律外续造法之前提与界限的方法论研究：第2版／（德）克劳斯-威廉·卡纳里斯著；杨旭译. —北京：北京大学出版社，2023.6
　　（法律人进阶译丛）
　　ISBN 978-7-301-34111-7

　　Ⅰ.①法… Ⅱ.①克… ②杨… Ⅲ.①法律—研究—中国
Ⅳ.①D920.4

　　中国国家版本馆 CIP 数据核字（2023）第 106225 号

Claus-Wilhelm Canaris
Die Feststellung von Lücken im Gesetz
Eine methodologische Studie über Voraussetzungen und Grenzen der richterlichen Rechtsfortbildung praeter legem
2., überarbeitete Auflage
Alle Rechte vorbehalten
© 1983, Duncker & Humblot GmbH, Berlin
This translation published by arrangement with Duncker & Humblot GmbH, Berlin

书　　　名	法律漏洞的确定：法官在法律外续造法之前提与界限的方法论研究(第2版)
	FALÜ LOUDONG DE QUEDING：FAGUAN ZAI FALÜ WAI XUZAO FA ZHI QIANTI YU JIEXIAN DE FANGFALUN YANJIU(DI-ER BAN)
著作责任者	〔德〕克劳斯-威廉·卡纳里斯（Claus-Wilhelm Canaris）　著 杨　旭　译
丛书策划	陆建华
责任编辑	陆建华　隋明晰
标准书号	ISBN 978-7-301-34111-7
出版发行	北京大学出版社
地　　　址	北京市海淀区成府路 205 号　100871
网　　　址	http://www.pup.cn　http://www.yandayuanzhao.com
编辑部邮箱	yandayuanzhao@pup.cn
总编室邮箱	zpup@pup.cn
新浪微博	@北京大学出版社　@北大出版社燕大元照法律图书
电　　　话	邮购部 010-62752015　发行部 010-62750672 编辑部 010-62117788
印　刷　者	北京中科印刷有限公司
经　销　者	新华书店
	880 毫米×1230 毫米　A5　8.25 印张　202 千字
	2023 年 6 月第 1 版　2023 年 8 月第 2 次印刷
定　　　价	56.00 元

"法律人进阶译丛"编委会

主 编

李 昊

编委会

（按姓氏音序排列）

班天可　陈大创　季红明　蒋　毅　李　俊

李世刚　刘　颖　陆建华　马强伟　申柳华

孙新宽　唐志威　夏昊晗　徐文海　查云飞

翟远见　张焕然　张　静　张　挺　章　程

Die Feststellung von Lücken im Gesetz

作者简介：

〔德〕克劳斯-威廉·卡纳里斯（Claus-Wilhelm Canaris，1937—2021），1957 年至 1961 年在巴黎、日内瓦和慕尼黑学习法律、哲学与日耳曼学，先后于 1963 年和 1967 年在慕尼黑取得博士学位和教授资格，1972 年接替卡尔·拉伦茨（Karl Larenz）成为慕尼黑大学民法、商法、劳动法与法哲学教授，2005 年荣休。作为德国联邦司法部召集的给付障碍法委员会成员，卡纳里斯教授对德国 2002 年债法改革贡献卓著。其一生所获殊荣颇多，曾当选为巴伐利亚科学院院士、欧洲科学与艺术学院院士、奥地利科学院院士、伦巴第科学与人文学院院士、伦敦高级法律研究会会员、日本科学促进会会员等，被里斯本大学、马德里大学、格拉茨大学、雅典大学、维罗纳大学等授予荣誉博士学位，并荣获德意志研究基金会颁发的莱布尼茨奖、德意志联邦共和国一等十字勋章等。

卡纳里斯教授的主要研究领域为民法、商法、法学方法论与法哲学。其代表性作品主要有《法律漏洞的确定：法官在法律外续造法之前提与界限的方法论研究》（1964 年第 1 版；1983 年第 2 版）、《法学中的体系思维与体系概念：以德国私法为例》（1969 年第 1 版；1983 年第 2 版）、《德国私法中的信赖责任》（1971 年）、《分配正义在德国合同法中的意义》（1997 年）等，续写拉伦茨著《法学方法论》（1995 年第 3 版）和《债法教科书：各论》（第二分册，1994 年第 13 版）、卡尔-赫尔曼·卡佩勒（Carl-Herrmann Capelle）著《商法》（修订至 2006 年第 24 版）以及《银行合同法》（修订至 2005 年第 4 版）等重要的教科书和评注，并围绕法学方法论、基本权利与私法的关系、信赖保护、法律行为

Die Feststellung von Lücken im Gesetz

效力、债权的物权化、合同法的实质化、给付障碍法、不当得利法、交往安全义务、损害赔偿法、银行合同法、票据法等各种主题发表大量论文,其中有关信赖责任的研究被誉为"法学上的发现"。其教科书、评注以外的主要作品被收录于《克劳斯-威廉·卡纳里斯作品全集》(2012 年),涵盖"法理论""信赖责任"和"私法"三大领域,三卷合计三千三百余页。其学术影响力远远超出德语国家的范围,许多作品被翻译为包括中文在内的多国语言。

卡纳里斯教授桃李满天下,其门生遍布德国学术及实务界,在德国之外亦培养了诸多法律人才。为庆贺其寿辰,弟子们会同学界同仁先后为其出版四部祝寿文集:《法学思维中的统一性与一致性》(1998 年)、《法秩序变迁中的延续性》(2002 年)、《克劳斯-威廉·卡纳里斯七秩华诞祝寿文集》(两卷,2007 年)、《21 世纪的私法教义学:克劳斯-威廉·卡纳里斯八秩华诞祝寿文集》(2017 年)。

译者简介:

杨旭,北京师范大学法学院讲师,清华大学法学博士、德国海德堡大学联合培养博士、清华大学"水木学者"博士后。主要研究领域为民商法学、法学方法论与计算法学,于《法学》《中国法律评论》《法制与社会发展》《比较法研究》《现代法学》《政治与法律》《南京社会科学》等核心期刊发表论文多篇。

电子邮箱为:yangxujustice@ 126. com。

Die Feststellung von Lücken im Gesetz

主编简介：

李昊，北京大学法学学士、民商法学硕士，清华大学民商法学博士，中国社会科学院法学研究所博士后。现任中南财经政法大学法学院教授、博士生导师，数字法治研究院执行院长，法律硕士"数字治理与合规"方向导师组组长。曾任北京航空航天大学人文社会科学高等研究院副院长、北京航空航天大学法学院教授（院聘）、博士生导师。德国慕尼黑大学、明斯特大学、奥地利科学院欧洲损害赔偿法研究所访问学者。兼任德国奥格斯堡大学法学院客座教授、中国网络与信息法学研究会理事、北京市物权法学研究会副会长、北京中周法律应用研究院副理事长兼秘书长、北京法律谈判研究会常务理事、北京市金融服务法学会理事，湖北省法学会民法学研究会理事，浙江省检察院咨询专家，《燕大法学教室》（简体版《法学教室》）主编、《月旦法学杂志》副主编、《中德私法研究》和《法治研究》编委。著有《纯经济上损失赔偿制度研究》《交易安全义务论——德国侵权行为法结构变迁的一种解读》《危险责任的动态体系论》《不动产登记程序的制度建构》（合著）、《中国民法典侵权行为编规则》（合著）等；在《法学研究》《清华法学》《法学》《比较法研究》《环球法律评论》等期刊和集刊发表论文六十余篇。主编"侵权法与保险法译丛""侵权法人文译丛""外国法学精品译丛""法律人进阶译丛""欧洲法与比较法前沿译丛"等多部法学译丛，联合主编"新坐标法学教科书"系列。

做一个理想的法律人（代译丛序）

近代中国的法学启蒙受自日本，而源于欧陆。无论是法律术语的移植、法典编纂的体例，还是法学教科书的撰写，都烙上了西方法学的深刻印记。即使是中华人民共和国成立后兴盛过一段时期的苏俄法学，从概念到体系仍无法脱离西方法学的根基。20世纪70年代末，借助于我国台湾地区法律书籍的影印及后续的引入，以及诸多西方法学著作的大规模译介，我国重启的法制进程进一步受到西方法学的深刻影响。当代中国的法律体系可谓奠基于西方法学的概念和体系之上。

自20世纪90年代开始的大规模的法律译介，无论是江平先生挂帅的"外国法律文库""美国法律文库"，抑或许章润、舒国滢先生领衔的"西方法哲学文库"，以及北京大学出版社的"世界法学译丛"、上海人民出版社的"世界法学名著译丛"，诸多种类，均注重于西方法哲学思想尤其英美法学的引入，自有启蒙之功效。不过，或许囿于当时西欧小语种法律人才的稀缺，这些译丛相对忽略了以法律概念和体系建构见长的欧陆法学。弥补这一缺憾的重要转变，应当说始自米健教授主持的"当代德国法学名著"丛书和吴越教授主持的"德国法学教科书译丛"。以梅迪库斯教授的《德国民法总论》为开篇，德国法学擅长的体系建构之术和鞭辟入里的教义分析方法进入中国法学的视野，辅以崇尚德国法学的我国台湾地区法学教科书和专著的引入，德国法学在中国当前的法学教育和法学研究中日益受到尊崇。然而，"当代德国法学名著"丛书虽然遴选了德国当代法学著述中的上乘之作，但囿于撷取名著的局限及外国专家的视角，丛书采用了学科分类的标准，而未区分注重体系层次的基础教科书与偏重思辨分析的学术专著，与戛然而止的"德国法学教科书译丛"一样，在基础教科书书目的选择上尚未能充分体现当代德国法学教育的整体面貌，是为缺憾。

职是之故，自 2009 年始，我在中国人民大学出版社策划了现今的"外国法学教科书精品译丛"，自 2012 年出版的德国畅销的布洛克斯和瓦尔克的《德国民法总论（第 33 版）》始，相继推出了韦斯特曼的《德国民法基本概念（第 16 版）（增订版）》、罗歇尔德斯的《德国债法总论（第 7 版）》、多伊奇和阿伦斯的《德国侵权法（第 5 版）》、慕斯拉克和豪的《德国民法概论（第 14 版）》，并将继续推出一系列德国主流的教科书，涵盖了德国民商法的大部分领域。该译丛最初计划完整选取德国、法国、意大利、日本诸国的民商法基础教科书，以反映当今世界大陆法系主要国家的民商法教学的全貌，可惜译者人才梯队不足，目前仅纳入"日本侵权行为法"和"日本民法的争点"两个选题。

系统译介民商法之外的体系教科书的愿望在结识季红明、查云飞、蒋毅、陈大创、葛平亮、夏昊晗等诸多留德小友后得以实现，而凝聚之力源自对"法律人共同体"的共同推崇，以及对案例教学的热爱。德国法学教育最值得我国法学教育借鉴之处，当首推其"完全法律人"的培养理念，以及建立在法教义学基础上的以案例研习为主要内容的教学模式。这种法学教育模式将所学用于实践，在民法、公法和刑法三大领域通过模拟的案例分析培养学生体系化的法律思维方式，并体现在德国第一次国家司法考试中，进而借助第二次国家司法考试之前的法律实训，使学生能够贯通理论和实践，形成稳定的"法律人共同体"。德国国际合作机构(GIZ)和国家法官学院合作的《法律适用方法》(涉及刑法、合同法、物权法、侵权法、劳动合同法、公司法、知识产权法等领域，由中国法制出版社出版)即是德国案例分析方法中国化的一种尝试。

基于共同创业的驱动，我们相继组建了中德法教义学QQ群，推出了"中德法教义学苑"微信公众号，并在《北航法律评论》2015年第1辑策划了"法教义学与法学教育"专题，发表了我们共同的行动纲领：《实践指向的法律人教育与案例分析——比较、反思、行动》(季红明、蒋毅、查云飞执笔)。2015年暑期，在谢立斌院长的积极推动下，中国政法大学中德法学院与德国国际合作机构法律咨询项目合作，邀请民法、公法和刑法三个领域的德国教授授课，成功地举办了第一届"德国法案例分析暑期班"并延续至今。2016年暑期，季红明和夏昊晗也积极策划并参与了由西南政法大学黄家镇副教授牵头、民商法学院举办的"请求权基础案例分析法课程暑期培训班"。2017年暑期，加盟中南财经政法大学法学院的"中德法教义学苑"团队，成功举办了"案例分析暑期培训班"，系统地在民法、公法和刑法三个领域以德国的鉴定式模式开展了案例分析教学。

中国法治的昌明端赖高素质法律人才的培养。如中国诸多深耕法学教育的启蒙者所认识的那样，理想的法学教育应当能够实现法科生法律知识的体系化，培养其运用法律技能解决实践问题的能力。基于对德国奠基于法教义学基础上的法学教育模式的赞同，本译丛期望通过德国基础法学教程尤其是案例研习方法的系统引入，循序渐进地从大学阶段培养法科学生的法律思维，训练其法律适用的技能，因此取名"法律人进阶译丛"。

本译丛从法律人培养的阶段划分入手，细分为五个子系列：

——法学启蒙。本子系列主要引介关于法律学习方法的工具书，旨在引导学生有效地进行法学入门知识的学习，成为一名合格的法科生，并对未来的法律职场形成初步的认识。

——法学基础。本子系列对应于德国法学教育的基础阶段，注重民法、刑法、公法三大部门法基础教程的引入，让学生在三大部门法领域中能够建立起系统的知识体系，同时也注重扩大学生在法理学、法律史和法学方法等基础学科上的知识储备。

——法学拓展。本子系列对应于德国法学教育的重点阶段，旨在让学生能够在三大部门法的基础上对法学的交叉领域和前沿领域，诸如诉讼法、公司法、劳动法、医疗法、网络法、工程法、金融法、欧盟法、比较法等有进一步的知识拓展。

——案例研习。本子系列与法学基础和法学拓展子系列相配套，通过引入德国的鉴定式案例分析方法，引导学生运用基础的法学知识，分析模拟案例，由此养成良好的法律思维模式，为步入法律职场奠定基础。

——经典阅读。本子系列着重遴选法学领域的经典著作和大型教科书(Grosse Lehrbücher)，旨在培养学生深入思考法学基本问题及辨法析理之能力。

我们希望本译丛能够为中国未来法学教育的转型提供一种可行的思路，期冀更多法律人共同参与，培养具有严谨法律思维和较强法律适用能力的新一代法律人，建构法律人共同体。

虽然本译丛先期以德国法学教程和著述的择取为代表，但是并不以德国法独尊，而是注重以全球化的视角，实现对主要法治国家法律基础教科书和经典著作的系统引入，包括日本法、意大利法、法国法、荷兰法、英美法等，使之能够在同一舞台上进行自我展示和竞争。这也是引介本译丛的另一个初衷：通过不同法系的比较，取法各家，吸其所长。也希望借助本译丛的出版，展示近二十年来中国留学海外的法学人才梯队的更新，并借助新生力量，在既有译丛积累的丰富经验基础上，逐步实现对外国法专有术语译法的相对统一。

本译丛的开启和推动离不开诸多青年法律人的共同努力，在这个翻译难以纳入学术评价体系的时代，没有诸多富有热情的年轻译者的加入和投入，译丛自然无法顺利完成。在此，要特别感谢积极参与本译丛策划的诸位年轻学友和才俊，他们是：留德的季红明、查云飞、蒋毅、陈大创、黄河、葛平亮、杜如益、王剑一、申柳华、薛启明、曾见、姜龙、朱军、汤葆青、刘志阳、杜志浩、金健、胡强芝、孙文、唐志威，留日的王冷然、张挺、班天可、章程、徐文海、王融擎，留意的翟远见、李俊、肖俊、张晓勇，留法的李世刚、金伏海、刘骏，留荷的张静，等等。还要特别感谢德国奥格斯堡大学法学院的托马斯·M. J. 默勒斯（Thomas M. J. Möllers）教授慨然应允并资助其著作的出版。

本译丛的出版还要感谢北京大学出版社副总编辑蒋浩先生和策划编辑陆建华先生，没有他们的大力支持和努力，本译丛众多选题的通过和版权的取得将无法达成。同时，本译丛部分图书得到中南财经政法大学法学院徐涤宇院长大力资助。

回顾日本的法治发展路径，在系统引介西方法律的法典化进程之后，将是一个立足于本土化、将理论与实务相结合的新时代。在这个时代中，中国法律人不仅需要怀抱法治理想，还需要具备专业化的法律实践能力，能够直面本土问题，发挥专业素养，推动中国的法治实践。这也是中国未来的"法律人共同体"面临的历史重任。本译丛能预此大流，当幸甚焉。

李 昊

2018 年 12 月

推荐序

《法律漏洞的确定》一书是德国著名法学家、慕尼黑大学民商法与法学方法论学者克劳斯−威廉·卡纳里斯（Claus−Wilhelm Canaris）教授的成名之作，该书历经六十余年的岁月洗礼和学术沉淀，现已成为法学方法论领域的经典名著。

卡纳里斯教授一生著作等身，其研究可谓"融贯民商、横跨公私"，并在方法论和法哲学领域造诣颇深。对于其宽阔的学术视野和深邃的学术思想，我仰慕已久。在 1999 年 10 月至 2000 年 10 月于德国访学期间，我曾非常喜欢研究"信赖"与权利外观学说，认为自由与信赖乃是现代民法的两大支柱，诸多私法制度均是在自由与信赖之间进行利益衡量与价值抉择。为此，2000 年 5 月我从科隆前往慕尼黑大学，拜访在其教授资格论文基础上以"德国私法上的信赖责任"为题完成巨著的卡纳里斯教授。卡纳里斯教授热情地接待了我，和我交谈了近一个半小时，并送给我他刚为纪念德国联邦最高法院成立五十周年而撰写的"德国联邦法院判决下的信赖责任"一文的手稿。此情此景历历在目，教授却已仙逝。谨在此深切缅怀卡纳里斯教授。

卡纳里斯教授关于信赖责任的研究的最大特色为"先分论、后总论"的行文顺序，其实质则是归纳方法在法学中的运用。其实，对于获取普遍法原则的归纳方法，卡纳里斯教授早在《法律漏洞的确定》一书中便已经首次提出，并将其作为漏洞确定的方法予以完整阐述。然而，一旦提及法律漏洞，最先被想到的往往是漏洞填补，而漏洞确定作为重要的前提性问题却很容易被忽略。若不先行确定漏洞的存在，其填补问题又从何谈起？所以卡纳里斯教授在本书第一版前言中开宗明义地指出，漏洞确定问题的"意义并非微不足道，甚至通常比漏洞填补问题更加重要，因为在确定漏洞时就已触及法官究竟是否有权续造法这个意义重大的判断"。这种严格区分漏洞确定和填补的立场贡献卓著，被誉为法学方法论上的重大"发现"。

　　尽管国内关于法律漏洞问题的探讨在不同程度上源于本书，但其全貌始终未得展现。本书的译者杨旭博士是我的学生。在就读博士期间，他便对法学方法论表现出浓厚的兴趣，并已有相当深入的思考。他提出翻译本书，我当即表示支持，并持续关注其工作进展。正所谓"译事艰难"，译成本书尤其不易。一则，本书并非通行的教科书，而是一部内容翔实、思维缜密的方法论专著，对德国实务中遍及宪法、民法、刑法、行政法、诉讼法、经济法、国际法等诸多部门法中的经典例子展开分析。没有良好的法学素养，难以使译文准确、易读。二则，本书的翻译时间跨度较长，始于译者就读博士期间，成于其博士后出站。于此期间，要在承担较为繁重的学习和研究任务的同时完成本书的翻译，需要持续的毅力和恒心。杨旭博士能够出色地完成此项工作，我作为其导师由衷地感到高兴，并十分乐见这本重要方法论译著的面世。

　　本书为法学方法论领域的奠基之作。我相信，中译本的出版定能推进我国在法学方法论领域的研究深度，并使现行法能够在实践中与时俱进，从而持续地提升其科学性。尤其在我国《民法典》已颁行的"后法典化时代"，立足于法解释学基本范式的学术研究与司法实践成为主流。然而，任何法律在颁布之初已不可避免地存在漏洞，社会的不断发展又会衍生出更多漏洞，那么法律漏洞的确定和填补便尤其具有重大实践意义。而卡纳里斯教授已明确提出，本书的"实践目标"为"通过研究漏洞的概念以及漏洞确定的可能性去澄清允许法官补充法的前提"，进而"提出一些实用的方法规则，给予法官以必要的帮助，并指明不可免除之限制"。在这个意义上，本书不仅能够弥补国内学界对法律漏洞确定问题研究的缺失，而且可以为解决实务中的疑难问题提供极具针对性的有效指引。

值此卡纳里斯教授的名著在中国出版之际，寥寥数语，权作为序，并郑重向我国法学与法律界推荐本书！

申卫星

清华大学法学院教授

2023 年 5 月 25 日

第 2 版前言

当一篇博士论文出第 2 版时，作者既欢喜也尴尬。欢喜是因为这个学术处女作似乎还总是处于对话当中；尴尬是因为如今，尤其在间隔近二十年的时光后，人们自然而然地会就有些问题说点别的，而另一些问题则完全不再被提及。于此期间，我依然坚持本书中的核心方法论主张；少数与此不符之处，我已经相应地修改。棘手的是，其中一些实践中的例子由于迄今为止的立法而过时，或者由于教义学的后续发展而呈现不同面貌。不过，出于印刷技术的原因，在此方面予以彻底修改是不可能的；而且对我来说也并非不可避免，因为这些例子不是由于其自身的缘故而被讨论，其仅仅服务于阐明特定的方法论观点，并且能够一如既往地实现此目的。在我认为当时所支持的解决方案不再正确之处，已在脚注中注明。

克劳斯-威廉·卡纳里斯

1982 年 12 月于慕尼黑

第 1 版前言节选

时至今日，漏洞确定问题在文献和司法判决中所受关注之少令人惊奇。尽管如此，其意义并非微不足道，甚至通常比漏洞填补问题更加重要，因为在确定漏洞时就已触及法官究竟是否有权续造法这个意义重大的判断。故此，正如副标题所强调的，本书设定特定的实践目标：通过研究漏洞概念以及漏洞确定的可能性去澄清允许法官补充法的**前提**。当然，此处并不涉及法官续造法的全部领域，而只涉及传统上被称为"法律外"的法之发现或者"法律补充"的范围，从而区别于"依据法律"的法之发现或者"法律解释"以及"违反法律"的法之发现或者"法律修正"。但是，本书尝试通过相应地宽泛理解漏洞概念（参见边码 24 以下）而**完全**超出这一范围。就此而言，诸如经由司法判决形成新的法制度以及借助"普遍法原则"的法之续造这些深具现实意义且远远未被澄清的问题领域，尤其值得注意；同时，本书也尝试在此方面提出一些实用的方法规则，给予法官以必要的帮助，并指明不可免除之限制。最后，与完整地划定可容许的法律补充这一关切相适应，最后一章讨论"漏洞填补的界限"，也就是那些尽管存在漏洞却不允许法官填补的情形。与此不同，漏洞填补的问题本身并非本书的主题；尽管如此，本书也深入地阐述诸如类推、目的性限缩、普遍法原则、事物本性等最为重要的漏洞填补工具，因为这些工具通常在漏洞确定的框架下也具有意义，而这已是本研究最重要的结论之一。

本书的副标题还强调另一点：其涉及的是**方法论**研究。借此，同时说明本书并非法哲学或者实证法研究，尤其不是宪法研究。尽管如此，拉伦茨所称任何方法论研究的"双重面向"（《法学方法论》，第5页）* 也适用于本书：其同样以特定的、尤其是关于法之本质的法哲学观念为基础，同样牵涉特别的、历史且具体的法秩序，尤其是特定的、由宪法所塑造的法官总体之形象。其实，每个致力于方法论问题的研究者总会一再意识到，方法论、法哲学以及实证法在关键性问题中，是在何种程度上彼此交织且相互指引。诸如类推、目的性限缩、当然推论、反面推论、归谬法等重要性已"不言自明"的法律论证工具，早就不能在纯粹的形式逻辑上予以证立，最终只能全部共同地系于(积极或者消极的)平等原理。另外，漏洞概念是有意识且明确地鉴于宪法赋予法官之任务与权限而被规定，这已说明实证法所具有的决定性影响。不过，按照事理以及外部范围，全部这些问题必须且应当坚持遵循本书的框架并以此为前提，所以只是部分在附论或脚注中例外地进行较详细阐述。

克劳斯-威廉·卡纳里斯
1964 年 10 月于慕尼黑

---

* 拉伦茨(Karl Larenz)教授曾在其1960年著《法学方法论》第一版的"前言"中写道："所有法学方法论皆基于或者至少包含一种法理论。其必然呈现双重面向：一面朝向法教义学及其方法的实践运用，另一面朝向法理论并借此最终通向法哲学。这种双重的观察方向既是方法论的困难之处，又是其独特的魅力所在。"——译者注

缩略语表

AcP   Archiv für die civilistische Praxis
             《民法实务论丛》

AöR   Archiv für öffentliches Recht
             《公法论丛》

ArbuR   Arbeit und Recht, Zeitschrift für Arbeitsrechtspraxis
             《劳动与法：劳动法实务杂志》

ARSP   Archiv für Rechts- und Sozialphilosophie
             《法哲学与社会哲学论丛》

DB   Der Betrieb
             《企业》

DJZ   Deutsches Juristenzeitung
             《德意志法学家报》

DöV   Die öffentliche Verwaltung
             《公共行政》

DR   Deutsches Recht
             《德意志法》

DRiZ   Deutsche Richterzeitung
             《德意志法官报》

FR   Finanzrundschau
《金融博览》

Gruchot   Beiträge zur Erläuterung des deutschen Rechts, begr.
von Gruchot
《德意志法注释文丛》，格鲁霍特创刊

GrünhZ.   Zeitschrift für das Privat-und öffentliche Recht der Ge-
genwart, begr. von Grünhut
《当代公法与私法杂志》，格林胡特创刊

JherJb.   Jherings Jahrbücher der Dogmatik des bürgerlichen Re-
chts
《耶林民法教义学年鉴》

JT-Festschr. Festschrift zum 100jährigen Bestehen des deutschen Ju-
ristentages, Karlsruhe 1960
《德意志法学家协会创立一百周年庆贺文集》，卡
尔斯鲁尔，1960 年

JZ   Juristenzeitung
《法学家报》

LM   Lindenmaier-Möhring, Nachschlagewerk des Bundes-
gerichtshofs
林登迈尔-莫林：《联邦最高法院参考资料》

MDR   Monatsschrift für deutsches Recht
《德意志法月刊》

NF   Neue Folge
《新序列》

NJW   Neue Juristische Wochenschrift
《新法学周刊》

SchwZStrR	Schweizerische Zeitschrift für Strafrecht	
	《瑞士刑法杂志》	
SJZ	Süddeutsche Juristen-Zeitung	
	《南德意志法学家报》	
StAZ	Zeitschrift für Standesamtswesen	
	《户籍登记所杂志》	
VerwArch	Verwaltungsarchiv	
	《行政档案》	
ZblJR	Zentralblatt für Jugendrecht und Jugendwohlfahrt	
	《青少年法与青少年福利文摘》	
ZSR	Zeitschrift für schweizerisches Recht	
	《瑞士法杂志》	
ZStrW	Zeitschrift für die gesamte Strafrechtswissenschaft	
	《全刑事法科学杂志》	

目　录

第一章

法律漏洞的概念

导 言 概念建构的方法

经常不言自明的是，对于法学概念的建构来说，在许多情况下 **1** 并不存在确定的规则，据此能够把某个术语称为"正确"或者"错误"。但另一方面，于此也不只是涉及单纯的偏好问题。倘若要使法律概念富有意义并可供使用，那么确切地说，在规定它时通常必须注重两个方面：一是**普遍的语言用法**，二是**其特殊的法学任务**。

至少在不涉及抵押、役权、先位继承等专门法学概念的范围内，必须将**普遍的语言用法**用作出发点和路标；其原因在于，只要科学术语不应该失去所有的标志性特征，而沦为与其对象无内在意义关联之单纯的抽象公式，它就必须考虑语词以典型方式所包含并因此经常伴随思考的意义内涵。

但是，为准确地界定概念，普遍的语言用法绝对不够。它经常 **2** 并不是单义的，而是给多种可能性留下空间，这已经使其不敷使用。更重要的是，科学概念并非出于其自身的缘故被创设，而是为澄清和界定特定的实质问题；只有在被使用的特殊功能脉络中，它们才能获得独特的重要性和准确范围。所以对概念的最终规定来说，关键在于其所要完成的**特殊任务**。

由此获得两点结论：第一，摆脱普遍语言用法之多义性是可能的，而且不必逃向采取单纯名义定义的做法。第二，可以确保在概念建构时始终保持与实际问题的相互联系，而实际问题的掌握将最终独立地正当化概念之创设。当然，这种通过其任务来规定术语的做法也带来很大方法上的困难：不可能以演绎的方式逐步发展出具体特征，然后再把如此获得的完善概念适用于其对象；确切地说，只有通过不断澄清实际问题才能更加精准地确定概念的界限，所以时常无法避免的是，实际问题的进一步确定同时又以概念的确定为前提。不过，这些缺点被以随之取得的优势所弥补，因为它尤其接近问题，并且具有高度的实用性。因此，后文将普遍语言用法与特殊的法学任务用作规定法律漏洞之概念的界定标准。

一、普遍的语言用法：漏洞作为"违反计划的不完整性"

3　　倘若有人说围墙漏洞、篱笆漏洞、知识漏洞、记忆漏洞等，那么是想在所有这些情形中指明一种在或多或少封闭的整体之内的**不完整性**：围墙、篱笆、知识、记忆中缺少某种东西。但并不是所有的不完整性均被称为漏洞；确切地说，围墙、篱笆、知识、记忆之所以被感觉到有漏洞，只是因为其"原本"应该是完整的。除了缺少某种东西这个简单的事实确定以外，还关乎这种东西应当存在的**价值判断**。据此，漏洞是一种不令人满意的、**"违反计划的"不完整性**。[1]

如果把这个从普遍语言用法中推导出的概念规定转用于法律漏洞的情形，那么得出：

法律漏洞是法律违反计划的不完整性。

---

[1]　首次指出其与法律漏洞概念的关联，是埃尔策（Elze）（S. 4 ff.）的功绩；同样的观点：Engisch, Einführung, S. 137 f.; Larenz, ML, S. 286；此前的类似观点有 Bekker, S.61., 另外，对于埃尔策观点的批评参见后文脚注69。

然而，由此所得甚少。其原因在于，漏洞的确定需要价值判断[2]，所以重要的是找到**评价标准**。据此去判断，法律的不完整性是否不令人满意，换句话说，什么是其所违反的"计划"？这能够从法律本身推导出来，还是由法律以外的观点所体现：决定漏洞存在问题的是自然法、"正确"法、公共利益、民众或者法官的法感情，抑或其他？

这一点就已经说明诉诸普遍语言用法的失灵；因为它在这个问题上并不统一。之所以说围墙或者篱笆有漏洞，是因为其由于不完整性而不符合**自身之目的设定**（阻挡无权利者进入）；也就是说，评价标准是从评价对象本身推导出来的。在知识漏洞或者记忆漏洞的情形却有所不同：（如证人的）记忆或者（如考生的）知识之所以被感觉到有漏洞，是因为其不符合**外在于其自身**的特定要求；于此，评价标准是由外在于评价对象的观点来确定。所以，普遍语言用法并不能有效地说明，对于法律漏洞的确定来说，哪些标准具有决定性。准此以言，现在必须要做的是赋予漏洞概念某项特定的任务，从而获得更为精准的规定。

二、漏洞概念的特殊任务：漏洞作为法律外法之发现的前提

如同所有的法学概念那样，漏洞概念也必须首先服务于法的适用。所以其可以在构成漏洞本质的法律不完整性对法之适用来说有意义的场合完成实际任务。这指的是传统上被称作"**法律外的法之发现（Rechtsfindung praeter legem）**"的领域，也就是说，法官于此从事"补充"法律的工作。因为漏洞概念的本质特征正是不完整

---

〔2〕 这是被普遍认可的。例如，参见 Gesetzesauslegung, S. 163; Binder, S. 983; Stoll, Methode, S. 100; Somlo, Die Anwendung des Rechts, S. 65; Ross, S. 343; Engisch, Rechtslücke, S. 90 f.; Esser, Grundsatz und Norm, S. 252, Fußn. 56; Larenz, ML, S. 282 f.; Du Pasquier, Lacunes, S. 19。

性，而这是**允许补充的前提**，所以其尤其适合划定这种"为补充法"的法之发现的前提和界限。因此，尽管在细节上不尽一致，法律漏洞与法律外的法之发现之间的联系仍得到普遍认可。如果说漏洞概念由此获得具体的实际任务，那么，现在也就通过与特定法官活动的连结，以及同以此方式给定的同法官在我们法体系中地位的联系，为详细规定具体特征创设了基础。就此而言，需重点从两个方面着手：一是要澄清法律究竟何时**不完整**，即未包含规整，换句话说：与"**依据法律的法之发现（Rechtsfindung secundum legem）**"**的界限位于何处**（第一节）；二是要研究从何种观点出发去确定，已查明的不完整性具有"**计划违反性**"，也就是说，与原则上不被允许的"**违反法律的法之发现（Rechtsfindung contra legem）**"**的分界线经过何处**（第二节）。

第一节　不完整性：与依据法律的法之发现（"解释"）的区分

6　　为进一步澄清不完整性的概念，还要再次回到普遍的语言用法。在围墙或者篱笆的情形，漏洞始于其材料即石块或者木条结束之处。构成法律的"材料"是规范。规范依照其本质是命令，或者按照不同观点是效力规定。[3] 而法律的**规定**仅仅体现为表述它的**语词**。所以很明显，法律漏洞存在的**界定标准**为其**文义**。

7　　不过，规范背后存在法律的评价，法律背后则是其宗旨（ratio legis）。尤其从目的性解释越来越多地被作为最终的决定标准予以贯彻以来，评价和宗旨已成为其意义绝不可能被高估的解释因素。所

---

[3]　于此脉络中无法详细研究关于"命令说"的正确性之争。对此，一方面参见 Engisch, Einführung, S. 22 ff.，另一方面参见 Larenz, ML, S. 151 ff.。

以总归也可以想象的是，直到从法律中**无法提取对特定情形的评价**之处，才称作不完整性，而不是在法律**不包含明确的规定**之处就已经如此。事实上，这种观点的支持者不在少数，尤其出现在瑞士的文献中[4]，以及德国的文献中。[5] 但他们却总是不愿以值得追求的清晰性去确凿地论证这一决定性标准。从术语上看，包括"补充性解释"[6] 在内的"解释"，于此经常与"自由的法之发现"彼此对立。[7] 有些时候，在文义已不再能覆盖规整而必须诉诸法律之"意义"的情形，也仅仅被称为"形式"漏洞[8]，与此相对的则是缺少法律评价的"实质"漏洞；只有后者被认为是"原本的"漏洞。海克(Heck)关于"诫命漏洞"和"评价漏洞"的区分[9]本质上与此类似，但其将二者同样看作是真正的法律漏洞[10]，就走得太远了。

当然，这种术语规定并非不可能；因为缺少法律评价确实也构成一种不完整性。但是，其并不如此前所说的取向于文义之界定那么恰当。原因在于，法律**最初**由命令、诫命和规定构成，在其"后

8

〔4〕 这完全可以被称为主流学说。参见 Gmür, S. 61; Germann, Grundfragen, S. 111; Meier-Hayoz, Der Richter als Gesetzgeber, S. 54, 58, 61 und Kommentar, Randziffer 263; Schweizer, S. 9, 43 und öfter; Waiblinger, S. 236; 不太清楚的是 Keller, S. 59 ff., 其一方面看似遵从文义(尤其参见 S. 67 f.)，但另一方面又认可"法律内"漏洞(参见S. 59 f.; 对此概念的进一步讨论，参见后文边码 16)。

〔5〕 尤其参见 Sax, Analogieverbot, insbesondere S. 87 f.; 进一步讨论，参见 Bastian, S. 52; Heck, Gesetzesauslegung, S. 173 f., 其将缺少规定和缺少评价的情形均称为漏洞。

〔6〕 Gmür, S. 61; Becker, S. 433.这一用语能够清楚地表明，事实上已经存在漏洞：只有基于不完整性才可以说"补充"。

〔7〕 尤其清楚的是 Gmür, S. 61 ff. und 100 ff.; Germann, Grundfragen, S. 104 ff., und Analogieverbot, S. 131。

〔8〕 Meier-Hayoz, Der Richter als Gesetzgeber, S. 61 f.; Spiro, Gerichtsgebrauch, S. 36 f.; Bastian, S. 69 f.; 也参见 von Laun, S. 381 ff., 和 Baumgarten, Wissenschaft vom Recht, S. 303。

〔9〕 Gesetzesauslegung, S. 161 ff., insbesondere S.169.

〔10〕 对海克的漏洞概念之批评，参见 Redel, S.27; Engisch, Rechtslücke, S. 89, Fußn. 13; 后文边码 15 末尾。

面"才是评价。所以在缺少这种规定，也就是不存在可以**直接**适用的规范之时，就已经可以有意义地称为不完整性。而法律规定系由文义加以界定："只有法律文本才具有立法者所作规定的权威性"。[11]

借此，同时说出了另一个对于选取文义作为界定标准来说更有意义的理由：只要判决与法律的文义一致，它就可以直接依据立法者命令的权威性；只要超出文义，就必须用其他理由去支持其信服力。例如，《民法典》*第463条第2句规定了出卖人恶意隐瞒瑕疵时赔偿履行利益的义务，那么在构成要件前提存在的情形，准许相应诉请的判决原则上就不需要其他正当性理由。与此不同，倘若出卖人不是隐瞒瑕疵，而是恶意虚构有利的性质，则有所不同：虽然一致认为，此处也应该保护积极利益[12]；但是，这种判决不能直接从立法者的规定中获得其权威性[13]，而只能结合对相同构成要件应予相同处理这一正义的诫命，从立法者的规定中推出：在两种情形中，出卖人均恶意利用买受人对物之性质的错误认识从而促使买受人订立合同，而且只有此点对认可履行利益来说才是决定性理由[14]，故此处也应该准许诉请。所以说，这一判决严格遵循法律的**评价**，而仅仅超出其文义。

尽管如此，两种情形的区别显而易见：第一种判决的正确性主张仅仅基于实证法的命令，第二种则基于平等原理；从方法上看，第一种情形涉及单纯的涵摄，但是相反，第二种情形则涉及类推，由于必须论证"法律上的相似性"，这种操作的难度不可同日而语。

---

[11]　Larenz, ML, S. 243 f.
*　未经特别指明，本书中的规范性法律文件均出自德国法。——译者注
[12]　例如，参见 RGZ 92, 295; Larenz, SR II, § 37, II c 3; Esser, § 106, 7。
[13]　Gény Méthode, Bd. II, S. 125 f. 针对类推适用明确指出此点。
[14]　参见 Larenz, a.a.O.。

于此脉络中，还要再次提醒漏洞概念的任务：其应该服务于界定法律外法之发现的领域，就是说，法官于此虽然有责任去发现法，但始终需要为此进行**特别的正当化**。如前所述，这也正是立法者**直接**规定的权威性终结之处，因为其受限于法律的文义。并且，由于从超越文义开始的方法操作之差异性，使用文义而不是法律评价之存在与否来界定漏洞概念是妥当的[15][16]，将文义之澄清归为单纯解释的领域也无可厚非。[17][18]

---

〔15〕 这在德国文献中也是主流学说，Herrfahrdt, S. 80; Wüstendörfer, S. 293; von Tuhr, S. 40; Baumgarten, Wissenschaft vom Recht, S. 299, und Methodenlehre, S. 38; Schwinge, S. 48; Lehmann, § 8 III 3; Dahm, S. 49; Engisch, Rechtslücke, S. 88, und Einführung, S. 146; Larenz, ML, S. 243。

〔16〕 反对观点，参见前文脚注 4 和 5 所引文献，以及 Zimmermann, Der Wortlaut des Gesetzes, S. 1264, Sp. 2; Bender, Methode der Rechtsfindung, S. 599, Sp.1, und Verfassungskonforme Gesetzesauslegung, S. 445, Sp. 1。

〔17〕 由于这一问题在文献中充满了诸多不确定性，还要再次强调指出的是，在澄清立法者直接规定的意义上之"解释"**于此**被用作漏洞补充的对立面，其与"依据法律的法之发现"同义。所以不应该有争议的是，在澄清法律即便只是间接包含的所有内容的意义上之"解释"同样**可以**被称为自由的法之发现的对立面（参见前文脚注 4 所引文献，另有，Sax, Analogieverbot, durchweg）。就此而言，必须始终对不同的语言用法，尤其是不同的界定标准（一个是文义，另一个是法律的评价）保持清晰的认识。两种分类彼此交织（不同观点有 Meier-Hayoz, Der Richter als Gesetzgeber, S. 61 f.; Bastian, S. 35 f. und durchweg，其将漏洞补充等同于自由的法之发现）；所以比如，类推虽然处于漏洞领域（参见后文边码 14），但并不属于自由的法之发现（不同的观点，Meier-Hayoz, Der Richter als Gesetzgeber, S. 255, Fußn. 3，但其并未令人信服地加以论证），也就是第二种而非第一种意义上的"解释"，相反，需价值填充的规范之具体化并不是漏洞填补，却可能至少部分地属于自由的法之发现（参见后文边码 16 及以下）。

〔18〕 在关于国际法漏洞问题的深入研究中，西奥拉特（Siorat）作出了有趣而且有部分极其微妙的区分。其一方面将"漏洞"区别于"缺陷"（对此参见后文脚注 76），另一方面又区别于"法律规整的模糊之处"（S. 63 ff.）；这存在于"根据案件事实的情况，规整的含义似有疑问之时"以前（S. 63）。于是，西奥拉特便将"逻辑不完满"放在一边（S. 131 ff.），从而使之与漏洞概念相区分；在规整"仅与案件事实间接相关"（S. 131）时，其便如此称呼，以此涵盖扩张解释和限缩解释的情形（S. 145 ff.）（这自然并未让不适当的术语变清晰），同时还包括其称为"文义内容的逻辑发展"之操作（S. 147 ff.），以及按理应该部分对应于以归纳方式查明普遍法原则（对此参见后文边码 89 以下）、部分对应于"目的性扩张"（关于概念和方法参见后文边码 81 以下）的操作。

10　　　　但最后，对此观点还需要进一步精细化。因为文义并不具有确定性，而是呈现出很大的变化范围。比如，倘若法律谈及"亲属"或者"家属"，那么其中必然包含父母和婚生子女；而非婚生子女或者已订婚者是否也可以被归入这些概念，就已经不那么确定了；最后更有疑问的是，岳父母和公婆、第二亲等的堂或表兄弟姐妹是否也可以被算作是"亲属"或者"家属"。也就是说，除了确定的"意谓核心"，文义还具有向周边越来越模糊的"意谓边缘"。[19] 在个案中，法律的适用限于核心还是扩大到边缘，属于解释的问题；据此，分别称其为限制（限缩）解释或者扩大（扩张）解释。但是，只要判决仍然**以某种方式**符合法律的文义，立法者规定的权威性便已充分。[20] 因此，法律的**可能文义**构成区分依据法律的法之发现和漏洞填补的界定标准。[21]

　　可能文义的界限经常也难以确定，以及正如因此所普遍强调的[22]，解释和漏洞填补的区分是流动的，但这些并不妨碍这一标准的实用性；即使这两个领域至少在边界情形，有时在方法上会进行

---

〔19〕 对此，参见 Heck, Gesetzesauslegung, S. 173; Du Pasquier, Lacunes, S. 18; Larenz, ML, S. 242 f. 。

〔20〕 更仔细地论证这种所谓的"表征理论（Andeutungstheorie）"将会超出本书的范围。对这一问题的深入讨论：Heck, Gesetzesauslegung, S. 138 ff.; Engisch, Einführung, S. 82 f.; Nipperdey, § 54 Fußn. 3; 萨维尼就已经同样指出（Methodenlehre, S. 19）："解释是对思想的重构……只要这些可以从法律中被辨识出来，便是法律所表达的。"

〔21〕 Heck, Gesetzesauslegung, S. 33; Schwinge, S. 48; Engisch, Rechtslücke, S. 88, und Einführung, S. 146; Larenz, ML, S. 243; Dahm, S. 53.

〔22〕 较早观点，参见 Windscheid-Kipp, S. 103; 进一步讨论：von Thur, S. 40, Fußn. 146; Burckhardt, Lücken, S. 87; Dahm, S. 52 f.; Siebert, S. 14; Westermann, S. 30, Anm. 39; Wieacker, Gesetz und Richterkunst, S. 6 f.; Esser, Interpretation, S. 377, und Grundsatz und Norm, S. 255 f.; Zweigert, S. 385; Engisch, Rechtslücke, S. 88, und Einführung, S. 146; Larenz, ML, S. 275, Fußn. 1; Du Pasquier, Lacunes, S. 26; Boulanger, Etudes, S. 64; Siorat, S. 65 und S. 127。

类似的操作，而解释也已经包含评价性甚至创造性元素。[23][24] 因为至少在核心领域，解释和漏洞补充能够借助可能文义予以清楚区分；而且如果涉及内在相似的领域，不论如何也不能再要求区分标准：漏洞补充与"解释之延续"并无不同，只不过"处于另一个阶段"。[25]

那么，现在便有可能沿此脉络去决定两个最重要的问题：其一，类推的可能性是排除漏洞之观点，还是反过来以此为前提；其二，对于"不确定的"、尤其是需价值填充的法律概念以及概括条款的情形，能否称之为漏洞。

一、漏洞与类推

于此脉络中，首先应该排除的情形是，在对法律上相似构成要件予以相同处理意义上的类推无疑还落入依据法律的法之发现领域。

这种情形首先包括，法律自身规定某一规范对于未被其直接包含之案件事实进行"相应的适用"。例如，《民法典》第 347 条规定第 987 条以下条文适用于因解除而消灭之债务关系的返还清算；类似的还有，第 1192 条第 1 款就土地债务援引抵押权的部分规定，第 412 条则就法定债权让与指向基于法律行为的债权让与之规定。[26] 因为在这种被称为"**引致性类推（Verweisungsanalogie）**"的情形

---

〔23〕 对此，参见 Rümelin, Werturteile und Willensentscheidungen, insbesondere S. 29 ff.; Larenz, ML, S. 275 und die dort Genannten; Bachof, Richterliche Kontrollfunktion, S. 27 f. 附有其他引证。

〔24〕 所以 Schack, S. 278, Anm. 4 是站不住脚的；他认为，解释的特征在于其不具有创造性。类似观点，Saleilles, S. 90 ff.。

〔25〕 Larenz, ML, S. 273; 深入阐释，Interpretation, S. 384 ff.。

〔26〕 其他例子有第 413 条、第 292 条、第 309 条、第 323 条第 1 款第 2 分句、第 515 条、第 523 条第 2 款第 2 句、第 720 条第 2 分句、第 1065 条、第 1227 条、第 1273 条第 2 款第 1 句、第 1369 条第 3 款、第 2037 条、第 2385 条。关于法国法的情况，比如，参见 Gény Méthode, Bd. I, S. 308。

中，相应适用系基于法律规定，所以并非不完整，不能说成是漏洞。[27]

12　　倘若法律示例性地列举一些情形，然后再加上"以及在类似情形"，也同样不涉及漏洞。[28] 不过，于此也需要借助类推的操作去查明应予等视同观的构成要件：首先应当从法律规定的例子中抽取出引起法效果的决定性因素，然后再检验其是否也适用于未被明确提及的情形。[29] 比如，《民法典》第 868 条就是这样的例子。[30]

13　　最后，类推也可以被用作单纯的**解释工具**。[31] 比如，倘若不清楚某个规定应该作狭义还是广义解释，那么，有时就可以通过考虑某个法律上相似并由法律所明确规定的情形去解决该问题。例如，《撤销法》第 3 条第 3 项规定，债务人"在撤销前" 1 年以内所实施的无偿处分可撤销。于此，期间应该从债权人单纯地表示撤销之时开始向后计算，还是需要提起诉讼、在破产程序中登记债权、清算程序之类正式的诉讼行为？两种解释皆符合文义；《民法典》第 209 条的考量对选择第二种可能性具有决定性意义。[32] 但是，并不能说此处存在漏洞，因为且只要有疑问的规定之适用还处在可能文义的界限以内。

---

〔27〕 不同观点，Keller, S. 60, 其称为"详细性漏洞（Ausführungslücken）"。

〔28〕 格拉文（Graven）走得太远了，其（S. 397）于法律规定 "或者所有其他方式"时就已经称为类推；倘若满足**任何一种**其他情形，恰恰就无必要进行**相似性推论**。

〔29〕 于此情形，类推的操作与通过案型比较而具体化普遍法律概念之间的紧密联系尤其明显。就此参见 H. J. Wolff, S. 44; Larenz, Wegweiser, S. 292 ff.。

〔30〕 与此相关的例子比如，有关无因管理是否属于第 868 条意义上"类似的"法律关系之争议；RGZ 98, 131, (134) 采肯定见解，而 Westermann, § 19 II 2 则予以否定。

〔31〕 参见 Bierling, S. 402; Herrfahrdt, S. 38; Nawiasky, S. 116; Keller, S. 72; Hafter, S. 138; Merz, S. 333 f.; Friedrich, S. 451 错误地称其为"自相矛盾"。Grabherr, S. 32 f.走得更远，其所举的部分例子已明显超出"可能文义"。

〔32〕 参见 Rosenberg, § 181 VI 2。两种情形在法律上的相似性在于，法的安定性要求期间计算的决定性时点能够清楚地加以确定，而且不取决于总是难以搜集的关于当事人行为之证据。

但除此以外，所有的类推皆要求已存在法律漏洞。前文所界定的前提无疑表明此点。因为排除前述情形，类推已超出法律的可能文义；其正当性并不在于实证法规定，而是源自平等原理[33]；而且从方法上看，其并不构成澄清立法者诫命意义上的单纯解释，而是发现新的、法律未曾做出的规范。这种观点也完全符合绝对主流的学说。[34][35][36]

---

[33] 相关文献参见后文第二章脚注 47。

[34] 除了前文脚注 15 所列文献以外，还可以参见 Vangerow, S. 56; Wächter, S. 124; Reichel, S. 103; Bovensiepen, S. 134; Pisko, Kommentar, S. 127; Saleilles, S. 90 ff.; Gény, Méthode, Bd. I, S. 304 ff.; Siorat, S. 323 ff.; Du Pasquier, Lacunes, S. 32 f.; Esser, Grundsatz und Norm, S. 252 f.; Bastian, S. 75; Meier-Hayoz, Der Richter als Gesetzgeber, S. 255, Fußn. 3, und Kommentar, Randziffer 346; Graven, S. 398; Hafter, S. 138; Friedrich, S. 450 f.; Teichmann, S. 86 ff.。

[35] 明确表达不同观点的只有 Huber, S. 354; 至少有误解的是 Nawiasky, S. 146（认为漏洞填补理论与类推理论是"类似的"）。此外，参见前文脚注 4 所引文献，以及 Windscheid-Kipp, S. 104（将"法律类推"而不是"法类推"称为"解释"）。其将类推归入解释的领域，萨克斯（Sax）（Analogieverbot）也是如此；某一规定的相应适用是否排除漏洞观点问题还是悬而未决，因为并未清楚地说明，"解释"究竟只是**自由的**法之发现的对立面，还是从根本上对应于法律外的法之发现，因此应该被算作漏洞领域。格尔曼（Germann）的观点尤其不清楚，其认为，类推既是"合意义解释"的工具，又是"自由的法之发现"的工具（Analogieverbot, S. 136; Grundfragen, S. 67 f. und 121 f.也与此类似）；在后一种情形，"构成要件的相似性和法律内在评价的相似性"皆不充分（！），而是涉及"依据正义观点下处于考虑之列的利益"的漏洞填补（Analogieverbot, a.a.O.; Grabherr, S. 26 ff.也持类似观点，Spassoïevitch, S. 70 ff. und S. 87 ff. 就已经如此认为）。这在何种范围内还可以被称为类推，也就是**相似性推论**，是无法理解的。在大多数情形中，这里涉及的是以归纳的方式从实证法规范中发现普遍法思想（对此，参见后文边码 89 以下）。迈尔-海约茨（Meier-Hayoz）的观点也站不住脚（Der Richter als Gesetzgeber, S. 255, Fußn. 3; S. 72 明显不同，此处支持类似于格尔曼的观点），其将类推**无例外地**归为自由的法之发现；由于类推的本质特征是受法律评价的严格限制（参见后文边码 63 以下），这种对"**自由的**"法之发现的概念扩张并无任何价值。在何种范围内，类推可以被用作以自由的法之发现的方式创设新制度来调适实证法的工具，后文边码 152 以下作进一步说明。

[36] **法国文献**在使用"类推解释"或者"通过类推之解释"（interprétation par analogie）之处，有时并不清楚其语言用法。参见 Fabreguettes, S. 372; De Page, Bd. II, S. 245; 同样的用法，Del Vecchio, Gény-Festschrift, S. 71; 明显相反而与德国主流学说一致的是 Saleilles, S. 90 ff.; Gény, Méthodes, Bd. I, S. 304 ff.; Spassoïevitch, S. 4 f., 70 ff.; Robine, S. 190; Graven, S. 397 f.; Siorat, S. 323 f.。

二、漏洞与需具体化的法律概念

15　　已如前述[37]，在具有"模糊边界"的意义上，几乎所有概念皆或多或少是"不确定的"。[38] 于此情形，法官通过扩大或者限制**解释**去澄清法律的意思；倘若此处就已经称为漏洞[39]，将必然会导致法律中的"漏洞并不比文字来得少"的结果[40]，如此，漏洞概念就完全失去了价值。[41]

16　　相较于此，存在更大疑问的是，诸如"善良风俗""诚实信用""重大理由""正当利益"或者"卑劣动机"之类"需价值填充的"概念和概括条款能否被称为漏洞。尽管在细节处或许也是流动过渡的，但是，这种情形与前一组概念之间的区别清楚地表现在，法律并未给出可供法官**涵摄**的确定特征；确切地说，它仅仅**为法官指明寻找判决所应遵循的方向**，其他问题则交由法官自己决定，即想要在此方向上走多远。[42] 如果说在通常情形，判决至少从观念上看是通过单纯地分析法律规定而被发现，那么，这里还额外地要求法官作出个人评价。所以法官的任务不是单纯**涵摄**，而是考虑个案的特殊情形而"**具体化**"普遍性标准。[43] 就此而言，也有学者称其为

---

〔37〕 参见边码 10。

〔38〕 对此，参见 z. B. Engisch, Logische Studien, S. 30 ff.; Larenz, ML, S. 222 ff.。

〔39〕 但是，Zitelmann, S. 45, Anm. 18 认为，在"法律使用某个概念却未予精确定义"之处，完全就可以认为是漏洞；海克也同样认为，倘若法官必须"进一步规定法律概念"，就已经存在漏洞，Heck, Gesetzesauslegung, S. 173 f. 类似观点，Schreier, S. 50（"清晰性漏洞"）以及 Betti, Rechtsfortbildung, S. 397（"由于法律诫命缺乏清晰性而产生的"漏洞）；Keller, S. 60（"详细性漏洞"）。

〔40〕 事实上，Kantorowicz, S. 15 就这么认为；类似观点，E. Fuchs, S. 16。

〔41〕 所以反对齐特尔曼（Zitelmann）和海克的观点是有道理的：Bierling, S. 385; Redel, S. 27; Engisch, Rechtslücke, S. 89, Fußn. 13。

〔42〕 参见 Schweizer, S. 43; Germann, Grundfragen, S. 117; Larenz, Wegweiser, S. 292; Less, S. 25 f. 。

〔43〕 Larenz, a.a.O.; Less, a.a.O.

"委托性立法权"。[44]

因为相较于通常的依据法律的法之发现而言，法官于此所受法律约束要薄弱得多，法定**评价**至少部分地不存在，所以诸多作者将这些情形归入漏洞领域。[45] 对此，有学者称其为"法律内的漏洞"[46]，也有学者称其为"清晰性和授权性漏洞"[47]，还有学者称其为"实质漏洞"[48]。

尽管如此，存在更好的理由反对其为法律漏洞的观点。[49] 首先应当指出，法律或许非常普遍和不确定，但其毕竟包含了**规整**

---

〔44〕 Less, S. 26; Stoll, Rechtsstaatsidee, S. 175 f.与此类似; Schreier, S. 50 f.; Bender, Methode der Rechtsfindung, S. 600, Sp. 1。

〔45〕 Hellwig, S. 165; v. Laun, S. 381 ff.; Kiß, S. 466; Stoll, Rechtsstaatsidee, S. 175 f.; Burckhardt, Lücken, S. 49; Rümelin, Das neue schweizerische ZGB, S. 29 f.; Baumgarten, Wissenschaft vom Recht, S. 303; Hildebrandt, S. 78; Schreier, S. 50 f.; Pisko, Kommentar, S. 135; Germann, Grundfragen, S. 105, 111, 117, 135 f.; Schweizer, S. 9 ff.; Bastian, S. 66 ff.; Keller, S. 59 f.; Spiro, Gerichtsgebrauch, S. 36 f.; Meier-Hayoz, Kommentar, Randziffern 262 ff.; Merz, S. 333; Lehmann, § 8, III, 1a; Nipperdey, § 58, I, 1; 不同观点, Schaffstein, S. 5 f.; Sax, Analogieverbot, S. 42, Fußn. 6 追随之。

〔46〕 Germann, Grundfragen, S. 105, 111, 117, 135 f.; Schweizer, a. a. O.; Keller, S. 59 f.; Meier-Hayoz Kommentar, Randziffer 262 ff. und 291 f.; Nipperdey, a.a.O. 对于这一术语, 应当从两个方面加以批评: "法律内"构成"法律外"的对立面(明确指出这一点的, Schweizer, S. 9, Fußn. 1; Meier-Hayoz, Kommentar, Randziffern 270 und 292); 就此而言, "法律"意味着实证法规范的整体, 而在"法律内漏洞"中, "法律"应当被理解为单个规范(Schweizer, S. 9); 所以说, 两个概念处于不同的层次。另外, 这一术语也包含"规范漏洞"(对此, 参见 Larenz, ML, S. 280 以及后文边码 129), 但这与需价值填充的概念并无相同之处。施魏策尔(Schweizer)的区分是, 此处存在"法律规范本身的漏洞"(S. 9), 而在法律外漏洞的情形, "法条从根本上"缺失了(a.a.O., Fußn. 1), 那么, 这就并未触及问题核心, 而且在表述上也不正确: 因为如同规范漏洞的例子所表明的, 其无疑属于法律外的法之发现的领域。

〔47〕 Schreier, a.a.O.; Pisko, Kommentar, S. 135; Meier-Hayoz, Kommentar, Randziffer 262.

〔48〕 von Laun, a.a.O.; Baumgarten, a.a.O.; ähnlich Rümelin, a.a.O.

〔49〕 参见 Elze, S. 19; Bierling, S. 384; Weigelin, S. 8; Sauer, S. 282; Staudinger-Brändl, Anm. 64, Einleitung vor § 1; Engisch, Rechtslücke, S. 88 und Einführung, S. 137; Less, S. 25 f.; Bender, Methode der Rechtsfindung, S. 600; Larenz, ML, S. 280, Fußn. 4。

（Regelung）[50]，虽然存在部分缺少法定评价的情形[51]，却不能说是法律规定的不完整性；而前文已选取后者作为界定漏洞领域的标准。更重要的是，此处也缺少漏洞概念的第二个决定性特征：计划违反性。[52] 倘若采纳"主观解释理论"[53]，这无疑是合理的；因为历史上的立法者就是要让规定不那么确定。就"客观理论"而言[54]，也并无不同之处。正如后文所要指明的，计划违反性的概念从根本上取决于法秩序之内在目的。在法律的总体计划中，不确定的、需价值填充的法律概念和概括条款具有极富意义的任务：在多数情况下，它们使顾及个案的"特殊情况"成为可能，也就是把个别正义意义上的适当性纳入考虑[55]；在部分情形中，它们也服务于或者同时服务于引入法外评价，比如社会或者伦理的评价。[56] 所以不能说其于法秩序的整体构造中是"违反计划的"。因此就排除了其为法律漏洞的观点。[57]

---

〔50〕 Weigelin, a. a. O.; Sauer, a. a. O.; Engisch, Rechtslücke, a. a. O.; Larenz, a.a.O.

〔51〕 因此，不确定概念的具体化至少部分属于"自由的法之发现"领域（对此，也可以参见前文脚注 17）。就此而言，尼佩代（Nipperday, § 58, Fußn. 5）的看法应予赞同，其指出了具体化与漏洞填补情形下一些方法操作的相似性。但不同于尼佩代的看法，这并不能为将需填补的法律概念归入漏洞领域提供正当性。因为不是**所有的**漏洞补充均属于自由的法之发现（比如，类推适用与目的性限缩依然严格处于法定评价的范围内），所以反过来，也可以存在不被认为是漏洞的自由的法之发现。由于界定标准处于不同的层次，所以两种分类彼此之间交叉重合（深入讨论，参见前文脚注 17）。

〔52〕 埃尔策（S. 19）已经指出此点。恩吉施（Einführung, S. 137）称其为"符合计划的松动"。相应于此，Meier-Hayoz, Kommentar, Randziffer 262 创造了"符合计划的漏洞"这一自相矛盾的概念。

〔53〕 对此，参见 Engisch, Einführung, S. 88 ff. 及其所引文献；ferner Gény Méthode, Bd. I, S. 264 ff. und 300 ff.。

〔54〕 对此，参见 Larenz, ML, S. 30 ff. und 237 ff. 及其与恩吉施（a.a.O.）所引文献。

〔55〕 参见 Hedemann, S. 61; Engisch, Die Idee der Konkretisierung, S. 211 ff.; Less, S. 25; Wieacker, Zur rechtstheoretischen Präzisierung des § 242, S. 10; Westermann, S. 23 f.。

〔56〕 参见 Hedemann, S. 58; Du Pasquier Lacunes, S. 47; Westermann, S. 23。

〔57〕 第 242 条之类的概括条款也可以被用作新的法制度之联结点（比如，"缔约过失"或者"权利失效"），并且在此范围内构成法律外的法之续造的基础,这些(转下页)

三、漏洞与习惯法

最后一个涉及与依据法律的法之发现相区分的问题是，**习惯法规整**的存在是否排除漏洞的观点。由于此处仅仅考虑补充性（而非修正性）习惯法的情形，所以必定缺少法律规定。尽管如此，也不应该说存在漏洞[58]，即使法律之内在目的要求含有与习惯法规整相应的法律规定。因为正如开头所详细阐述的，漏洞概念应该出于界定法律外的法之发现的任务而被进一步规定。但在适用习惯法的情形下，法官是在从事依据法律的法之发现，其判决可以直接基于实证法权威；于此，其不具有那种更加自由且更不确定的地位，而这对法律外的法之发现而言却是标志性的。也就是说，倘若能通过习惯法补充法律，就不涉及**实证法**的补充，而这具有决定性。另外，从方法操作上看，习惯法的"解释"[59]与法律的补充也如此不同，以至于二者在方法论上也不应该被归为同一领域。

因此，习惯法的存在能够排除法律漏洞。[60][61] 所以只要后文

18

(接上页)应该不存在争议。但这所涉及的完全是另一个问题，其部分属于违反法律的法之发现的领域，部分属于借助普遍法原则确定和填补漏洞的领域（对此，参见后文边码84以下）。

[58] 同样的观点：Bierling, S. 383; Huber, S. 352; Weigelin, S. 6; Sauer, S. 281; Engisch, Rechtslücke, S. 88 und Einführung, S, 137; Du Pasquier, Modernisme, S. 220; Siorat, S. 23 und durchweg; Meier-Hayoz, Kommentar, Randziffer 252（这么做并不合乎逻辑，因为瑞士《民法典》第1条把习惯法算作漏洞填补）; Bastian, S. 54; 不同的观点：Reichel, S. 98; Sax, Analogieverbot, S. 42, Fußn. 4; Dahm, S. 52。

[59] 对此，参见 Larenz, ML, S. 269 ff. 。

[60] 另一个完全不同的问题是，在习惯法的**范围内**是否会存在漏洞。这应予肯定；因为完全可以想象，对于在习惯法规整的领域内**有必要予以回答的**特定法律问题，尚未建立起一致的法之确定，或者缺少习惯法的其他前提；此外也有可能的是，平等原理要求习惯法上规定的情形与另一个法律上相似的情形以类推的方式予以同等处理。

[61] 所以完全有可能的是，法律起初包含漏洞，但随后由于填补漏洞的解决方案逐渐获得习惯法的地位，漏洞就被消除了。关于沿此脉络产生的法院习惯之约束性问题，参见 Larenz, ML, S. 271 f.; Germann, Präjudizielle Tragweite, S. 316 ff. und Präjudizien, S. 43 ff., 48 ff.; Spiro, Gerichtsgebrauch, S. 286 ff.; Meyer-Ladewig, S. 107 ff. （转下页）

谈及法律漏洞,这一表述始终是在实证法漏洞的意义上被简化使用。[62]

19　　　综上所述,至此可以得出如下结论:

**　　漏洞是实证法(即在可能文义界限之内的法律以及习惯法)违反计划的不完整性。**

第二节　计划违反性:与违反法律的法之发现的区分

20　　　正如开头所强调的,通过计划违反性特征来确定是否存在漏洞包含价值判断。[63] 由此引出的问题是,应该从何种立场出发去作成这个判断,也就是说,评价标准应该是什么。不同文献给出了极不相同的答案。[64]

　　第一种经常被支持的观点认为,重要的是法感情、法良知、文化意识等。于此方面,部分诉诸法律适用者个人的法感觉[65],部分诉诸"公众"的法意识。[66] 不同于这种指向心理学的见解,第二种观点系以社会学为基础。据此,具有决定意义的是,法律规整是

(接上页)insbesondere S. 112; Meier-Hayoz, Kommentar, Randziffern 248 ff. und 474 ff.。

　〔62〕　同样的观点,Engisch, Rechtslücke, S. 102; Meier-Hayoz, Kommentar, Randziffer 253 也持类似观点;不同的是 Heck, Gesetzesauslegung, S. 162 f.,其将缺少习惯法规整的情形称为"法漏洞",以相对于单纯的"法律漏洞"。此处参考恩吉施(a.a.O.)的观点,把这个术语留给不可填补的漏洞(对此,参见后文边码 164 以下)。

　〔63〕　参见前文边码 3。

　〔64〕　但有时,这个问题也只是被搁在一边,找不到真正的答案。比如,埃利希(Ehrlich)(Logik, S. 215)将漏洞定义为"必要的时候缺少法条"(Bastian, S. 54 与此类似),海克(Gesetzesauslegung, S. 162)和莱曼(Lehmann)(§ 8, III, 1)诉诸利益的保护必要性,杜·帕斯奎尔(Du Pasquier)(Modernisme, S. 222, Lacunes, S. 31 und Introduction, S. 205)则诉诸规定的不可缺性。但问题恰恰在于,如何衡量规定是否不可或缺或者必要,以及利益是否值得保护。

　〔65〕　Isay, S. 224; 明显类似的是 Jung, Rechtsregel, S. 111 f.(除非法律规定**无疑**采取相反立场);并不清楚的是 Du Pasquier, Lacunes, S. 19("法意识之存在")。

　〔66〕　E. Fuchs, S. 15("普遍的正义和衡平感情"); Reichel, S. 94("时代的文化意识"); Kornfeld, S. 123("理想的法感情"); Hildebrandt, S. 76("当下在共同体中处于支配地位的法感觉"); Danz, S. 87 ff.也与此类似。

否遗留**某种**社会利益冲突[67]，或者不补充法律是否就不能实现"从公共福祉的立场上看有利的结果"[68]。

最后，第三种观点认为，确定漏洞的标准是"正确法"[69]。

不同于这些从**法律外的评价基础**出发之见解，主流学 21
说[70][71][72]系立足于**实证法本身**去确定漏洞的存在；据此重要的是，"法秩序的精神"[70]*或者"法律之内在目的"[71]是否要求某个规整[72]。

按照**普遍的语言用法**，所有这些观点皆可以得到支持；因为如前所述[73]，漏洞确定的评价标准既可以从评价对象本身推导出

---

[67] Ehrlich, S. 216(漏洞存在于"利益冲突未被法条规定"之处) und S. 223; Schreier, S. 47("倘若某种社会性构成要件未能体现为法律性构成要件"，就可以说是漏洞。应予排除的只有"绝对与法律无关的构成要件"，比如爱情或者友情。就此而言，施赖埃尔(Schreier)并未认识到，确定所谓的"法外空间"之界限属于实证法的权力。对此，参见后文边码 34 末尾处)。

[68] Sauer, S. 283 f.(确定漏洞的标准"应该说出通常之事、结论的经常走向以及有利于法共同体的结论")；Binder, S. 984;("如果经由我们的社会和经济关系客观证立的对于法之要求在其中无法实现"，那么就应该认为是漏洞。但是，S. 977 有所不同，对此参见后文脚注 70)；Capitant, S. 113(重要的是"实践需求"，尤其是"经济效用")；Du Pasquier, Lacunes, S. 19(决定性的是"社会生活之需要")。

[69] Stammler, S. 641 ff; Elze, S. 28 ff.埃尔策的论证存在明显错误：其正确地详细解释道，倘若不规定**法律上重要的**构成要件，就存在漏洞(S. 16)；但是，社会性构成要件只有与法效果相联接，才是法律上重要的(S. 25)。埃尔策此时忽略了，如果构成要件按照立法者的意思应该与法效果相联接，那么它在法律上也是重要的。所以其继续推论说，由于法律在漏洞的情形并不包含法效果，法律上的重要性就只能依据法律之外的添加以确定，可以考虑的也只有"正确法"。这使其最后走向极其特别的结论，即完全拒绝类推作为漏洞填补的工具(S. 56 ff, insbesondere 63)。Herrfahrdt, S. 13, Fußn. 4 也反对埃尔策的观点，这是正确的。

[70] Binder, S. 977, 但 S. 984 的观点有所不同(参见前文脚注 68)。

[71] Larenz, ML, S. 282 f.; 类似看法, Meier-Hayoz, Kommentar, Randziffer 253("从实证法的观点出发")以及 Teichmann, S. 80。

[72] 较早的类似观点是 Zitelmann, S. 9("……在法律自我塑造任务的范围之内")；Bierling, S. 383("从实证法自身的观点")；Herrfahrdt, S. 12 追随着；Kiß, S. 466("与立法者起初的意图相反")；Huber, S. 404; Burckhardt, Lücken, S. 103 f. und Methode, S. 261; Engisch, Rechtslücke, S. 92 f.对此表示怀疑(但是, 恩吉施的质疑明显指向其所基于的主观解释论)。

* 原著脚注标示方法如此。后文该类情形均与原著保持一致。——译者注

[73] 参见边码 4。

来，又可以通过外在于评价对象的观点加以确定。

但是，漏洞概念特殊的方法论目的是确定补充法律的前提，只有主流学说才与此相符。因为一方面，法律外法之发现的特征在于，法官有权超越实证法的规定；另一方面，他们又由于法官受法律和法之约束(《基本法》第20条第3款)而受限制，所以其界限在于违反实证法的规定与评价之处，也就是"违反法律"裁判的情形。即使这种例外情形也可能得到允许[74]，至少也应该适用比此处所要研究的法之续造领域更加严格的前提。因此，如果漏洞概念应该实现其于开头所被赋予的任务，那么，就必须清晰地凸显出违反法律的法之发现，即真正的法律修正。[75]

按理说，由于法官受法律约束，这意味着漏洞的确定**只能以实证法为基础而展开**。从术语上看，有必要把"漏洞"区别于**"法政策上的错误"**[76][77]，可以选择将"瑕疵"作为二者共同的上位概

---

[74] 对此，参见 Larenz, ML, S. 303 ff. 。

[75] 对于因此被拒绝的、前文所提及的"自由法"以及"社会学"的理论予以进一步研究，在本书的范围内既不可能又无必要(对此，例如参见 Larenz, ML, S. 59 ff. und S. 62 ff.)；如今，本文所基于的法官受法律和法之约束可以被视为确定的理论和司法判例。

[76] Engisch, Rechtslücke, S. 93; Larenz, ML, S. 282; Dahm, S. 50 f.; Teichmann, S. 80. 这种划分在瑞士以及尤其是法国的文献中并未受到足够重视。类似的只有西奥拉特的区分，其将"漏洞"和"法律缺陷"相对立(S. 85 ff.)；这些存在于"现行法提供的案件解决方案被争端当事国认为不令人满意之时"(S. 85)，只有西奥拉特的观点更具有普遍性而且无关乎国际法之特殊性，其认为：假如规定只是从找法者的角度来看是有错误的，就不存在漏洞。所以西奥拉特也明确把此处只能从应然法(de lege ferenda)而不是实然法(de lege lata)的角度批判确立为"缺陷"之特性(S. 87)。但此外，其概念构造之特色在于，其概念系以国际法的特殊问题为前提，而且不得被广泛地转用于其他法律领域，西奥拉特本人也强调指出此点。所以被其算作"缺陷"的还有比如基于社会既存事物之变化而产生的"嗣后漏洞"(例如，参见 S. 85 und S. 88)，而且将"规整的社会性不足"置于一边(S. 157 ff.)；对此，其理解为(这更可能是被术语隐藏而不是被澄清了)如下情形，即法官为解决法律问题在实证法的评价中找不到依据，所以必须根据"公允及善良原则"决定(S. 160 f.)，也就是按照此处所推荐的术语，属于漏洞领域且同时属于自由的法之发现的情形(参见前文脚注17)。

[77] 不同观点有 Somlo, Rechtsanwendung, S. 65; Ross, S. 343; Becker, S. 433。他们在法政策的意义上使用漏洞概念。安许茨(Anschütz)(S. 315)区分"实然法的漏洞"(Lücken de lege lata)和"应然法的漏洞"(Lücken de lege ferenda)，这在实质上是正确的，但在术语上却令人困惑。

念。比如，在特留份制度中不考虑兄弟姐妹，或许违反个人或公众的法感情，或者被认为是"在社会上不令人满意"，但并不存在前述意义上的漏洞，而充其量只是法政策上的错误，这是因为《民法典》第2303条作为被批判的法律规定就是希望如此，而非其他。

如若据此从原则上确立了界定标准，那么还需要将其进一步精细化。毫无疑问，认为实证法仅在法律不经补充就**无法适用**之处才要求规整的观点[78][79]太过狭窄了。虽然这一观点在所谓的"规范漏洞"情形是适当的[80]，但是，这种漏洞概念的规定无疑使大量属于法律外的法之发现领域的情形不在考虑之列，比如，一部分类推的例子以及目的性限缩的领域。[81] 22

拉伦茨的概念规定从根本上有所扩大。据此具有决定性的是，**法律之内在目的**是否要求规定[82]，这也包括并非从法律本身，而是从法理念中推导出来的平等对待之基本原理。[83] 23

---

〔78〕 Burckhardt, Methode, S. 260 认为："如果是为了适用法律所必须回答的问题，法律却并未就此给出答案，则可以称为法律的漏洞。"Nawiasky, S. 142 f.追随之；Du Pasquier, Modernisme, S. 220 与此类似，Grabherr, S. 26 至少在表述上与此类似；von Thur, S. 41 也与此类似（"真正的漏洞"仅存在于，"法律公布了一个规定，却并未充分地确定其内容"）；Larenz, ML, S. 280 正确地拒绝这一观点。

〔79〕 太狭窄的还有 Brütt, S. 74（"只有对于是否以及最终何种法效果系于特定的构成要件、行为状态的问题，法律并未给出回答，才可以说是漏洞"）以及 Ehrlich, S. 215（"或许最该强调的是，在漏洞的情形，这所涉及的是缺少了**一个法条**，而非适当法条的情形。如果一个法条存在就必须被适用，而它可能适当也可能不适当"）。这里忽略了目的性限缩情形的"例外漏洞"。（对此，参见后文边码74以下）

〔80〕 还有一系列"规整漏洞"属于此,这会在后文边码47和边码50以下得以证明。

〔81〕 对此,参见后文边码74以下。

〔82〕 ML, S. 282 f.; 也参见 S. 303; Meier-Hayoz, Kommentar, Randziffer 253 与此类似。

〔83〕 ML, S. 283.

但问题在于，是否就不值得再进一步。[84] 如同拉伦茨所指出的[85]，存在一系列肯定不违反法律而发展出来的法制度[86]，但另一方面，其形成也不是法律内在目的所**要求的**，而或许是（但绝对不总是）**"被鼓励"**的。诸如超法律的紧急状态、消极之诉（至少以其并非基于绝对权为限）、劳动关系中的忠实与照顾义务以及民事诉讼中的当事人变更理论之类的新制度即属此。

那么，法官的创新与漏洞领域处于何种关系？可以想到的回答有二：要么将漏洞概念扩展至法律内在目的之要求以外，要么将法律外的法之发现领域分为两个部分：漏洞领域和另一组前述的其他情形。到底选择何种方式，属于术语之合目的性问题；就此而论，具有决定性意义的必须是，能否为两个部分建立起实质上不同的规则，或者是**方法论上的**，或者是**关于法官的地位和续造法之权限的**，还是二者之间的共性超出区别。

从方法论上看，前述情形最重要的特殊性在于其**脱离了法律之内在目的**。然而，这并不能被用作相对于狭义漏洞领域的界分标准，因为即便在狭义的漏洞领域，无法回溯法律评价的情形也不少见；此处只需稍微提醒一下那些"经典"漏洞，比如德国国际私法

---

〔84〕 如后文所述，拉伦茨关于"法律在普遍意义上考量之客观的法目的与原则"也可以被理解为"法律目的"的指示（a.a.O.）也指向这一方向。与此相反，ML, S. 303 明显更狭窄，此处把"创设法律中不存在之新的法制度"排除出漏洞补充领域，并分配给错误的修正。但是，S. 303 ff. 的论述只能被理解为示例性地强调法律修正最重要的领域，而不允许被理解为，拉伦茨只想构造新的制度，而且是无例外地（只需想一下无疑属于漏洞补充的"积极侵害债权"，拉伦茨自己也如此认为，参见 ML, S. 281）算作错误的修正。不论如何，这些论述可能就此引起误解。

〔85〕 Wegweiser, S. 275 ff.

〔86〕 拉伦茨（a.a.O. S. 276）明确澄清了这一点。

中债的准据之缺失。[87] 而在**构造新的法制度**(完全忽略这一概念的模糊性)之情形,也可能不存在该组本应具有的特殊性质。其原因在于,此时同样可能借助确定和填补漏洞的"经典"工具;例如,积极侵害债权学说系基于整体类推,而事实合伙理论[88]、涉及垄断性企业之缔约义务的法律行为、为第三人利益的损害清算以及刑法上的择一认定之类的创新,则可以通过目的性限缩的途径予以澄清。[89] 当然,特殊性体现在**漏洞确定**的方式。[90] 但这并不能决定性地支持两个领域的分离。因为一方面,甚至在无疑属于漏洞领域的情形,关于漏洞确定的方法操作也完全不统一[91];另一方面,在还能基于法律内在目的之漏洞确定和此处所说的新构造之间,有诸多例子显示出方法上有意义的相似性。[92]

在**法官续造法的权限**方面,也无法为该组情形确立起能够说明将其从漏洞领域分离之正当性的规则。有观点认为,应该将其系于特殊的前提,比如,只有存在"不容拒绝的需求",或者非如此将有损法理念的情形[93],才允许补充法律。但是,这会与基本法赋予法官在法律外续造法的相当自由之地位产生矛盾,不仅模糊其与违反法律的法之发现的界限,而且在法官最富成效的任务上为其戴上不受欢迎的枷锁。

26

---

[87] 就此参见 Zitelmann, S. 29 以及后文边码 52。另外,甚至在依据法律的法之发现的情形,有时也不能回溯法律之目的:"需补充的"法律概念之具体化的情形。所以于此还要再次提醒如下建议,即将所有缺少法律评价的情形均总结为"自由的法之发现"(也可以参见前文脚注 17)。

[88] 从方法的视角对此所作分析,参见 Larenz, ML, S. 298 f.。

[89] 参见后文边码 147 以下。

[90] 参见后文边码 84 以下。

[91] 参见后文边码 118。

[92] 漏洞确定部分借助于法律外的"普遍法原则",部分借助于法律内的"普遍法原则";于此脉络中,关于原则的"具体化"这一决定性问题的方法操作,在两种情形下是相同的。对此,参见后文边码 84 以下和边码 152 以下,尤其是边码 162。

[93] 对于违反法律的法之续造,Larenz, ML, S. 319 ff. 就如此认为。

另一方面，漏洞概念于此脉络中绝不多余，它同样承担其最有意义的**任务**：确定法官有权在法律外续法的前提。为此，新制度与法律的规定和评价不矛盾这种简单的**消极论断**绝对不够。确切地说，这里还需要法律包含**违反计划的不完整性**这种**积极判断**；有观念认为，在立法者所留下的空间中，法官**无疑**有权通过发展法官法予以推进，只要不与立法者的决定明显对立，但是，这并不符合宪法上关于立法和司法的区分。[93a]所以必须严格坚持的是，如同在法律外的法之发现领域中那样，法官于此也始终需要续造的**正当理由**。

这种情形的特殊之处恰恰在于，其正当理由不能从法律的内在目的中推导出来，换言之，漏洞确定的标准必须是**法律之外的**；但另一方面，由于法官依据《基本法》第20条第3款应受法律与法的约束，因而这一标准不能是**法之外的**。然而，实证法系基于诸多超越法律但仍处于法之内的评价基础，其远远超出了**法律**之内在目的[94]；这属于"普遍法原则"和超法律的价值领域。其依然约束着依据《基本法》有义务遵守法律与**法**的法官[95]，所以由此也可以

〔93a〕 就此的进一步论述，参见 Canaris, Gedächnisschrift für Dietz, 1973, S. 204 f.。

〔94〕 埃塞尔(Esser)在其《原则与规范》一书中已经令人信服地指明此点；进一步讨论，参见 Wieacker, Gesetz und Richterkunst(参见该书的副标题："法律以外的法秩序之难题")und Larenz, Wegweiser, S. 275 ff. und ML, S. 128 ff. und 314 ff.。

〔95〕 不过，"法律与法"这组语词的意义及其彼此之间的关系，并非完全无争论(例如，参见 Maunz-Dürig, Art. 20, Rdziff. 72 und das dort, Fußn. 1, zitierte Schrifttum)。按照正确的做法，必须区分"法"相对于"法律"的两种功能：一是**"批判"功能**，即法官以超实证的法衡量法律，并在有些情况下将矛盾作为"法律之不法"而予以抵制；二是**"补充"功能**，即法官必须以不成文的法**补充和续造**成文的法律。如果议会成员能够基于特殊的历史情境特别考虑第一种功能，那么依据《基本法》第20条第3款的文义和意义，无疑也可同时包含第二种功能；因为立法者并不想在续造法的情形全新地把握法官之地位，而无疑只是重新赋予司法判决从1933年以来已经承担的任务和权限。司法判决当时也取向于"法律之外的评价基础"(比如，想一下无疑应予赞同的关于"超法律的紧急状态"或者"企业风险"之判决！对此参见后文边码101和边码112)，但这并不在讨论之列(也参见前述脚注所引文献)；就《基本法》的精神而言，对"第三种权力"的高度信任正是其根本特征，所以必定 (转下页)

推导出补充法律的正当理由。

所以对法官来说，被用作漏洞确定之评价标准的是作为整体的法秩序；至于其哪些组成部分在细节上有意义，留待下一章再行论述。

如此，将漏洞概念扩展到**法律**之内在目的以外便具有两方面益处：一是防止了否则将会无法避免的对于法律外法之发现领域的拆分；二是在超出**法律**评价的范围内，为使法的补充受到较为确定之前提的约束[96]，获得方法上的基准点。为避免误解，必须明确强调的是，所涉情形的特殊性绝不应该被否认；但这仅仅表明，其于漏洞领域**内**应被赋予特殊的地位[97]，而不是将其完全排除出这个领域。[98]

(接上页)不想制造变迁。另外(至少以当前的脉络为限，仅第二种功能具有意义而处于讨论之列)也不允许，仅仅认可《基本法》所表达的宪法基本价值才是这种意义上的"法"(但参见 Maunz-Dürig, a.a.O.)。这对公法来说已经过于狭窄，因为基本法的体系绝不包含价值的终局清单，而且《基本法》甚至明白地承认可以历史地变迁的(!)法治国与社会国之形式，并为新评价的突破指明概括条款式的出发点；这更加不符合私法，其所基于之评价在很大程度上并不依赖《基本法》而只是由其所认可或者以之为前提。总之，于此脉络中应该考虑，宪法也仅仅构成整体法秩序的一部分，因此也必须从整体法秩序出发予以解释；而宪法也同样反过来作用于整体法秩序，这是一个只有作为辩证的过程才能完全理解的操作。尤其在解释《基本法》第 20 条第 3 款中的"法"这个词的时候，应该重点顾及"前宪法之整体图像"，传统的法官地位和我们私法的传承基础即属于此。除此之外，绝无可能成功地使《基本法》的评价对限制法官的法之续造具有决定性意义(对此，参见 neuestens Stein, NJW 64, 1745 ff.)。

[96] 埃塞尔严重忽略了该规范性方面，a.a.O. 与此相反，这在 Larenz, Wegweiser, a.a.O. 那里处于首要地位，但拉伦茨致力于研究可容许的漏洞**填补**工具，而较少顾及**漏洞确定**的对应问题。

[97] 在文献中，这组情形经常被完全不言自明地归入漏洞领域。恩吉施(Einführung, S. 138 f.)就把超法律的紧急状态之规整的缺失引为漏洞的例子；尼佩代(§ 59, Fußn. 10)，莱曼(Lehmann)(§ 8, III, 5)和布兰特尔(Brändl)(bei Staudinger Vorbem. vor § 1, Anm 70)于此脉络中提到劳动法上的企业风险理论，布兰特尔(a.a.O.)还提及消极之诉。

[98] 将漏洞概念适用于这种情形的成效，只有在借此令人满意地澄清具体例子的方法操作时才能最终体现出来；对此参见后文边码 94 以下、边码 152 以下，尤其是边码 162 之总结。

所以最后得出的漏洞定义是：

漏洞是实证法(即在可能文义范围之内的法律以及习惯法)中以有效的整体法秩序为标准的违反计划之不完整性。或者：如果法秩序在整体上要求某一规整[99]，但在可能文义界限内的法律以及习惯法却并未包含，那么就存在漏洞。[100]

倘若借此已从根本上澄清漏洞的概念，那么，在与违反法律的法之发现相区分的脉络中，还有几个有意义的具体问题尚未解决。如前所述，承认漏洞的前提是缺少法律规整。然而，并不意味着在实证法未予规定之处，就一定存在漏洞。确切地说，法律的沉默也可能是"意味深长的"[101]，即符合计划。这可能包含两层意义：要么想要借此明确表示，所涉情形**根本不**应该出现法律规整，此时问题就落入所谓的**"法外空间"**；要么通过将法效果系于某一特定的构成要件以表明，对另一个未明确规定的情形**不希望**这种法效果，此时就属于**"反面推论"**。那么具体而言，何时应该认可这种"有意义的"沉默，以及应该如何去判断其他情形的法律沉默？对于这些问题，接下来将借助前文所给标准展开进一步研究。

---

〔99〕 于此,应该在最广的意义上理解"规整"：一组法条、单个法条以及法条的一部分。对此更详细的论述,参见后文边码129。

〔100〕 于此脉络中应该指出,如同表述所体现的,这里系以"客观的解释理论"为基础(与此相关的文献参见前文脚注53以下)。对支持这种做法具有决定性意义的事实是,法属于"客观精神"的领域(Larenz, ML, S. 240 f. 将其置于论证的核心位置)。对于漏洞概念而言,主观理论并未从根本上导向不同结论(例如,参见 Engisch, Rechtslücke, S. 101 f. und Einführung, S. 137),但就此而言,"有意的"漏洞(对此参见后文边码124以下)以及嗣后漏洞(参见 Engisch, Rechtslücke, S. 92 f. und Einführung, S. 141 f.)的情形在计划违反性特征上产生一定的困难(参见 Herrfahrdt, S. 13 f.)。于此脉络中也可以参见罗特-施蒂洛夫(Roth-Stielow)的著作,其同样以"主观"理论为基础(参见 S. 84 f. und durchweg),而且竟敢如此奇怪地断言,漏洞确定"定然只有(!)借助(立法)材料"才可能(S. 88)。

〔101〕 Binder, S. 977; Larenz, ML, S. 279; Dahm, S. 50. Meier-Hayoz, Der Richter als Gesetzgeber, S. 70 und Kommentar, Randziffer 255 称其为"有意义的沉默"；Bender, Methode der Rechtsfindung, S. 600, Sp. 1。

一、法律"有意义沉默"的情形

(一)漏洞与"法外空间"

如果说法支配社会生活的很大一部分，那么另一方面，对于人之行为的许多领域，法完全或者部分地**放弃**规整。宗教、爱情、友情以及社交生活即属此。所以从法律上看，某人是否遵守共同造访剧院的约定，新住户是否在邻里进行自我介绍，或者年轻人在街上必须先问候长者抑或相反等，这些是无关紧要的。在所有这些例子的情形中，相关问题便落入了**"法外空间"**。[102]

那么，其共同特性以及于此脉络中的决定性特征在于，这些情形**在法律上并不重要**。[103] 不过，由此立即触及这一概念的严重弱点，这已经为齐特尔曼[104]所强调过：它从两个视角上看是不清晰的。一是为区分法律所允许之事（**并因此**未予明确规定）与法律上不重要之事带来严重的困难[105]；二是不重要这一概念是相对的，所以法外空间概念也是如此[106]：具体取决于依据何种观点在法秩序之内去判断某个问题，该问题可能重要，也可能不重要；因此，落入《民法典》第 823 条的行为在刑法上可能并不重要，产生源于合同的损害赔偿义务之事由在侵权法上可

30

31

---

〔102〕 对此，尤其参见 Bergbohm, S. 377 ff.; Zitelmann, S. 43 f., Anm. 14; Bierling, S. 383 ff.; Engisch, „Der rechtsfreie Raum", S. 385 ff. und Rechtslücke, S. 99 ff. 。

〔103〕 所以恩吉施（„Der rechtsfreie Raum", S. 415）明确将法外空间称为"法律漠不关心的领域"。

〔104〕 S. 43.

〔105〕 所以有观点从根本上拒绝法外空间的概念: Somlo, S. 402; Kaufmann, S. 50 f.; 明显类似的是 W. Fuchs, S. 200 f. 其误解在于，不论是按照理念还是在实践中，不重要之事和不被允许之事至少在核心领域是能够区分的。所以 Weigelin, S. 2 正确地批评了索姆罗（Somlo）。

〔106〕 Zitelmann, a.a.O.; Brütt, S. 75; Engisch, a.a.O., insbesondere S. 390 f. und S. 418 f. 均如此认为。

能不具有意义；等等。最终，以此方式获得了"很大的法效果空间"。[107]

32　　　但因此，这一概念将会变得漫无边际，而且在学术上不敷使用。倘若不想以单纯的名义定义作为避难所的话，那么在这里，出路再次只能是赋予法外空间的概念以确定的任务，并依此获得清晰界定。相应于此，这里所应给出的建议虽然在方法论研究的范围内不能从细节上予以详细论述，但原则上依然具有许多支持的理由："法外空间"应该被作为（消极的）**诉讼前提之基础**。因为在我们的法秩序中，只有**在诉讼的视角下区分作为不允许的驳回与作为无理由的驳回**，才有可能表达出此处所涉及的法律上不重要之事和法律所准许之事的区分。假如某人基于物之瑕疵向另一方请求积极利益的赔偿，但却不存在《民法典》第463条所规定的前提，那么其诉请虽然如同某人起诉另一方请求其践行由礼仪所要求的回访一样在结果上被驳回了。但很明显，两种情形的驳回具有完全不同的意义：在第一种情形下，驳回诉请的判决不仅消极地表达了原告不享有其主张适用的请求权，而且积极地表达了被告**有权**拒绝支付。就此而言，其行为在法律上是被准许的。但不同于此，第二种情形的驳回仅仅意味着，法秩序对此类问题不感兴趣；赞同也好，不赞同也罢，均不应该作出关于被告行为的法律判决。这在诉讼上极其清楚地表明**对案件之决定本身的放弃**，因为不涉及任何实质内容；其途径在于，诉请不像第一种情形因为无理由而被驳回，而是因为**不允许**而被驳回：由

---

[107]　Zitelmann, a.a.O.; Brütt, a.a.O.追随之。

于在法律上并不重要，此类案件就不应当被提交到法院。[108][109]

倘若已借此方式赋予法外空间概念以确定的实践意义，那么，现在也就可以精确地划定其理论界限：倘若其应该被用作特殊的消极诉讼前提之基础，而且其任务在于挑选出法秩序从根本上拒绝发表意见的情形，那么，只有那些从被分配给特定诉讼法之法律领域的立场上看不重要的生活事实，才能被称为"法外空间"。

据此，虽然应该承认，某个案件可能落入刑法或者行政法以外的空间，但却能发生民法上的效果，反之亦然；如此产生的概念相对化同时也需要有所遵循，并且找出确定的界限。于此方面，绝不应当误以为这些标准依然无法摆脱恣意，而背离的术语不论如何不能被作为"错误的"予以拒绝；因为此处所建议之解决方案具有双重优势，其不但能够让所涉情形的重要难题从外观上得以显现，而且能够使这一概念通过借鉴可诉性的诉讼前提[110]获得教义学保障，从而在实践中可以被使用并获得清晰的界定。故此，下文仅在某个问题对于民法、刑法、行政法等诉讼上独立的特定领域来说，在其各自的观点下不重要时，才认为其属于"法外空间"。其

---

〔108〕 在教义学上，此处所支持的观点可以毫无困难地依据诉讼前提而被归入"可诉性"（对此，参见 Stein‐Jonas‐Schönke‐Pohle, Anm. II, 6 vor § 253; Baumbach‐Lauterbach, Grundz. 4 vor § 253; Schönke‐Schröder‐Niese, § 43, III, 3 und § 45, III, 1; Rosenberg, § 85, II, 2a; anders Lent‐Jauernig, § 33, IV, 3 a. E. ）。例如，缔结婚姻之诉基于《民法典》第 1297 条应当作为不允许而被驳回，请求支付"白兰地债务"的诉讼基于《东道国法》第 31 条也是如此（ St.‐J.‐Sch.‐P. 和 Rosenberg, a.a.O. 举了其他例子），因为其并不具有可诉性。但是，在那些法律部分地放弃介入的情形，只有法从根本上拒绝调整时，不允许诉讼才是正当的。恩吉施（a.a.O., S. 390 f.）指出了此处所讨论的"部分无法效果的"构成要件与完全落入法外空间的情形之间紧密的相似性，尽管也作有其他方面的强调。

〔109〕 对这种新的诉讼前提之进一步构造必然要留待逐个研究。于此方面，并不否认其相对于"作为无理由的驳回"之界定困难。也不应当考虑通常属于无理由审查的问题，此时已经决定了允许性问题；但这并不构成决定性质疑，因为如所周知，这种困难在其他诉讼前提中也会出现，例如法律途径的允许性。

〔110〕 参见脚注 108。

他法律沉默的情形，只要不落入漏洞领域，就应当被归入反面推论或者归入下文还要进一步阐述的沉默推论。

34　　那么，某个问题何时落入法外空间，法律何时通过其沉默间接地反对特定解决方案，也就是要进行反面推论，以及最后何时存在漏洞，这些都是解释的问题，只能从个案到个案予以澄清，且总是以评价为前提。根据前文所述，评价之标准又只能是整体法秩序的意思；具体而言，**界定标准**对法外空间来说是法律上的不重要性，对漏洞来说是违反计划的不完整性，以及如后文还要展现的，对反面推论来说是平等诫命的消极原理。也就是说，按照此处的基础性术语，法外空间和漏洞领域可以被清楚地区分[111]：如果存在漏洞，那么法秩序就要求规整，但相反，法外空间的特征却是不应该出现法效果。就此还需强调的是，两个领域之间的界限总是可能被实证法所移动[112]，也就是说，实证法总是有权扩大或者缩小法律上不重要的领域。[113] 但这只能留给立法者去做；假如法官想要把立法者确立为法外空间之处认作是漏洞并从事法的续造，便触及不被允许的违反法律之裁判。

　　据此可以确定的结论是法外空间标明漏洞领域的一处分界

---

〔111〕　这也是主流学说：Bergbohm, S. 379 f.; Bierling, S. 383; Reichel, S. 92; Weigelin, S. 2; Sauer, S. 281; Nipperdey, § 58, Fußn. 4; Dahm, S. 54; Bastian, S. 42 f.; Larenz, ML, S. 280; Meier-Hayoz, Kommentar, Randziffer 260; Engisch, Einführung, S. 138, Rechtslücke, S. 100 基本上也是如此，尽管对于不可填补之漏洞的情形有有一定疑问（对此参见下文边码 164 以下）; Zitelmann, S. 42 f.的看法有所不同; Du Pasquier, Modernisme, S. 220 und Introduction, S. 204（错误地援引德国的主流学说）。

〔112〕　参见 Bergbohm, S. 377; Zitelmann, S. 44; Engisch, Der rechtsfreie Raum, S. 397 f.; Schreier, S. 47（参见前文脚注 67）有所误解。《基本法》第 19 条第 4 款所废除的"法院无涉之高权行为"为此提供了一个实践中的例子（对此参见后文边码 54 脚注 20 处）。

〔113〕　是否存在如下意义上的**"绝对"**法外空间，即法律规整在此领域内被先验地排除了，并不需要在本书的脉络中加以讨论，否则会超出其范围。对此，以及解决方案在何种范围内取决于总是作为基础的法概念问题，参见 Engisch, „Der Rechtsfreie Raum", S. 402 ff.。

点，而尽管法律沉默了，但原则上并不允许法院在该领域内从事补充法的活动。

(二)漏洞与"反面推论"

实践中更常见的情形是，缺少规整不意味着**从根本上不**应该出现法效果，可能是法律借此表明对某种情形**不**追求**特定**效果。也就是说，沉默并非拒绝回答，而是反过来构成间接的消极答复。比如，《民法典》第165条规定，限制行为能力人能够有效地担任代理人，那么很明显，从该条未就无行为能力人道出同样规则的事实可以推出，后者并不能充当代理人。不过，对这种"反面推论"的情形务必谨慎；因为纯粹从逻辑上看，也可以想象类推适用第165条。因为立法者极不可能在第165条中**出于疏忽**而未一并提及无行为能力人，所以在这种规定清楚的情形中，存在一种支持反面推论之确凿的实际推定。尽管如此，仅以规定的事实状况特别简单清楚，所以立法者不会考虑不周为由，据此所作推论并非当然之理。举例来说，通常认为依据《民法典》第119条第2款之规定，关于权利性质的错误也能够被作为撤销的理由[114]，尽管该款仅仅提到物，但这"本身"并不能表明，立法者在创设第119条之时，未考虑到物和权利之间如此基础性的区分(参见《民法典》第90条)。再比如，《民法典》第720条的情形更加明显，该条只是明确地援引第718条第1款，但主流学说并未就第718条第2款进行反面推论，而是正确地予以类推。[115] 所以如今普遍认同，反面推论和类推一样，也并不限

---

[114] 例如，参见 RGZ 149, 235; Staudinger-Coing, § 119, 26; Hefermehl bei Soergel-Siebert, § 119, 29。

[115] 例如，参见 Palandt-Gramm, § 720, 1; Schultze v. Lasaulx bei Soergel-Siebert, § 720, 3; 不同观点为, Staudinger-Keßler, § 720, 1。

于形式逻辑的推论过程，而是属于规范—目的性论证。[116] 因此，关于《民法典》第165条就无行为能力人所进行的反面推论最终之所以被认为是妥当的，只是因为《民法典》第104条以下条文在关键之点上，对无行为能力人和限制行为能力人做出区别处理：后者仅就那些可能对其产生不利的法律行为而应受保护（参见《民法典》第107条），而法律将前者视作对于*所有*法律行为皆从根本上不具备能力（参见《民法典》第105条）；这种区别对代理的可能性也具有关键意义，所以从第165条进行反面推论是正当的。

36   这种从不同前提中推导出不同的法效果之正当性，最终源于正义理念的诚命，即对不同之事应予不同处理。[117] 所以在这一点上，反面推论也是类推的"对立面"[118][119]，因为类推是基于对相同之事应予相同处理的诚命[120]；类推始终以相似性推论为前提，而反面推论总是以**不相似性推论**为基础：待比较的构成要件在对问题所涉法效果具有决定意义之点上并不一致，因此必须予以不同处理。

就此而论，只要法效果无疑地是从法条的单纯反推中得出的，而这种反推构成了反面推论的基础，那么就**不存在漏洞**。比如在上例中，虽然缺少关于第165条并非同样适用于无行为能力人的提示，但这并不构成违反计划的不完整性；因为很明显，法律通常

---

〔116〕 Schmitt, S. 13; Moor, S. 195; Schönke-Schrade, S. 26; Pisko, Handelsgesetze, S. 14 f.; Engisch, Einführung, S. 145; Meier-Hayoz, Der Richter als Gesetzgeber, S. 71; Klug, S. 134; 关于法国法，参见 Fabreguettes, S. 375 f.。

〔117〕 据目前所见，文献中对此尚未予以强调。

〔118〕 因此，Staudinger-Brändl, Anm. 71 vor § 1 又称之为"反对类推"（Gegenanalogie）或者"不相似性推论"。

〔119〕 类推的第二个"对立面"即目的性限缩，也是基于消极平等原理，Larenz, ML, S. 296 已指出此点。其实，**反面推论和目的性限缩具有密切的亲缘性**：它们只是由于法律文义的表达而有区别。第一种情形的文义表达与法律的意义一致，第二种情形的文义表达超出法律的意义；假如文义表达适当的话，那么由于构成要件的差异性，位列于此的就不是目的性限缩，而是**代之以反面推论**。

〔120〕 对此，参见后文第二章边码47。

仅仅明确地对**应当是什么**做出规定，而并不另外地澄清特定法效果不系于哪些情形。

但正如拉伦茨所证实的那样[121]，反面推论有时也被用于漏洞之确定。[122] 倘若为确定不同的法效果，对类似规范进行单纯的消极反推尚不足够，还必须另外找到某个**积极的法条**，就属于这种情形。在拉伦茨所举的例子中[123]，虽然从《民法典》第306条推出，合同在自始不能的情形中并非无效；但此时应该出现何种积极效果，是赔偿信赖利益，还是履行利益，抑或其他，还不能由此无疑问地推导出来。就此而论，造成这种困难的内在原因是消极的平等原理之不确定性：其虽然表明对待决案件应予不同判决，但往往并未规定**如何**进行不同处理。[124]

应与反面推论严格区分的是另一个经常与此相混淆的问题：所谓的**禁止类推**之难题。[125] 兹举一例加以说明：依据《民法典》第6条第3项，假如某个酗酒成瘾者由于其恶习"使自己或者家庭遭受急迫之危险"，那么就可能被宣告禁治产。但是，倘若这种危险并非由于酗酒成瘾，而是吸毒成瘾造成的，又该如何处理？应当类推适用该项规定，因为在此情形中，瘾君子的意志力至少在同样程度

37

38

---

[121] ML, S. 295 f.

[122] 反面推论还被认为是漏洞**填补**的工具，Becker, S. 436; Staudinger – Brändl, Anm. 66 vor § 1; Keller, S. 74 并不清晰，据此"反面推论"表明，"漏洞不应该借用已形成之法的特定规整予以填补"；事实上，这就排除了漏洞的**存在**。

[123] a.a.O.

[124] 由此展现了反面推论和目的性限缩之间的相似性，后一种情形同样也是，单纯的消极性例外规定有时就已经足够，而有时为填补漏洞还需要某个积极的法条。参见后文边码145末尾处以及边码146。

[125] 文献中往往并不区分两种情形。例如，参见 Binder, S. 985; Baumgarten, Wissenschaft vom Recht, S. 301; Bartolomeyczik, S. 92; Bastian, S. 76; Dahm, S. 50; Nipperdey, § 58, Fußn. 29; Staudinger – Brändl, Anm. 71 vor § 1; Pisko, Handelsgesetze, S. 13 und Kommentar, S. 133; Friedrich, S. 462 ff.; Keller, S. 74 f.有所不同(至少按照实质，即使不是在术语上)。

上受侵害；况且，由于如今的技术可能性和现代大众社会，毒瘾相较于《民法典》制定的时代具有更大的危险性。所以毫无疑问，立法者如今也会允许因为吸毒成瘾而被宣告禁治产[125a]，据此，这里便存在嗣后的漏洞。尽管如此，大多数观点拒绝相应地适用第6条第3项[126]，因为第6条通过运用列举原则表明，立法者想要排除类推。[127]

按照前文所述特征，并不能将这个例子说成是反面推论，尽管从结论上看，法律**不提**及吸毒成瘾就表明不允许因此而宣告禁治产。因为此处恰恰**并不存在"不相似性"，而是存在相似性的情形**，而正义的诚命要求，对两个构成要件予以相同而非不同处理；确切地说，这里是通过法理念中的另一个对平等原理具有修正性对抗效果的元素，即**法的安定性**之诚命，排除了类推。

39　　另外，至少对漏洞问题来说，两种情形的区分具有奠基性：如果说反面推论通常排除漏洞，那么恰恰相反，禁止类推却以此为前提；因为类推必然以存在漏洞为基础，否则在禁止的前提已不存在时，**禁止**也就没有意义了。虽然可以就此批评说，法律通过禁止类推已然给出该当情形的**规整**，所以就不能说成是漏洞。但是，这种论证将会掩盖真正的问题，因此会由于太过形式化而被拒绝。就好像以瑞士《民法典》第1条已提供填补漏洞之规定为由，认为其中不包含漏洞；然而，这种规定与禁止类推的积极对立面并无不同，如此认为同样不妥。确切地说，此处所涉情形的特殊性为，存在漏洞，但却例外地禁止填补。

准此以言，禁止类推并不属于漏洞概念以及漏洞确定的问

〔125a〕　于此期间，立法者已通过1974年7月31日所颁布的法律这么做了。

〔126〕　参见 Staudinger-Coing，§ 6，Anm.27 附有其他引证。

〔127〕　这一理由在何种程度上正确，后文边码178还要作进一步研究。

题，而应该被置于**漏洞填补之界限**的领域。[128]

二、法律沉默的其他情形

法外空间、反面推论以及漏洞并未穷尽法律沉默的所有情形。[40]
尤其是反面推论与类推之间的对立，无论如何不是排他的[129]；确切
地说，肯定反面推论虽然始终排除类推，但拒绝反面推论却并不必
然走向类推的观点，只是使其被允许性问题悬而不决。存在一系列
例子能够说明反面推论和类推均有不妥。其原因在于，只有在法条
具有**排他性**之处，也就是特定法效果**只有在**这个构成要件前提存在
时才应该出现之处，才允许进行反面推论[130]；换句话说：前提必须
是必要的，而不仅是充分的。[131] 一方面，由于这（忽略不属于此一
脉络的禁止类推之情形）只有在极少见的情况下才能以足够的确定
性加以查明[132]，另一方面，类推还需要确定与规范的排他性问题完
全不同的法律上之相似性，所以在反面推论和类推之间便留下相当
广阔的空间。例如，《基本法》第 103 条第 1 款规定，任何人皆有权
在法院请求法律上的听审。但是，行政机关程序中的听审又该当如

---

[128] 参见后文边码 175 以下。

[129] 根据 Klug, S. 134 ff.的奠基性阐述，这应该不再有争议；追随其观点的有
Engisch, Einführung, S. 144, Amn. 168; Nipperdey, § 58, Fußn. 29(附有特定的限制)；Pis-
ko, Kommentar, S. 133 und Handelsgesetze, S. 16 就已如此认为；追随其观点的有 Keller, S.
75; 不同观点有 Rümelin, Werturteile, S. 16; von Tuhr, S. 43 f.; Brütt, S. 78; Schreier, S. 46;
Robine, S. 191; Meier-Hayoz,Der Richter als Gesetzgeber, S. 248; 至少有误解的是 Manigk,
S. 433; Nawiasky, S. 148; Bartholomeyczik, S. 79 ff.; Zimmermann, Analogie, S. 624 ff.; Hell-
er 新近错误地主张，拒绝类推表明"所考虑之规范的法效果不适用于待决情形"（S.
135）；就此而论，其并未认识到还有不同于类推的其他补充法律之工具，比如普遍法
原则，而这可以推导出与先被考虑但由于缺少法律上的相似性而不能类推适用之规范
同样的法效果(后文边码 43 脚注 147 处就是个例子)。另外，拒绝某个类推不论如何
也不可能排除借助另一个类推去证立同一个法效果。

[130] Larenz, ML, S. 295; Regelsberger, Pandekten, S. 154 f.就已经如此认为。

[131] 参见 Klug, S. 133。

[132] 其实，真正具有信服力的关于反面推论的例子很难找到。

何？主流学说[133]正确地拒绝对第 103 条第 1 款予以反面推论或是类推，因为既不能说明该规定具有排他性，又不能说明两个待比较的构成要件具有相似性。[134] 那么，法律的沉默于此意味着什么？

这种情形无法归入迄今为止的论述过程当中，但是有可能通过齐特尔曼的构想即"普遍性消极原理"予以掌握，不过该原理的作用范围却远远不止于此。

（一）"普遍性消极原理"

41　　接续对布林茨（Brinz）观点[135]的评论，齐特尔曼教导说[136]，"在那些以刑罚或损害赔偿义务威慑某种行为，或者对此赋予其他法效果的特殊法条背后"，存在着"总是不言自明因而未被说出的普遍性消极原理（allgemeine negative Grundsatz），除了这些特殊情形外，所有行为皆不受刑罚处罚，也无须赔偿：在此意义上，所有规定刑罚或损害赔偿的积极条款皆构成该普遍性消极原理之例外"。[137]

42　　这一学说在逻辑上和法律上均站不住脚。[138][139] **在逻辑上站不**

----

〔133〕　参见 Maunz-Dürig, Randziffer 92, 此处援引了其他关于《基本法》第 103 条的文献。

〔134〕　其他既不是反面推论又不是类推的例子，参见后文边码 66（末尾处）以及边码 71（末尾处）。

〔135〕　Krit. Vierteljahresschrift, Bd. 15, S. 162.

〔136〕　S. 17 ff., insbesondere S. 19.

〔137〕　由此就颠倒了原则与例外的原本关系，因而错误地赋予"通常的法律规则"以例外的性质，正确强调这一点的有：Engisch, Rechtslücke, S. 96, Fußn. 42; Spiegel, S. 124, Fußn. 1; Larenz, ML, S. 285, Fußn. 2。

〔138〕　明确表示反对普遍性消极原理的有：Brütt, S. 77 ff.; Bierling, S. 388 ff.; Ehrlich, S. 215 f.; Heck, S. 204 f.; Riezler, S. 169, Fußn. 74; Redel, S. 27; Del Vechio, Grundprinzipien, S. 31 ff., und Rechtsphilosophie, S. 392; Schreier, S. 48 f.; Hildebrandt, S. 77, Fußn. 2; Weigelin, S. 23 f.; Engisch, Rechtslücke, S. 95 ff.; Bastian, S. 61 f.; Larenz, ML, S. 285; Keller, S. 76; Meier-Hayoz, Kommentar, Randziffer 258; Teichmann, S. 79 f.。

〔139〕　追随普遍性消极原理之学说的有：Windscheid-Kipp, S. 109, Fußn. 1b; Herrfahrdt, S. 30 f.（附有特定的限制）; Ross, S. 349（按照其实质，而不是在术语上）; Rotondi, S. 420, Fußn. 31; Kelsen, Theorie der Interpretation, S. 14, und Reine Rechtslehre, S. 16（但并未明确提到齐特尔曼）。

住脚，是因为其以不被允许的方式**消极地**从原因推导出结果[140]，但却未能认识到，法条通常不具有排他的性质[141]；倘若法律将法效果R系于构成要件T1的话，那么无论如何也不能据此反过来认为，从不存在T1就可以无疑问地推出不出现R，即构成要件T2也不能具有同样的法效果。这一学说**在法律上**也站不住脚，是因为抛开诸如刑法禁止类推之类的例外情形不谈，无法从法律中推断出这种**普遍性法律原理**，即：除明确提及的情形以外，不应该准许损害赔偿等。[142] 其并未认识到，缺少积极判断不等同于消极的规整，也就是说，立法者的沉默并不必然意味着**不意欲特定规整**，也可能是出于其忽略了某种情形，换言之，**根本就不存在意思的表达**。[143] 从结果上看，齐特尔曼抹去了法律外的法之发现与违反法律的法之发现之间的界限，并且把所谓的"不真正漏洞"[144] 不当地归入修正法律而不是补充法律的领域，尤其是类推的多数情形。[145]

因此，普遍性消极原理的学说是站不住脚的，如今可以被看作是已经过时了。尽管如此，仍然有必要予以仔细研究，因为一方面，这构成齐特尔曼的如今也还经常被赞同的漏洞分类之基础[146]，另一方面，其背后却可能存在某种正确思想。因为如前所述，那些在类推和反面推论之间所遗留的法律沉默情形，就其与漏洞概念的关系而言，在迄今为止的阐述中尚未被令人满意地加以归类。

---

[140]　参见 Brütt, S. 77; Schreier, S. 48 f.; Engisch, Rechtslücke, S. 96。

[141]　参见 Klug, S. 129 ff., 以及前文边码 40 关于反面推论的详细论述。

[142]　所以恩吉施正确地把普遍性消极原理称为"空想的产物"（Rechtslücke, S. 95）；类似的观点有：Ehrlich, S. 223; Hildebrandt, a.a.O.; Weigelin, a.a.O.; Larenz, a.a.O.; Meier-Hayoz, a.a.O.。

[143]　参见 Brütt, S. 82; Schreier, S. 49; Meier-Hayoz, a.a.O.。

[144]　齐特尔曼对于漏洞的分类，参见后文边码 122 以下。

[145]　参见 Bierling, S. 385; Brütt, S. 82; Engisch, Rechtslücke, S. 95。

[146]　对此，参见后文边码 122 以下。

(二)漏洞与"(法律完整性的)沉默推论"

于此，齐特尔曼应该是承认，那些**无法**在实证法上发现其基础的请求权、抗辩、形成权等，事实上并不存在。所以在前文的例子中，倘若其他的漏洞确定工具，即普遍法原则，不要求作出积极决定，就应当否定行政程序中的听审这一公法权利。[147]

不过，与齐特尔曼观点的根本性不同在于，这种推论**在运用所有的漏洞确定工具**[148]**之后**才被允许，而不是在此之前就已经可以作出。再进一步，假如**也不能**进行反面推论的话，法律沉默的结果就是不存在有效的法或者说现行法，换言之，缺少规定并非漏洞，而充其量只是法政策上的错误。

这与如下立论并无不同，即为了确定漏洞，**消极地**推论出所欲之规整与实证法**并无矛盾决然不足，毋宁始终需要积极地证立，这一规整也是法秩序所要求的**。假如法官想要仅从缺少立法者清晰的反对决定中推出其续造法的权限，那便未认识到其作为法律仆人的地位，以及由此产生的对于任何法之补充皆予以**特别的**正当化之必要性。倘若法律沉默了，而且要由此得出存在漏洞的观点，那么，即使不属于前已论及的"意味深长"或者"有意义"沉默的情形，也还需要专门论证计划违反性；倘若无法论证，就不存在漏洞，也不存在有效的法。就此而言，这种证立并不是基于类推或者反面推论之类独立的逻辑推论过程。为标示出其与反面推论的区别，应该支持引入专门的术语：在后一种情形，法律通过对某个构成要件的规整同时间接地作出关于另一种情形的消极规定，也就是说，法律沉默是"有意义的"，而在前一种情形，就连**任何**即便是

---

[147] 对此，参见 Maunz-Dürig, a.a.O., 结合其他论证表明，听审请求权是从法治国原则中推导而来。这对于前文(脚注129末尾)就黑勒(Heller)关于类推与反面推论之错误观点所作的批评而言，是很好的例子。

[148] 这将在下一章予以详细阐述。

间接的决定也不存在；换言之，并不是从特定规范的反面进行推论，而是从缺少任何法律基础进行推论，即："从沉默中"推论。不过，还是要再次重点强调，这一推论只有在穷尽所有的漏洞确定工具之后，也就是说，只能基于**完全被认知的**法律才被允许，以至于必须小心翼翼地称其为"法律完整性的沉默推论"[149]。这在实践中比真正的反面推论要常见得多。[150] 所以，虽然经常并未指明，而且是无意识作出，但大多数驳回诉请的判决系基于这种推论。比如，法院之所以否决某个损害赔偿请求权，是由于《民法典》第 833 条以下条文和其他请求权基础均无法介入，那么无论如何，只有这一理由本身还不足以驳回诉请；因为从不出现构成要件并不能消极地推导出法效果也不出现。[151] 确切地说，如下原理始终被默示地纳入考虑，即：倘若某个请求权在运用所有确定漏洞的工具后依然找不到基础，那么依据实证法便是不存在的。最后，"沉默推论"从法秩序作为有效规定之总和的结构中得出：无法查明有效规定，便无权利。

附　论　漏洞与（广义的）补充性合同解释

最后，还要简短地研究一个在司法判决中没少被误解的问题：45
法律漏洞填补和广义的补充性合同解释之间的界分。后者经常被法院滥用为续造法的授权。[152] 广为人知的例子有 "为第三人利益的

---

〔149〕 但文献的语言用法有所偏离：只要确实使用"沉默推论"的表述，其便被与"反面推论"同义使用，参见 Meier-Hayoz, Der Richter als Gesetzgeber, S. 70, und Kommentar, Randziffer 255; Klug, S. 129。

〔150〕 参见前文边码 40，尤其是脚注 132。

〔151〕 参见前文边码 40。

〔152〕 Reichel, S. 107 就已经对此加以批判；进一步的研究：Siebert bei Soergel-Siebert, § 157 Anm. 92 und 93; Hefermehl bei Ermann, § 157 Anm. 7b; Henckel, S. 122 f.; Mangold, NJW 61, 2284, Sp. 2; 对于法国法，参见 Boulanger Etudes, S. 64 und 66。

损害清算"[153]、国际私法中债的准据之确定[154]以及"附保护第三人利益的合同"[155]。

不过，应该承认这两个领域之间具有密切的亲缘关系。[156] 因为在补充解释情形，重要的不仅是(假定的)当事人意思，还有"可识别之客观目的、意义脉络、合同基本思想，必要时还需要注意交易习惯，并顾及全部参与者的利益"[157]。就此而论，无疑应当先取向于特定的待决案件，但待决案件往往就所涉问题而言并无特殊之处，故而无异于从**典型**利益状态中发现解决方案。所以说，判决不是为"这个"而是为"这类"合同作出。[158] 如果最后再加上，这类判决也只能通过其与法理念的意义关联而获得其内在正当性，那么就很明显，法官于此[159]*所要应对的事情与立法者在设立任意性补充规范时所要处理的事情并无不同*。

46   尽管如此，并不能将所有这类情形皆称为漏洞。因为法秩序的意思绝不是对于所有具有一定程度典型性的情形均设立补充性规定。例如，诊所交换情形的禁止搬回即清楚地表明此点，如所周知，联邦最高法院系以补充解释的方式将其发展出来。[160] 就此而言，这一禁止绝不可能基于具体合同或者待决个案的某种特殊之处，而必须

----

[153]　参见 RGZ 170, 246; BGHZ 15, 224; Siebert, a.a.O. 对此进行了批判; Larenz, SR I, § 14 IV 2。

[154]　参见 BGHZ 7, 231; 9, 221。

[155]　例如，参见 BGH LM Nr. 6 zu § 328; Larenz, SR I, § 11 III 也如此认为; 但 Gernhuber, S. 265 ff. 令人信服地反对借助补充性合同解释予以建构; Blomeyer, Schuldrecht, § 62 IV 3 追随之。

[156]　参见 Oftinger, S. 198 ff.; Coing, Auslegungsmethoden, S. 21; Larenz, SR I, § 8 II。

[157]　Siebert, a.a.O., Anm. 95.

[158]　Flume, S. 197.

[159]　也即，不是一般性地在补充解释的情形，而只是不存在个案的特殊情况而取向于典型利益状态之处。Mayer-Maly in MünchKomm., 1978, § 157 Rdn. 30 und 41 mit Fn. 59 und 82 未能认识到这一区别。

[160]　参见 BGHZ 16, 71。

原则上对于"这种"典型的诊所交换均有适用。即便如此也不存在法律漏洞，因为不能期待法律对诸如诊所（或者企业等）转让情形的禁止搬回之类如此特殊的问题作出规定，所以法律的沉默不能被称作"违反计划"。因此在这种情形通过合同补充解释予以处理就很有意义。但是，也不能就此忘记其与发展不成文的任意法规范在功能上密切的亲缘性。比如，这会导致《一般交易条件法》第6条第2款应在此类推适用，而且据此，无效的一般交易条款在有些情况下，被按照补充解释的基本原则适用于"这类"合同的规整所取代。[161]

---

[161] 也参见 Ulmer/Brandner/Hensen, Komm. Zum AGBG, 4. Aufl. 1982, § 6 Rdn. 35。

第二章

漏洞确定的标准和工具

前一章的结论是，倘若实证法中缺少某个规整，而这一规整却是法秩序在整体上所要求的，那么就存在漏洞。不过，要在个案中充当漏洞确定的可供使用之标准，这一定义还是太宽泛也太不确定。所以本章的任务应该是研究法秩序的哪些组成部分于此分别具有意义，并以此方式给出确定漏洞的切实可行之标准。

所有的法秩序均首先由规范构成，也就是立法者在实证法上的规定。并不少见的是，这些规定是如此不完整，以至于其**不经补充就无法适用**，换言之，虽然明确指出某种特定情形在法律上是重要的，但是法律却并未包含或者仅包含不充分的法效果。更普遍地说：实证法经常把某个生活事实从法外空间中提取出来，并由此创设**法律问题，却并未同时给出必要的答案**。假如法官碰到这种情形，那么其只有两种选择：要么自己给出答案，那就必须补充不完整的法律；要么拒绝答复，那就拒绝了裁判。但是按照现行法，"**禁止拒绝裁判**"阻止法官选择第二种途径。[1] **所以在此类情形，就必须续造法律**。[2] 就此而论,禁止拒绝裁判在根本上无异于**规范之有效**

---

〔1〕 虽然与法国法(参见法国《民法典》第4条)不同，德国法并未包含关于禁止拒绝裁判的明确规定，但其有效性并无争议。例如,参见 Hellwig, S. 164; Nikisch, § 2 V; Schönke-Schröder-Niese, § 1 VI 1 a.E.; Rosenberg, § 90 IV 1 a; Lent-Jauernig, § 36 II 1; Blomeyer, § 9 III 2 b。

〔2〕 拉德布鲁赫（Radbruch）率先指出这种联系（Rechtswissenschaft als Rechtsschöpfung, S. 355 ff., insbesondere S. 357 ff.; Rechtsphilosophie, S. 211 也是如此。Regelsberger, S. 156; Dernburg, I, S. 83; Jung, Dernburg-Festschrift, S. 145; Kohler,(转下页)

性主张的程序侧面:法律如果作出某个规定,那么就同样想要加以实现;法律如果创设某个法律上重要的构成要件,那么就同样命令去凭此产生法效果,即使其本身并未明确包含该效果。这组情形甚至在最狭窄漏洞概念[3]的支持者那里也被归入漏洞领域,因为**实证法规范之有效性主张**连同**禁止拒绝裁判**要求补充法律,并因此被用作漏洞确定之标准。

然而,法秩序并不限于其中的规范。如前所述[4],确切地说,处于其后的**法律评价**也是实证法的重要组成部分,而且对于其解释和续造具有决定性意义。所以对漏洞确定而言,法律的评价也扮演着重要角色,并尤其**与平等原理相联系**。比如,《民法典》第463条第2句对恶意隐瞒物之瑕疵的情形承认积极利益的请求权,但对于恶意虚构有利性质的情形却缺少相应的规整,这无疑构成违反计划的不完整性。不过,此处之所以存在漏洞,并不是因为法律不经补充从根本上就不能适用,以及法官不补充法律就必定犯下拒绝裁判的错误;假如法官以缺少法定的请求权基础为由驳回诉请,那么确切而言,这种消极性决定完全是一种**法律上的答复**[5],即便是**错误的**。绝不能说这是拒绝裁判,因为其仅指法官从根

(接上页) I, S. 82 ff.也已经如此认为)。但其错误地由此出发,即禁止拒绝裁判对**所有的漏洞情形**皆有意义(后文边码48对此作有批评)。只要文献中确实讨论到这个问题,似乎便毫无例外地在此点上追随拉德布鲁赫,所以就在此范围内放弃了关于不同漏洞种类的所有差异。参见 C. Schmitt, S. 8 f.; Hellwig, Lb II, S. 164; Somlo, S. 395 ff.; Oertmann, S. 26 f.; Del Vecchio, Rechtsphilosophie, S. 391; Saleilles, S. 93; Beudant, S. 178; Nawiasky, S. 143; Less, S. 70; Bender, Methode der Rechtsfindung, S. 599; Westermann, S. 31; Coing, Auslegungsmethoden, S. 24; Reinhardt, S. 8。相反,Siorat, S. 169 ff.的出发点是正确的,其主要在"社会性不足"(关于西奥拉特的概念建构,参见前文第一章脚注76)的框架下赋予禁止拒绝裁判以意义(尤其参见 S. 187 ff.)。Redel, S. 41 以不恰当的理由,否定了漏洞问题与禁止拒绝裁判之间的所有联系(对此参见后文脚注6)。

[3] 参见前文第一章脚注78。

[4] 参见边码7。

[5] 齐特尔曼在其(不论是实质上还是术语上皆不正确的)关于"真正"和"不真正"漏洞的区分(参见后文边码122以下)中,就已经明显看到这一点,因为其(转下页)

本上拒绝裁判(或者适用**被认为是相关之规定**)的情形。当法官错误地认为不适用某个规范之时,则不属于此。[6]

　　然而,这种判决会违反正义的诚命,即对同类的构成要件应予相同处理;因为在出现第463条第2句法效果的关键之点上,也就是恶意利用买受人关于物之性质的错误认识,虚构积极的性质与掩盖物之瑕疵并无二致。[7]于此,被用于确定漏洞的不是法律规定连同禁止拒绝裁判,而是**其评价并连同平等原理**。

49　　既然考虑平等原理,就已经离开仅仅基于实证法的论证,而取向于超实证之标准;因为其效力并非从法律规定中得出,而是从**法理念**中推导出来。[8]借此给出了向第三组的转化:如前所述[9],于此应该尝试借助漏洞概念并基于**普遍法原则**、法价值等去掌握法律外的法之续造。这类情形与前文所谈及的借助平等原理(其同样应该属于普遍法原则)确定漏洞的情形存在清楚的区别;因为平等原理基于其形式性仅在与实证法内在目的之紧密联系中才体现亲缘性,所以在此类情形,漏洞确定之特征是其严格系于法律的具体评价。然而,此处所要研究的情形恰恰会超出这一特征,而且不论是关于漏洞的确定还是填补,皆提出一系列独具特色的难题。

(接上页)针对"不真正"漏洞教导说:"在法官按照法律无法作出判决的意义上,是**不存在**漏洞的:其当然能够认识到,行为人**不负**有损害赔偿的义务,因此在法律中也其同样不规定损害赔偿的义务"(S. 17)。前文《民法典》第463条的例子无疑会被齐特尔曼归为"不真正"漏洞,正如其所引证的例子所能看出的那样。类似地,恩吉施(Rechtslücke, S. 95)也评论道,"在许多漏洞的情形,法官很容易就能作出形式上站得住脚的判决……"。

　　[6]　雷德尔(S. 41)在批判时并未认识到此点(参见前文脚注2末尾处)。

　　[7]　参见前文边码8,以及彼处(脚注12)引用的文献,而且尤其是 Larenz, ML, S. 283。

　　[8]　例如,参见 Rümelin, Die Gerechtigkeit, S. 14 ff.; Del Vecchio, Die Gerechtigkeit, S. 87 ff.; Radbruch, Rechtsphilosophie, S. 124 ff.; Coing, Die obersten Grundsätze, S. 30 ff., und Rechtsphilosophie, S. 111 ff.; Henkel, S. 308 ff.。

　　[9]　参见边码24以下。

这就说明，将此类情形概括为特殊分组是恰当的。

那么，以下将借助例子说明所勾勒出的漏洞确定之可能性，同时对此予以进一步规定。

第一节　与禁止拒绝裁判有关的实证法规定

一、(开放的) 规范漏洞

依据《基本法》第 104 条第 2 款第 1 句，法官必须决定剥夺自由的容许性。但是，《基本法》并不包含关于权限和程序的进一步规定。而一系列允许剥夺自由的更旧的州法律完全未对司法审查作出规定。由此，立法者的意思不可能是这些州法律由于《基本法》的颁布而失去效力；因为对于公众利益和当事人自身的利益来说，其适用经常必不可少。例如，将危害治安的精神病患者送入疗养院的情形。[10] 另一方面，倘若法院想要拒绝对剥夺自由予以审查，那么便是不服从与第 104 条第 2 款第 1 句相关的[11]规范，如此就**犯下拒绝裁判的错误**。所以不存在其他选择，只有**补充**第 104 条，并以法律外法之发现的途径去创设关于权限和程序的必要规定。[12]

以下情形产生同样的问题：比如，法律在允许利息请求权之时，却未指明利息的数额[13]；设置期间，但未规定其长度；规定选

50

---

〔10〕　BGHZ 5, 46 ff. (50).

〔11〕　第 104 条第 2 款第 1 句在第 4 句进一步规定的法定规整颁布之前也是直接有效的法，对此，司法判决和学说基本上是一致的 (参见 VGH Freiburg, DVBl. 51, 602; Bachof, JZ 51, 737; Wolff, DöV 51, 313, 此处还有其他引证)。这个问题并不因为 1956 年颁布的《自由剥夺法》而过时，因为该法仅适用于以联邦法为依据剥夺自由的情形。参见 Maunz-Dürig, Art. 104, Randziffer 24。

〔12〕　关于这一漏洞的填补，参见 Maunz-Dürig, Art. 104, Randziffer 30。

〔13〕　Zitelmann, S. 28 f. 举的例子。

举，却未规定程序[13]；赋予请求权，却未规定消极的正当化事由。[14] 这些规定不经补充始终无法适用，换言之，规范的有效性主张要求续造法律，法官始终面临拒绝裁判和漏洞填补之间的抉择。

二、(开放的)规整漏洞

51   所有这些例子的共同之处，是法条的一部分缺失了，实际是缺失法效果；也就是说，前文涉及的全部是(开放的)"规范漏洞"[15]。但与乍看之下不同，其于此处的脉络中并非决定性特征；确切地说，还有一系列类似情形，其中所缺少的是整个法条，即"规整漏洞"[15]。

对于这种漏洞，联邦最高法院大刑事审判庭涉及《基本法》第103条之判决为我们提供了直观的例子。[16] 据该条规定，任何由于法院判决而使其权利受影响的人，皆有权请求法律上的听审。而按照不同的规定(如《刑法典》第40条或者《葡萄酒法》第28条)，特定的对象(如"产品和犯罪工具")虽然属于未参与行为之人所有，却也可能被法院没收。然而，法律并未规定这些所有权人参与诉讼的可能性，尽管作为物权性权利人，其权利由于没收而在《基本法》第103条的意义上受到影响。假如法院不给予其表达观点的可能性，就会违背《基本法》第103条这个直接有效的规范，并且拒绝了因没收而受影响之人的听审权。因此，《基本法》第103条的有效性主张以及禁止拒绝裁判就要求，同样在此补充相关的诉讼规定，以

---

〔14〕 参见 Larenz, ML, S. 280 的例子：《民法典》第904条第2句虽然规定，由于第1句规定之侵入而受损害的所有权人可以请求赔偿，却未指明谁是请求权的相对人：是实施侵入之人，还是由此受益之人，抑或二者皆是。(关于这一问题的解决方案，比如，一方面参见 Larenz, SR II, §72, 1，另一方面参见 Westermann, §28 III, 1 a.E.。)

〔15〕 关于规范漏洞和规整漏洞的概念，参见 Larenz, ML, S. 280 f., 以及后文边码129以下。

〔16〕 JZ 64, 31 ff.

创设能让未参与行为之人维护其权利的条文。[17]

另一个属于此脉络的例子，是德国国际私法中债的准据之缺 　52
失，这已经由齐特尔曼[18]所提出。某个英国人和某个法国人在罗马
签订买卖合同，并就该合同的有效性陷入争议。出于某种原因，诉
讼被提交到德国法院。那么对此，应该按照哪个法秩序判决？《民
法典施行法》未包含相关规定。那种认为适用德国法是法律不言自
明之前提的观点，对于外国人之间在外国签订的合同缺乏内在正当
性。但是，倘若法院想要解决争议的话，又必须适用某个法秩序；
而且法院有义务如此，因为其基于德国的诉讼法负有相应的职责。
所以不存在其他选择，只能补充《民法典施行法》的冲突规范；而且
最终，又是**禁止拒绝裁判**要求填补漏洞。[19]

另外，属于同一脉络的还有《民事诉讼法》关于诉讼费用规定的 　53
不完整性：倘若诉讼一方有数人参与，法律仅就这些当事人**一律胜
诉**或者败诉的情形作有诉讼费用之规定(第 91 条、第 100 条)。然
而，假如有一部分共同诉讼当事人的诉请被驳回，比如基于对人性
的抗辩，其余当事人却获得胜诉，此时应该如何判决？或者说，诉
讼双方均有数个当事人，而只有部分原告针对部分被告实现了诉
请，此时应该如何判决？《民事诉讼法》并未包含相关规定。尽管如
此，依该法之整体脉络并无疑问的是，于此也必须作出费用判决。
那么，法官再次面临**拒绝裁判和补充法律**之间的抉择。

---

〔17〕　填补这一漏洞未必需要让受影响之人参与到具体的诉讼当中去；其实，《基
本法》第 103 条也可以通过以下的可能性得到满足，即让同一个或者另一个法院对所涉
判决予以事后审查(参见 BGH, a.a.O., S. 33, Sp. 2)。尽管如此，在《葡萄酒法》第 28 条
的情形，联邦最高法院允许直接参与没收诉讼，并通过类推适用《违反秩序法》第 24 条
对此加以证立。

〔18〕　S. 29.

〔19〕　对于这一漏洞的填补，参见 Kegel bei Soergel–Siebert, Randziffern 167 ff. vor
Art. 7 EGBGB 所附引证。

三、法律程序范围内的问题

54　　这个例子就过渡到第三组情形。其特征在于，实证法在此把**整块生活领域从法外空间中提取出来，并宣告其法律上的重要性**。倘若在此领域中出现问题，那么也就始终且无疑地涉及**法律问题**；假如缺少法律上的答复，那就必定存在漏洞。

　　属于这种情形的尤其是所有的诉讼法律关系：当事人或者法院在诉讼中所做之事在法律上总是重要的，因为其发生在诉讼之中。类似地，基于《基本法》第 19 条第 4 款的明确规定，公法中（至少在干预行政的领域内）不再存在法外空间[20]：就所有对个人权利产生影响的国家权力行为而言，那种"法院无涉的高权行为"之观点并不符合现行法。[21]

　　通过几个例子说明以上所述：譬如，当辅助参加人表示撤回辅助参加之时，应该如何判决？或者说，原告在对方提出异议期间，要求宣告该法律争议已在主诉中终结，而且这一要求具有实质的正当性，则又当如何？法律沉默了。因为此处涉及程序范围内的行为，沉默不可能意味着问题落入法外空间。由于不存在"普遍性消极原理"，也不能认为所涉行为必然不被允许。[22] 确切地说，因为无疑存在**法律问题**，所以法官不得拒绝答复，那么就存在漏洞。而在缺少任何有关诉讼合同之规整的情形，也应该作出同样的判断。

---

〔20〕　这是个很好的例子，说明实证法可以按其意愿移动法外空间的界限。参见前文边码 34 脚注 112 处。

〔21〕　参见 Maunz-Dürig, Art. 19 IV, Randziffern 23 ff. 所附引证。

〔22〕　确切地说，这在特定条件下是被允许的，关于辅助参加的撤回，例如，参见 Rosenberg, § 46 III 4 a（类推《民事诉讼法》第 271 条）；关于宣告终结，例如，参见 Rosenberg, § 79 III 4 und § 126 I 2 c; Stein-Jonas-Schönke-Pohle, V zu § 91 a; Baumbach-Lauterbach, § 91 a, 2（法院必须确认主诉已终结，至于费用则类推《民事诉讼法》第 91a 条通过裁定予以裁判）。

比如，判决宣布**之前**放弃上诉权的效果如何？[23] 是无效吗？若非如此，那么法官应当依职权还是基于抗辩而驳回上诉？[24] 或者说，应当如何处理合同对执行的限制？[25]

法官在所有这些情形均必须给出必要的答复，因为此处涉及必定不会落入法外空间的问题；于此情形，法官始终必须作出**积极的**决定，这完全不同于比如只是**否定**不存在法律基础的诉请，因为根据《民事诉讼法》的体系，总是有数个法效果处于被考虑之列，所以必须就此作出选择。假如想要逃避这种选择，并因此不去补充法律的话，那么法官将会犯下**拒绝裁判**的错误。

四、在"完全法律"的情形缺少制裁

另一组情形与此类似但不那么常见，其特征在于，实证法虽然 **55** 作出规定，但却遗漏了违反该规定的**制裁**。关于不完全法律和完全法律(lex imperfecta und perfecta)的规则应当还属于解释的领域，所以在此不总是继续有所助益；其只是首先澄清了，该违反**究竟是否**发生法效果，相反，当法律在原则上备置数种制裁(比如无效或者可撤销)，需要决定在个案中介入**哪个**法效果时，其便会失灵。此处也存在漏洞，原因在于，法官必须选择其中的一种可能性，所以只要其不想让令行或者禁止的规范沦为具文，就必须补充法律。于此情形，**解释**问题或许在于，法律究竟是否要求对违反施以制裁；相反，确定所缺少制裁的具体形态，则意味着**漏洞填补**。

---

〔23〕《民事诉讼法》第514条仅仅调整判决宣布**以后**放弃上诉权的情形。

〔24〕 仅仅基于抗辩! Rosenberg, § 134 II 3 b; Stein-Jonas-Schönke-Pohle I zu § 514; Baumbach-Lauterbach, § 514, 1.

〔25〕 理论上可以考虑好几种解决方案:不被允许因此无效;导致《民事诉讼法》第766条或者第767条的类推适用;仅仅赋予被告一种合同上的不作为以及损害赔偿请求权。关于解决方案,参见 Stein-Jonas-Schönke-Pohle, Vorbem. VI 6 vor § 704 und § 766 II 1 脚注42处所附引证。

56　　　　属于这种情形的例子是《有限责任公司法》第 50 条。依此，只有申请人所持营业份额合计至少达到基础资本的十分之一时，才能召集股东会。但是，倘若申请人不具有所规定的最低资本却召集会议，则应发生何种法效果？假如认为只要其他股东依照规定被邀请，所作决议就依然完全有效的话，便违背了第 50 条的意义：不仅要确保对于少数人的保护，还要反过来通过最低资本的要求以保护多数人，使其免于不断被个别的惹事者强迫举行股东会。假如决议此时完全有效，那么多数股东就必须参加会议以维护其权利，如此便与第 50 条之目的背道而驰。也就是说，第 50 条需要某种制裁。然而，不允许一概而论地认为所作决议无效（依据《民法典》第 134 条）；由于公司法原则上存在两种程度的公司决议瑕疵：无效和可撤销，而且也可以想象多数人同意所作决议并愿意让其生效的情形，所以单纯的可撤销已足以维护多数人的权利。但是，《有限责任公司法》并不包含解决这一问题的相关规定。尽管如此，只要法官不想犯下不做判决的错误，那就必须在此也给出答复。[26]

57　　　　于此脉络，还可以简要阐述第二个特别有趣的例子：依《有限责任公司法》第 5 条第 4 款规定，有关实物出资之约定需严格按照章程来确定股东身份、出资的种类和价值等。然而，法律却不包含关于违反这一规定之效果的规整。尽管如此，只要不应该严重侵犯该规范之目的，即让公司债权人在任何情况下均能清楚地知悉基础资本，并因此清楚地了解有限责任公司的信用基础，就必然需要进行规整。由此表明，通常关于完全法律的规则并不总能达成目标：根据《民法典》第 134 条，其将导致有关实物出资之约定无效的观点。然而，这将会与第 5 条第 4 款之目的截然相反：为了保护债权

----

[26]　这一漏洞应当类推《股份法》第 195 条第 1 项予以填补：决议无效，但已在商事登记簿做过登记时，必须在适当的期间内主张其无效。参见 BGHZ 11, 236; Baumbach-Hueck, § 50 GmbHG, Anm. 3 A a. E., 以及后文边码 139。

人，应当防止由于过高计算实物出资的价值，而导致公司财产的真实价值低于初始资本的面值；假如此时使相关的出资约定完全无效，那么只要出资尚未给付或者因无效而被返还，对债权人来说此举甚至会进一步完全抽出责任标的，也就是说，为保护债权人而设立的规范反而会对其不利。所以认为根本无效的观点不可能正确。尽管第 5 条第 4 款需要制裁，但法律却并未包含相关规定，所以存在漏洞。[27] 由此可见，此处也是实证法的有效性主张使补充法律成为必要，否则该规范就不能发挥其所具有的作用。

五、（逻辑和目的性）冲突漏洞

最后一个属于此脉络的例子尤其值得注意，即所谓的**冲突漏洞**。[28] 这是指，两个规范彼此矛盾，且无法通过解释，尤其是借助关于特别法、新法等规则[29]确定其中何者具有优先性。于是，发生

58

---

〔27〕 这通过类推《股份法》第 20 条第 2 款予以填补：该"股东"并不基于约定而取得对公司的权利，从而为遵守第 5 条第 4 款施加间接的压力，但有义务以金钱支付被设定为初始出资的数额，以确保债权人对全部数额的初始资本之掌控。例如，参见 Baumbach-Hueck, GmbHG, § 5, Anm. 8 A。

〔28〕 文献中多数肯定冲突漏洞的可能性。参见 Windscheid-Kipp, S. 109 f.; W. Jellinek, S. 167; Petrascheck, S. 297; Somlo, Grundlehre, S. 383 und 410 ff.; Burckhardt, Lücken, S. 88 f.; Heck, Gesetzesauslegung, S. 179 f., und Begriffsbildung, S. 88; Bastian, S. 70 ff.; Dahm, S. 50; Betti, Rechtsfortbildung, S. 397; Bender, Methode der Auslegung, S. 599; Engisch, Einheit, S. 50 und 84, Rechtslücke, S. 89, Fußn. 15, und Einführung, S. 159; Nipperdey, § 58 I 3; Roth-Stielow, S. 85 und 88; Wenzel, S. 714, 而 Sauer, S. 282 f. 则有所不同：此处并不存在漏洞，而是反过来存在一种"被双重占领的空间"。其就此并未认识到，之所以存在漏洞，**是因为**存在双重并因此不能适用的规整。因此，Engisch, Rechtslücke, a.a.O. 正确地反对绍尔（Sauer）；Weigelin, S. 24 f. 以不恰当的理由否定冲突漏洞，即"法官宣告两个彼此矛盾的规定之一具有决定性，要比使两者均不适用更加符合其如今的地位……因为法官仅仅应当例外地从事造法工作！"由于两个规定彼此相关却相互排斥，法官要想赋予其中之一以优先性，就必然会恣意处理。Nipperdey, a.a.O. 也反对**魏格林**（Weigelin）。

〔29〕 对此，尤其参见 Engisch, Einheit, S. 28 f. und 47 ff., und Einführung, S. 159; Larenz, ML, S. 173 ff.。

彼此废止的结果[30]：由于适用其中**某个**规定会流于恣意，而两者同时适用又将是荒谬的，因此只能均不主张两者的有效性。此处之所以产生漏洞，是因为法律规范所提出的问题依然是个**法律问题**，而且，此种情形不可能重新退回法外空间。其原因在于，不是法律在两处宣告法律上的重要性形成矛盾，而是源于法律将其系于两个彼此矛盾的法效果。换句话说：仅仅是不一致的法效果彼此废止，但宣告该问题为法律问题的构成要件却依然存在。因此，法官于此也面临**补充法律和拒绝裁判之间的抉择**：实证法提出了问题，却并未给出答案。

59   在一部封闭且经相当斟酌的法律作品中，这些情形或许较为少见。不过，这却经常出现在国际私法当中。[31] 鉴于此处经常有不同国家的法秩序适用于同一个生活事实，发生规范冲突便不足为奇。这些法秩序通常无法彼此协调一致，所以就不缺乏冲突的产生。就此而论，这些冲突可能属于逻辑一类，即不同的可能适用之法规定导向**思维上必然相互排斥**的结论；于此，可以称其为**"逻辑性冲突漏洞"**。但冲突也可能在于，不同的法相互作用所引发的结果虽然在逻辑上可以想象，却**在评价上是荒谬的**，并与其中某个或者所有牵涉的法之目的不一致。相应地，同一个法秩序也可能有两个规范在逻辑上已不一致，而规范之间也可能只是在目的上彼此排斥，就像接下来的例子将展示的那样。

---

〔30〕 这并不排除有些情况下，法官在填补漏洞时所发现的法条**在实质上**与其中某个规范是一致的。只是其效力基础便不再源于实证法的明确规定。同样的观点有：W. Jellinek, S. 167; Petrascheck, S. 297; Engisch, Einheit, S. 50。

〔31〕 但依目前所见，国际私法的文献并不使用"冲突漏洞"这个源于一般方法论文献的术语。而从实质上看，众所周知的**"协调"**问题（对此，尤其参见 Raape, § 14 III, Kegel, § 8）恰恰是正文所描述的冲突漏洞体现在国际私法中的特殊问题。就此而论，克格尔（Kegel）（a. a. O.）关于"实然矛盾和应然矛盾（Seins - und Sollenswidersprüchen）"之对立完全符合正文所作逻辑冲突漏洞和目的性冲突漏洞之区分，后者具有普遍性因而不限于国际私法。

逻辑矛盾或许构成冲突漏洞的"经典"情形，但也不应该将概念局限于此。此处也必须一如既往地由规范性目的标准作出最终的决定，所以也能肯认无法化解之矛盾，并因此导向冲突漏洞的观点。相对于逻辑性冲突漏洞而言，在术语上可以称此类情形为"**目的性冲突漏洞**"[32]。

其甚至像《民法典》这样经过深思熟虑的法律也存在含有目的性冲 60 突漏洞的例子。第一个是经常被讨论的数个物上责任人之间补偿请求权的问题。[33] 比如，为担保债权而设立抵押或者物的质押。假如土地所有权人现已满足债权人，那么该对人性债权根据《民法典》第1143条第1款第1句向其移转，质押权也因此依照《民法典》第412条和第401条发生同样的移转；相对于此，假如质押人满足了债权人，那么根据《民法典》第1225条第1句、第412条和第401条，其反过来取得债权和全额的抵押。也就是说，第一种情形的土地所有权人和第二种情形的质押人均能够向另一方完全追偿；因此，最终总是由未清偿债务的一方承担**全部**损害，这必然导致责任人为满足债权人的荒谬"赛跑"。由于双方承担**相同的**风险[34]，该结论缺乏任何内在正当性：这种解决方案虽然在逻辑上可以想象，但从目的角度看却如此恣意，以至于绝不可能是立法者的真实意愿。所以说，第1143条及第412条、第403条作为一方面与第1125条及第412条、第403条作为另一方面是彼此排斥的。但于此，荒谬的不是总归应当予以补偿的事实，而仅仅是这种独特的补偿方式。因此，内部关系中的请求权这个法律问题依然存在，并由于法律的解

---

〔32〕 与评价矛盾的关系，参见 Canaris, Systemdenken und Systembegriff in der Jurisprudenz, S. 122 ff.。

〔33〕 例如，参见 Westermann, § 103 III 5 所附引证。

〔34〕 保证人参与时有所不同。所以这种情形也会被作不同处理。例如，参见 Larenz, SR II, § 58 III。

决方案不能适用而存在漏洞。[35]

最后再讨论一个在实践中有些突兀、但在方法上极具意义的例子。某位女士重婚，并生下一个孩子。谁是这个孩子法律上的父亲？根据第 1591 条第 1 款第 1 句第 1 分句，并结合第 2 款的推定以及第 1593 条，是第一位丈夫；根据第 1591 条第 1 款第 1 句第 2 分句，则是第二位丈夫。也就是说，只要未根据第 1593 条就其中一段婚姻确认非婚生的法律效力，法律便规定这个孩子有两个法律意义上的父亲。[36] 这虽然在逻辑上完全可以想象，但从目的观察却被排除：孩子难道应该获得两位父亲的姓？（哪个用作第一个?!）两位父亲均应当享有人身照管权、居所指定权和根据第 1617 条请求孩子为家务提供劳务给付的权利吗？他们二人均应当对孩子享有赡养、继承和遗产特留份的权利吗？这些明显是荒谬的结论，法律的意图不可能如此。[37] 所以在法律意义上，第一位丈夫是父亲的规定（第 1591 条第 1 款第 1 句第 1 分句）和第二位丈夫是父亲的规定（第 1591 条第 1 款第 1 句第 2 分句）相互排斥。

不过，这种矛盾有部分能够脱离冲突漏洞的观点而得到解决。也就是说，应当区分不同的情形：一种是孩子的母亲只和一位丈夫

---

〔35〕 该漏洞通过类推第 426 条予以填补。数个物上责任人彼此之间的关系与数个对人性债务人在法律上具有相似性。依据第 426 条第 1 款得出就相同份额的补偿请求权；依据第 426 条第 2 款以及第 412 条、第 401 条，物上担保以相应的金额移转。（对此，例如参见 Westermann, a.a.O.）

〔36〕 不过，从 1962 年 1 月 1 日起，这被《家庭法修正法》新修改的第 1600 条通过特别规定排除。尽管如此，讨论这个例子却有充分的理由，因为由此提出的法理论问题依然不曾改变，而且尤其需注意，第 1600 条之规整对重婚情形在实质上是如此不妥，以至于该规定应基于目的性限缩而被认为不能适用（对此的详细讨论，参见后文边码77）；如此一来，又会产生此处所描述的问题。

〔37〕 第 1594 条的撤销可能性并不能继续提供关键性帮助，因为所涉情形恰恰是两位丈夫同时主张孩子，所以均不考虑撤销。孩子依据第 1596 条第 2 项的撤销也无法提供出路：其作用仅仅针对第二段婚姻中的丈夫，而他是孩子生父的情形并不少见，而且在不能查明生父身份时，撤销便完全失灵。

交往[38]，或者出于其他理由，证明第 1591 条第 1 款第 2 句规定的明显不可能性；另一种是不能或者还不能弄清楚生物学意义上的父亲。在第一种情形中，孩子在实体法上仅被视为**一位丈夫的**孩子；就另一位丈夫而言，第 1591 条的婚生推定并不介入，而只是通过第 1593 条对排除（就这段婚姻而言的）"非婚生"之**断定**。但是，这一规定仅仅旨在保护孩子：其想要防止未经法院审查便获得非婚生子女的不利地位。而于此，其将不会被作为**非婚生子女**对待，而是以**一位丈夫的子女代之以两位丈夫**加以处理。也就是说，第 1593 条的意义并不恰当，其适用甚至会反过来对孩子不利。因此，第 1593 条基于目的性限缩[39]不能适用；依此，在这一范围内并不存在冲突漏洞，而是隐藏漏洞。

不清楚生物学意义上父亲的情形则有所不同。对两位丈夫而言，第 1591 条的婚生推定均有介入。如前所述，由于法律的两处规定相互排斥，即第一位丈夫和第二位丈夫均是法律意义上的父亲，此处便存在无法化解的矛盾；然而，法官必须发现某个关于父亲身份的规整[40]，而

---

[38]　于此，尤其考虑到那些实践中并不少见的情形，即妻子错误地以为其在战争中失踪的丈夫已经死亡，因此（未经宣告第一位丈夫死亡而）进入了第二段婚姻。

[39]　关于概念、方法和正当性，参见 Larenz, ML, S. 296 ff. 以及后文边码 74 以下。

[40]　就此前的法律而言，解决方案正确地通过借助旧法第 1600 条的基本思想而得出。这具体体现为，在冲突的情形，即直接适用法律将会使孩子会被视为两个父亲的婚生子女时，就应当在有疑义的情况下将孩子分配给与母亲依然维持婚姻的丈夫；只有如此才能保护孩子免受严重损害（参见后文脚注 94 对此的深入论述）。不同于依字面意思适用第 1600 条，第二段重复的婚姻于此并不存在，所以孩子被分配给第一位丈夫。文献中的观点状况（在第 1600 条被修改前）只能说是含混不清的。尤其是，从未见有区分能否确定生物学上的父亲。里茨勒（Riezler）(ArchBürgR, Bd. 38, S. 66 ff.) 认为，现行法不能从根本上解决这种情形 (S. 72)。不过，其正确地认识到，第 1593 条依其意义并不合适 (S. 70)，但却相信，尽管如此法官有义务适用之 (S. 73)。马斯费勒（Maßfeller）(StAZ 1956, S. 258 f.)想要**例外地**（类推）适用第 1600 条，而且**从字面上**转用孩子始终被分配给第二位丈夫的效果（即便其明显在生物学上证据确凿地由第一位丈夫所生）。类推第 1600 条已遭到普遍反对：Soergel, § 1600, 2(赞同基于"有利于事实上的家庭法共同体之原则"的解决方案)；Erman-Wagner, § 1600, 3; OLG Nürnberg, ZBlJR 53, 256; Beitzke, § 24 I 6 a. E. 反对"机械地适用"第 1600 条（却无清晰的解决建议）。

不能存在特别明显**拒绝裁判**的情形。也就是说，此时存在冲突漏洞。

　　由此，便结束了关于这一组漏洞情形的阐述，但并不宣称任何的完全性。所有例子虽然在细节上差异显著，但共同之处在于，补充法律的必要性产生于实证法规定的有效性主张，要么是如若不然具体规范就不能实现，要么是法律之整体脉络要求额外规整。于此情形，法官始终面临**拒绝裁判和漏洞填补之间的抉择**，而这也是所论情形最为显著的共同特征。后文的论述[41]将表明，这些例子还有其他共同特色，尤其是在漏洞确定和漏洞填补的关系、类推的功能和不可填补的漏洞之可能性方面。另外，在塑造出后文所要阐述的其他种类漏洞的例子之特殊性，并能够用以比较时，这些情形的特性还会更加清晰地显露出来。

第二节　实证法的评价与平等原理

　　如前所述，为了确定漏洞，不仅要考虑法律规定，而且要考虑处于其背后的**法律评价**。然而，立法宗旨**直接**要求补充法律的情形相当少见[42]；对漏洞确定来说，规范的意义和目的**连同平等原理**最具意义：后者要求，对相同的构成要件应予相同处理，而对不同的构成要件应予不同处理；假如法律将法效果 R 系于构成要件 T1，但对相同的构成要件 T2 却遗漏该法效果，那么这就构成漏洞；因为平等原理要求相应的规整，而其又是内在于任何法秩序之法理念的重要元素[43]，按照前文所给的漏洞定义，应将其作为确定法律之不完整性的标准加以考虑。但为此，回溯实证法的评价是必不可少的；因为从对相同者应予相同处理这一纯粹的形式原则出发，还不能推

---

〔41〕　参见后文边码 136 以下和边码 163 以下。

〔42〕　例子参见后文边码 80 以下。

〔43〕　参见前文边码 49。

导出**什么**是相同或者不同。确切地说，于此脉络中只能依据法律的评价对此加以判断，因为这里涉及法律外的法之发现的前提，也就是说，法官受实证法意思的拘束。于此，平等原理就其积极部分而言要求扩展法律，就其消极部分而言则要求限制规范；这取决于通过可能文义界定的法律规定，究竟是落后于其评价，还是有所超出。

一、积极平等原理

（一）类推作为漏洞确定的工具

从前述已毫无疑问地推知，作为逻辑—目的性推论过程，类推**不仅是填补法律漏洞的工具，而且已经被用于法律漏洞的确定**。[44][45] 这是因为，假如借助平等原理查明实证法的不完整性，而且这种**比较**应当回溯法律的评价即立法宗旨，那么只能意味着，法律所规定情形与法律未规定情形**在法律上的相似性**已经决定

64

---

〔44〕 文献中几乎是毫无例外地仅仅将类推作为漏洞填补的工具处理（就像漏洞确定的问题从根本上被严重地忽视那样）。例如，参见 Wächter, S. 123; Regelsberger, S. 156 ff.; Reichel, S. 114; von Thur, S. 41; Heck, Gesetzesauslegung, S. 194 ff.; Bovensiepen, S. 134; Bastian, S. 75; Nawiasky, S. 146; Dahm, S. 52 ff.; Bartolomeyczyk, S. 81 ff.; Staudinger-Brändl, Einl. 66 vor § 1; Schönke-Schrade, S. 25; Boehmer, II 1, S. 167 ff.; Weinkauff, Richertum, S. 3 und S. 12; Lehmann, § 8 III 3; Nipperdey, § 58 II; Engisch, Einführung, S. 142; Teichmann, S. 80 ff.; Grabherr, S. 34 ff.; Gény, Méthode I, S. 307; Siorat, S. 323 ff.; Tuor, S. 37; Hafter, S. 140 f.; Meier-Hayoz, Der Richter als Gesetzgeber, S. 73 f., 170 f., und Kommentar, Randziffern 346 ff.; Du Pasquier, Lacunes, S. 32 ff., und Introduction, S. 205 f. 比尔林（Bierling）（S. 404）和赫尔法特（Herrfahrdt）（S. 37）附带指出，类推操作也能够被用于漏洞的确定；齐特尔曼所称的不真正漏洞"大多"以及"尤其"是这种情形。Pisko, S. 138 大致也是从这个方向着手。与此不同，拉伦茨（ML. S. 291）明确强调这一问题，写道："证成类推的那些相同的考虑，也证立漏洞的观点。"然而，他似乎认为，在所有类推适用某个规定的情形均是如此，这就走得太远了。对此的详细分析，参见后文边码 138 以下。

〔45〕 比如说，"**类推还是反面推论**"这一著名的问题，即属于**漏洞确定**而非漏洞填补的典型难题。

有无漏洞的问题，换言之，通过类推的途径而**确定漏洞**。[46][47]

其实，这一结论能够在一系列实际的例子中得到证实。拉伦茨提到过，承揽合同法缺少对应《民法典》第 618 条第 3 款的规整构成漏洞。[48] 其就此写道："这之所以是个'漏洞'，而不只是法律（在法政策上）的'错误'，是因为法律本身已在第 618 条做出特定的评价，而从与这种评价相关的重要情况来看，未被规定的情形与法律规定的情形是相同的。所以正义原理要求对承揽合同作出相应的规整。"由此便触及这一脉络的重点所在：事实上，要澄清应当是**漏洞还是错误这个关键性问题**，也就是说，法官是被允许还是被禁止续造法，其途径经常只能是考虑特定的法律规定，并说明未被规定的情形与已被规定的情形在法律上相似，这便意味着：通过类推确定漏洞。

65   但与此同时，自然也不能被漏洞确定的**心理学**过程所迷惑，其与**方法论**过程并不总是一致：绝非少见的情形是，受过训练的法律人立即将根据其**法感情**所期待的规整之缺失看作漏洞，而且他们对现行法越是熟悉，也就是说，其法感觉越是借此而强烈地形成，这种主张的妥当性就越可靠；只是然后，他们才紧接着尝试在法律中

---

〔46〕 关于由此所表明的漏洞确定与漏洞填补的统一性，参见后文边码 140 以下。

〔47〕 大多数文献均强调，类推的正当性在于平等原理。参见 Regelsberger, S. 156 f.; Binding, Handbuch I, S. 214; Wach, S. 273; Biermann, S. 10; Gény, Méthode II, S. 119; Capitant, S. 110; von Tuhr, S. 41; Germann, Analogieverbot, S. 136; Keller, S. 72; Meier-Hayoz, Der Richter als Gesetzgeber, S. 254, und Kommentar, Randziffer 348; Friedrich, S. 442; Sauer, S. 308; Coing, Rechtsphilosophie, S. 270; Larenz, ML, S. 283 und 288。相反，基于"现行法的不成文原理"或习惯法而对类推的可容许性在实证法上予以证立的有 Zitelmann, S. 26; Stammler, S. 644; Schack, S. 275 ff.; Nipperdey, § 58 II 3, insbesondere Fußn. 26。在类似的方向上，赫尔法特（S. 40 ff.; Betti, Rechtsfortbildung, S. 394 追随之；Nawiasky, S. 146 也与其相似）尝试如此正当化类推，即"推定"立法者原本会同样地规定被忽略的情形。假如这一观点不只是单纯的心理学假定，而是在法律上具有意义，那么就只能通过假设立法者追求一种符合平等原理的规整，才能使之站得住脚（参见 Larenz, ML, S. 288, Fußn. 1; Nipperdey, § 58, Fußn. 16 a.E. 也反对赫尔法特）。

〔48〕 ML, S. 291.

寻找能够填补其所"确定"之漏洞的规定。但从**方法论**的角度看，这个过程完全是另一副面貌：为确定漏洞应当论证，缺少（特定的）规整不只是法的检索者或者适用者在主观上感觉不满意，而是从整个法秩序出发在客观上构成违反计划的不完整性。因为对界分错误和漏洞而言，法秩序的意思才是关键性标准，而不是个人的法感情。然而，由于整个法秩序作为整体是个过于不确定的概念，为了使漏洞确定更具可操作性，唯一的途径便是回溯特定规范及其所蕴含的评价。**唯其如此，才能澄清所觉察的瑕疵究竟是漏洞，或者仅仅是法政策上的错误。**

现在通过几个例子说明此类问题，尤其也包括方法论和心理过程的区分。首先涉及损害赔偿法中一个有趣的案件。汽车驾驶人沿道路行驶，并注意了所有交通规则，此时突然有个正在玩耍的（不满七周岁的）孩子从大门出口跑出来。为了不会轧到孩子，驾驶人猛地将车辆向左转，并因此陷入一片耕地。于此情形，假如父母并未违反看管义务，而《民法典》第 829 条的前提也不存在，那么，驾驶人有无权利请求这个孩子或者其父母赔偿其所发生的损害？基于侵权行为的请求权被排除在外。尽管有部分文献和司法判决尝试借此解决问题[49]，但源于无因管理的请求权也应当被拒绝[50]；因为只要于此假定驾驶人仅仅面临物的损害，那么就必须认为他**有义务**避让孩子，并因此容忍车辆的损坏。所以避让行为不构成客观的他人事务，而是其自己的事务，源于无因管理的请求权因此被排除；据此，直接相关的请求权基础并不存在。

这是否意味着，尽管驾驶人各方面应对均无可指摘并值得作为榜样，但其赔偿请求权依然应当被拒绝？法感情或许会抵制这种解

---

[49] 参见 BGHZ 38, 270, 附有论证。

[50] 对此的深入讨论，参见 Canaris, JZ 63, 659 ff.。

决方案，然而，究竟是漏洞或者只是错误却并不取决于此。确切地说，需要掌握案件在法律上的特殊性，然后考虑其与法律评价的关系。那么，问题之特征在于，驾驶人必须在侵害他人更高价值的法益与损害自己较低价值的法益之间做出选择，并且法秩序使其有义务选择后者。而这正属于典型的**牺牲状态**：为搭救孩子，汽车驾驶人必须牺牲自己的汽车。进一步的问题在于，现行民法是否存在牺牲请求权。于此，唯一可以考虑的规定是《民法典》第 904 条第 2 句。[51] 这无疑并不直接相关，但提供了一种类推：和后者一样，此处也是所有权人在法律上有义务容忍损害；和后者一样，此处所发生的也是为挽救更高位阶的法益；所以和后者一样，此处为补偿这种特别牺牲，也应当类似地赋予赔偿请求权。那么，缺少明示的请求权规范是否构成漏洞？假如肯定第 904 条第 2 句的类推，而实际情形也的确如此，是因为成功地证成计划违反性。然而，也不能否认第 904 条第 2 句和当前案件的区别。首先能够提出的反对意见在于，此处是所有权人自己而非第三人实施导致损害的侵害，那么也就因此而缺少必要的法律相似性。但是，这一反对意见并未看清第 904 条作为牺牲请求权的性质：对法效果的出现而言，重要的并非第三人侵害所有权，而是涉及关于合法侵害的责任！所以重要的其实是，某个法益必须**为他人的利益而被牺牲掉**。不论如何，只要认为是受益人而不是行为人有义务赔偿[52]，就不能以所有权人自己造成损害为由而拒绝此种类推。相较于此，更重要的是第二种反对意见：只有和《民法典》第 228 条相联系才能理解第 904 条第 2 句，所以其前提为，侵入非参与者的法益，而且危险恰好不是源于受损害之物自身。而该案属于后一种情形，这实际上对反驳第 904

---

[51] 关于第 904 条具有舍己为人请求权性质的讨论，参见 Larenz, SR II, § 72, 1。

[52] 有信服力地批判主流学说的有 Larenz, SR II, § 72, 1; Horn, JZ 60, 350, 脚注 1 还有引证。

条之类推具有决定性意义。[53]

然而，最终要如何解决这一问题，方法上的特殊性显而易见；鉴于缺少赔偿请求权而感到心理上不满，并不能表明漏洞的存在。准确地说，对此作出决定的只是客观法秩序，这对此处第 904 条之类推而言意味着：肯定相似性，就存在漏洞；否定相似性，充其量可能存在法政策上的错误。**所以说，相似性推论决定了错误和漏洞之间的界分**[54]**，类推操作因此是一种漏洞确定的工具。**

这种例子还有很多。联邦最高法院判决了如下案件[55]：妻子在婚姻期间产下一个非婚生子女；丈夫以为是自己的孩子，所以持续多年承担抚养费。那么在成功撤销婚生关系后，他是否有权请求生父赔偿费用？由于丈夫缺少相应的抚养意思，无因管理被排除。也不存在不当得利，因为孩子对生父的请求权不因抚养的提供而消灭，也就是说，生父并未节省任何费用。最后，根据持续性司法判决（于此不能进一步检验其正确性[56]），基于第 823 条以下条文的请求权同样被排除。然而，拒绝丈夫的任何求偿可能性却有失允当。但此处确实存在漏洞吗？要令人信服地对此予以肯定回答，就只能考虑《民法典》第 1709 条第 1 款之规定。据此，非婚生子女对生父的请求权转移给母亲及对其负有抚养义务的亲属，只要这些人抚养了孩子。联邦最高法院正确地肯定了两种情形的相似性：和母亲及亲属一样，丈夫也在法律上负有抚养义务，因为他在撤销婚生关系之前始终被视为父亲（第 1539 条）；并且相对于生父而言，其责任也具有辅助性。唯一的区别是，在第 1709 条规定的情形下亲属关系真实存在，而此处只是法律

67

---

〔53〕 对此的深入讨论，参见 Canaris a.a.O., S. 660 f.。

〔54〕 尤其典型的是，所有（以现行法为基础）能够被用于支持或者反对汽车驾驶人请求权的观点，均以某种形式对相似性推论具有意义。

〔55〕 BGHZ 24, 9.

〔56〕 对此，参见 BGHZ 26, 217 (220 ff.)，附有司法判决和文献的引证。

基于第 1593 条所强加；然而，这对能否发生第 1709 条第 2 款的法效果而言并不重要。也就是说，平等原理要求对上述两种情形作相同处理，而类推操作于此再一次被用作漏洞确定之工具，并将其与法政策上的错误予以必要界分：假如不存在第 1709 条第 2 款，那么就看不到赋予丈夫请求权的可能性，如此便不存在漏洞。

68　　　类似的直观问题还包括，《民法典》中缺少任何关于预告登记的善意取得之规定是否构成漏洞。根据主流学说，预告登记并非对物权[57]，所以第 892 条以下规定不能直接适用。那么，这种法律的沉默意味着漏洞吗？此处应当区分两种不同情形：从被登记的表见土地所有权人处初次取得预告登记和从被登记的表见预告登记权利人处二次取得预告登记。第一种情形涉及对土地所有权之善意的保护。其与第 892 条以下规定的构成要件是如此相似，以至于平等原理要求予以相同处理：预告登记虽然不是土地之上的对物权，但在很大程度上却像后者一样**发生效力**。比如说，它具有第三人效力（第 883条第 2 款），具有维持顺位的性质（第 883 条第 3 款），而且在破产中相当于对物权。由此看来，设立预告登记如此接近土地所有权上的内容负担，以至于予以同样处理是正当的，并且应当类推适用第893 条。[58] 第二种情形有所不同：此处并不涉及对土地所有权的保护，而是对预告登记之善意的保护。于此情形，将其与对物权作相同处理（比如从被登记的非权利人处取得抵押权）并无正当理由，因为二者之间的区别占了上风：根据第 401 条，预告登记依法随债权的移转而取得。也就是说，所涉为土地登记簿**以外**的**法定**取得。登记仅具有宣示效力，土地登记簿上的权利外观对权利取得而言在法律上并无意义，因为其恰恰不涉及根据土地登记簿的权利取得；也

---

〔57〕　对此，例如参见 Westermann, § 84 I; Baur, § 20 VI 1。

〔58〕　例如，参见 RGZ 118, 223; Soergel – Siebert, § 893, 5 f.; Staudinger – Seufert, § 883, 56。

就是说，移转并不是遵循"公开原则"而是遵循"秘密原则"进行的。这便表明，法律**不是将预告登记作为交易性权利而塑造的**。故此，这种情形与第 892 条以下条文规定的构成要件存在重要区别，**所以从法律的沉默并不能推出漏洞**，而只是排除善意取得的可能性。[59] 由此可见，在两个选择之间起决定作用的再次是法律相似性的问题，换言之，类推在肯定的情形已经决定漏洞的**存在**。

于此，这些例子应该足够了。后文将(在"必要"类推之观点下)阐释一系列其他例子。[60] 最后应予坚持的**结论**是：假如找法者带着**特定**问题去面对法律，但在其中并未发现明确回答，那么要指明这种沉默为漏洞而非错误，经常只能通过回溯法律规定的**相似构成要件**而为之。**于此，平等原理被用作漏洞确定的标准，因为其要求补充法律；而类推则是漏洞确定之工具，因为相似性推论决定了是否存在现行法上的相同情形。**

(二) 当然推论作为漏洞确定的工具

不过，借助平等原理的漏洞确定并不止于这组类推的例子。确切地说，"当然推论"和"举重以明轻"[61] 的大多数情形[62] 也属

---

[59] 对这一问题的意见分歧很大。关于观点之状况，参见 Baur, JZ 57, 629。当鲍尔(Baur)(a.a.O. sowie Lb，§ 20 V 1b, und bei Soergel-Siebert，§ 893, 7)仅以其属于法定取得作为唯一理由而拒绝善意取得时，这自然应当被看作概念法学式的。因为善意保护在法定取得情形应予排除这一原则，是由于不存在保护交易的利益才有效，**并以此为限**。然而，此一思想并不能适合第 401 条，因为这一(任意性的债法!)规定仅仅是对当事人意思的类型化，也就是法定的类型化法律行为性取得(《民法典》第 647 条也与此类似!)。准确地说，决定性的是涉及土地登记簿以外的取得，而预告登记并不是交易对象。另外，对于第 1250 条第 1 款(随债权让与立即取得质权，**而不依赖于质物的交付**)这一相同情形，完全主流的观点则排除对善意的保护(例如，参见 Wolff-Raiser，§ 170 II 1; Staudinger-Kober，§ 1250, 1 c)。

[60] 参见边码 140 以下。

[61] 对此，参见 Nawiasky, S. 148; Pisko, Kommentar, S. 129 f.; Klug, S. 141 ff.; Larenz, ML, S. 294 f.; Fabreguettes, S. 376。

[62] 但不是全部! 参见后文边码 143 以下。

于此。这就是说，相较于其所直接涵盖的情形而言，某一规定的理由**以更强的程度**符合未被规定的情形。和类推一样[63]，这种论证也不是基于单纯形式逻辑的推论操作，而是具有目的性质。其**正当化理由**最终在于**正义的要求**；因为这要求对性质相同之事作相同处理，而且不仅限于存在相同前提之时，还包括决定性要求在待比较情形甚至以更强的程度被满足之时。就此而论，平等原理的形式性质于此也使追溯法律评价变得必不可少，这导致当然推论和举重以明轻不止被用于漏洞填补，而已经是**一种漏洞确定的工具**。

71　　有几个例子能够对此予以阐明。首先值得一提的情形是，某人在无过错的紧急避险下侵害他人。其是否应对产生的损害负责？由于缺少过错，此处并不涉及第 823 条以下规定。[64] 不过，此处必须准许以第 904 条第 2 句之当然推论为基础的赔偿请求权[65]：既然基于合法侵害已经要承担责任，那么在违法但无过错的情形下就更应如此，只要借此以一种法益为代价去挽救另一种法益。就此而论，基于第 904 条第 2 句的当然推论已经被用于漏洞的**确定**：假如法律不包含这一规定，那么通常仅仅在有过错侵害的情形才应给付损害赔偿这个原则将不存在例外的可能性，所以当前情形缺少请求权充其量是个错误，却并不构成漏洞。于此应予注意，当然推论也以平等原理为基础，所以和类推一样要求仔细检验法律相似性[66]；就此而言，规范—目的性标准在此也具有决定性。另外，该案也体现相似性推论：倘若受害人对引起紧急状况也有参与，便不涉及基于第

---

〔63〕　纳维亚斯基（Nawiasky）(a.a.O.)将当然推论称为类推之"特殊情形"。按照拉伦茨(a.a.O.)的说法更好，其与类推"系出同源"，而这种亲缘性是基于同平等原理的共同联系以及对法律内在目的之回溯。

〔64〕　参见 Enn.-Nipperdey，§ 213 IV und § 241 IV。

〔65〕　参见 Canaris JZ 63, S. 658 f. 脚注 37 附有文献引证。

〔66〕　Pisko, Kommentar, S. 130. 明显持不同观点，据此，举重以明轻与类推相反，恰恰应该以那些使相比较的构成要件相**区别**之因素为基础。

904条的当然推论。[67] 应该如何确实地提防纯粹"形式的"当然推论，以及仔细查明立法宗旨在此也极其重要，还可以通过另一个源于第904条之脉络的例子加以展示：某人基于不可避免的错误，以为存在第904条规定的攻击性紧急避险之前提，所以侵害他人的所有权。那么该他人能否请求损害赔偿？第823条因缺少过错被排除[68]；也不存在以直接适用第904条第2句为基础的请求权，因为这种请求权要求具备该条第1句之前提。而依据普遍观点，此处应该通过源于第904条第2句的当然推论去证立赔偿义务[69]：既然在合法行为的情形下已经存在责任，那么对违法但无责之侵害就更应该适用。乍看之下这在形式上是颇为诱人的论证！然而，一旦回溯第904条第2句的宗旨，就可以发现这样的推论站不住脚：如前已述[70]，责任基础并非侵害本身而是牺牲思想。但是，由于此处完全不存在牺牲状态，并且无人通过该侵害而**受利益**，所以在此观点下不能赋予请求权。[71] 事实上，第904条所处理的是完全不同的情形：彼处涉及损害在受害人和**受益人**之间的公正分配。相反，此处则是在受害人和**行为人**之间公正分配存在紧急状况的**风险**。前一种情形存在牺牲责任，而在第二种情形（只要不具有过错）充其量也只有危险责任原则才符合事态。由于法律就此并不认可普遍性赔偿义务，因此只剩对具体构成要件的类推性援引。于此方面，《民法典》第231条颇具助

---

〔67〕 Canaris, a.a.O.对此作有深入研讨。

〔68〕 民法上绝对主流的学说认为，在错误地认为存在正当化理由不因**故意**侵害，而充其量是因为过失而承担责任。（例如，参见 Larenz, SR I, § 19 II 还附有更多引证）。

〔69〕 参见 Hueck, JherJb 68, S. 229 f.; Nipperdey, § 241 III 4b und Fußn. 18; Lehmann, A. T., § 18 III 3b; Lange, A. T., § 18 II 3。

〔70〕 参见边码66脚注51处。

〔71〕 这种臆想的避险行为是为第三人利益而实施时特别一目了然。该第三人应该为事实上完全不曾使其获利的侵害而承担责任吗？然而，依据正确观点，负担赔偿义务的并非行为人，而是受益人（参见前文脚注52）。

益，该条确实在危险的观点[72]下就无过错却错误的自助行为赋予赔偿请求权，并与当前情形在重要之点上具有法律相似性。[73]

在方法论视角下，相似性推论对漏洞确定的意义再次显露无遗：假如肯定与第904条的相似性，那么将据此判定缺少请求权构成漏洞。通过否定相似性并不能回答法律沉默的计划违反性问题，由于不可能作反面推论，因此应当检验其他漏洞确定的工具。那么于此情形，对第231条的类推证实了漏洞（并且同时也填补漏洞）。

72　　再简要提示另一个借助当然推论确定漏洞的例子：倘若通过执行有权利能力社团的成员大会所作决议而使他人遭受损害，而《民法典》第31条所称任何一种机关均未参与，那么社团负有责任。因为适用于董事会的规则，必定更有理由适用于作为最高机关的成员大会。[74] 不过，假如不存在第31条或者当然推论并不恰当，那么缺少相应的请求权也不会构成漏洞。

(三) 规范漏洞与积极平等原理

73　　最后还要提及一组情形，其中，平等原理不像此前的例子那样导向整个法条的创设（也就是存在"规整漏洞"的情形），而只要求补充本身尚不完整的规范（"规范漏洞"）。

根据《民法典》第992条，不法占有人只有在通过刑事可罚行为或者被禁止的自力取得物之占有时，才依照第823条以下规定对所有权人负责。而完全主流的学说[75]认为，占有之取得只有被

---

〔72〕 这一规定应当被归为"行为的危险责任"情形。对此，参见 Larenz, VersR 63, S. 601, Sp. 2.

〔73〕 然而，对于在重要方面相同的假想避险情形，主流学说拒绝类推第231条。例如，参见 Soergel-Siebert, § 227, 19; Enn.-Nipperdey, § 240, Fußn. 23。

〔74〕 参见 Enn.-Nipperdey, § 110, Fußn. 3. 附有其他引证。

〔75〕 参见 Staudinger-Berg, § 992, 3; Soergel-Mühl, § 992, 3; Westermann, § 32 IV 2a; Bauer, § 11 A II 3c。

有过错地实施[76]，才能满足此处通过被禁止的自力而取得占有。从对第 823 条的转引或者第 992 条作为损害赔偿规定的性质并不能得出这一观点，其原因在于，为此只要有过错地实施与损害具有直接因果性的侵害即已足够，而并不要求占有的获取就已基于过错。确切地说，只有从与刑事可罚行为之同等处理才能得出限制第 992 条的结论：可罚行为必然以过错为前提，所以对法律同样规定的被禁止的自力情形，平等原理也作同样要求。类似例子还有《民法典》第 339 条第 2 句。该规定所处理的情形是，某人就特定的不作为负有义务，并为此约定了违约金。而法律规定，该违约金"因违背行为"而发生给付效力。然而，此处也应当超出规定之文义而要求，债务人必须对违背行为负责。[77] 与第 1 句相比较即表明此点，该句针对有过错之积极作为的情形，违约金只有在迟延时才发生效力，而依据第 285 条规定，债务人是否必须对履行障碍负责对迟延来说同样重要。也就是说，此处最终也是平等原理要求补充法律。

二、消极平等原理：目的性限缩作为漏洞确定的工具

不只是积极平等原理，**对不同情形应予不同处理**的诫命也可能   74
要求补充法律，并因此被用作漏洞确定之标准。在所有实证法未采取"依评价所需的差异化"[78] 之处，也就是说，某一构成要件太

---

[76]　这一限制超越了单纯的限制**解释**之范围，因为其已经超出可能文义界限。而且，通过第 858 条第 1 款的立法定义，被禁止的自力这一概念与过错无关已被清楚规定。假如赋予第 992 条中这一纯粹的法律术语不同于第 858 条立法定义的含义，则会使法律概念的"相对性"理论负担过重。其他关于此类"隐藏规范漏洞"的例子，参见后文边码 79 以下。

[77]　参见 Larenz, SR I, § 23 II a, 还附有其他引证。

[78]　Larenz, ML, S. 296.

过宽泛而遗漏必要**限制**的情形[79]，均是如此。例如，《民法典》第165 条规定，限制行为能力人可以无疑义地作为代理人有效实施代理行为。不过，假如此类人代理的是自己即为其成员的无限责任公司，这一规定还应当适用吗？第 165 条如此规定的理由仅仅在于，代理人并不因其所实施的法律行为而使自己负担义务，所以不需要《民法典》第 106 条以下规定的保护。然而，此处恰恰不符合这种思想，因为根据《商法典》第 128 条，无限责任公司的成员也要对公司债务承担个人责任，那么，限制行为能力人将会以此种方式通过其行为间接地负担个人义务。也就是说，情况**在法效果发生的关键点上**不同于第 165 条通常涵摄的情形，所以不同情形不同处理的诫命要求，于此增加**例外性构成要件**，从而使第 165 条不再适用。[80]

75　　　鉴于这种例子被归为漏洞领域，对此需要从两个方向予以界分：相对依据法律的法之发现以及违反法律的法之发现。之所以无关乎依据法律的法之发现，是因为其超出可能文义的边界。比如，《民法典》第 120 条对**故意**错误传达[81]的情形不予适用为单纯的"限制解释"，因为对文义加以限制已经可以表明，此处并非"未被正确传达的意思表示"，确切地说，是以新的表示替代旧的表示。然而，在上述第 165 条的例子中，这种限制解释并不可能：此处并非将规定的效力限制在文义的核心领域，确切地说，是从文义的核心领域本身剔除[82]一组

---

　　[79]　所以此处所涉情形经常被称为"例外漏洞"以及其他类似的表述。参见 Reichel, Gesetz und Richterspruch, S. 96 und zur Rechtsquellenlehre, S. 80; Danz, S. 87; Germann, Grundfragen, S. 112; Meier-Hayoz, Der Richter als Gesetzgeber, S. 65; Noll, S. 2 ff.; Engisch, Rechtslücke, S. 93, Fußn, 32 und Einführung, S. 174; Larenz, ML, S. 284。

　　[80]　主流学说，参见 Hueck, OHG-Recht, S. 219 f. 脚注 85 所附引证。

　　[81]　参见 Staudinger-Coing, § 120, 5, 附有其他引证。

　　[82]　所以海克 (Gesetzesauslegung, S. 208) 将这类情形直观地称为"核心修正"，从而与单纯的"边缘修正"相对。类似地，希尔德布兰特 (Hildebrandt, S. 63) 则区分"文义限制"和"诫命限制"。

规范所不适用的情形。[83] 而这超出了依据法律的法之发现的范围。[84] 但另一方面，这也不涉及**违反法律的法之发现**。因为即便**看似修正立法者的诫命**[85]，于此仍然严格在法律评价范围内从事法的续造：文义表达过于宽泛的规范被还原为其依据法律内在目的所被赋予之适用领域；因此，拉伦茨标志性地称其为"**目的性限缩**"[86]。由于法律表面上包含规整，也就是说，漏洞并不表现为"开放的"，于此情形[87]就涉及所谓的"隐藏漏洞"[88][89]。

于此，漏洞的确定通过论证立法宗旨并不适合例外性构成要件而进行。[90] 所以说，**目的性限缩是一种漏洞确定的工具**。[91] 因为

---

[83] 也就是说，所涉及的并非规范对**个案**不予适用,法的一般化性质必然要求为一**组**情形创设特殊构成要件。参见 Larenz, ML, S. 297 f.。

[84] Nipperdey, § 58 II; Lehmann, § 8 III 5; Larenz, ML, S. 296; Noll, S. 2 ff.有所不同。

[85] 因此,不少学者称之为"诫命修正"或者"变更性法之发现", 如:Heck, Gesetzesauslegung, S. 201; Staudinger‐Brändl, Anm. 54 vor § 1; Lehmann, § 8 III 5; Nipperdey, § 59。但普遍承认的是,这仅仅是看似涉及违反法律的裁判。参见 Reichel, Zur Rechtsquellenlehre, S. 80; Heck, a.a.O., S. 224 und Begriffsbildung, S. 107; Wüstendörfer, S. 333; Hildebrandt, S. 63; Germann, Grundfragen, S. 112; Staudinger‐Brändel, a.a.O.; Engisch, Einführung, S. 175; 关于法国法,参见 Perreau I, S. 349 ff.; 不同观点只有 Weigelin, S. 27; Bender, Methode der Auslegung, S. 599 存在严重误解。

[86] ML, S. 296 ff.; Nipperdey und Lehmann (a.a.O.)称其为"限制(Restriktion)"。

[87] 但**不只是**在这些情形! 其他隐藏漏洞的例子,参见前文边码 73 以及后文边码 80。

[88] 第一次使用这个术语的是 Reichel, Zur Rechtsquellenlehre, S. 80。同样做法还有 Tuor, S. 36, Nr. 3; Meier‐Hayoz, Der Richter als Gesetzgeber, S. 62; Larenz, ML, S. 284 und 296 ff.; Dahm, S. 50。进一步的分析,参见后文边码 128 以下。

[89] 相较于"变更性法之发现"及其他术语而言,这个术语更好地表明了,此处涉及在法律外补充法律,而不是违反法律的修正。

[90] 也就是说,此处涉及类推的对立面:在后者的情形,立法宗旨也适合于法律文义所不能覆盖的情形;而此处,其对文义所涵盖的例外性构成要件并不适合。所以 Dahm, 1. Aufl., S. 62 称其为"逆向类推"。进一步讨论参见 Larenz, ML, S. 296。

[91] 关于其于何种范围内同时被用于漏洞填补的问题,参见后文边码 145 以下。拉伦茨(ML, S. 296)只是在漏洞填补的脉络中提及目的性限缩,但(S. 298)已正确地指出漏洞确定和漏洞填补的统一性。当然,这并非不存在例外(对此,参见后文边码 146 以下)。

只有不符合对法效果出现具有决定意义的特征时，这种从现行法的观点出发涉及不同情形的推论才具有正当性，而且也只有如此，其本身纯粹具有形式性，并因此"空洞"的消极平等原理才要求不同的法律规整。那么和类推一样，目的性限缩也被用于决定所察觉到的某个瑕疵是错误还是漏洞。

77　　　以下实践中的例子能够证实以上所述。再次回到前已探讨的源于重复婚姻之子女的情形。第 1600 条新文本规定，"已缔结第二次婚姻"之女士的子女被视为第二任丈夫的子女，只要根据第 1591 条和第 1592 条，这个孩子将会既是第一任又是第二任丈夫的婚生子女。此一规整对第 1600 条的通常情形完全具有意义，即某位女士在宣告**第一次婚姻无效、第一次婚姻解消**或者离婚后直接再婚，并且生下一个孩子。因为于此情形，第二次婚姻存续，所以第 1600 条的规定确保孩子留在继续存在的婚姻当中。与此相反，重婚的情形却有所不同：尽管该女士"已缔结第二次婚姻"，此情形也符合第1600 条的文义[92]，而且法律对此婚姻的有效性并无要求。但此外，事实状况却与先前提及的情形存在重要差别：此处继续存在的并非第二次婚姻，而是使第一次婚姻继续维持。然而，假如要适用第 1600 条，孩子便因此被视作第二任丈夫的婚生子女，如此一来，孩子便未被维持在婚姻共同体中，而是作为源于无效婚姻的子

---

[92] 为能涵盖重婚的情形，第 1600 条被明确地修改了。参见法律的官方理由（Verhandlungen des deutschen Bundestag, 3. Wahlperiode, Drucksache 530, S. 17 f.）。在法律委员会的辩论过程中，草案原来规定的"由已再婚的女士"被"由已缔结第二次婚姻的女士"所替代；这是为了澄清第二次婚姻不必有效，也就是说，重婚的情形也应当为该规定所涵盖（参见 S. 23 des stenographischen Protokolls der 2. Sitzung des Unterausschusses "Familienrechtsänderungsgesetz" sowie S. 5, Sp. 1 des Schriftlichen Berichts des Rechtsausschusses zur Drucksache 2812）。然而，根据此处作为基础的"客观解释理论"（参见前文第一章脚注 100），立法材料并不具有约束效力，而是充其量具有表征意义（对此，参见 statt aller Larenz, ML, S. 247 ff.）；能够证明的是，历史上的立法者并未完全忽略这种情形的问题，也就是说，其发生了"直观性错误（Anschauungsfehler）"，所以即便历史解释具有完全清晰的结论，也必须相对基于客观目的标准的"理性"解释而退居次席。

女，应依《民法典》第1671条第6款按照离婚规则被判决给夫妻一方或者另一方；再者，孩子将会在任何情形均拥有不同于其母亲的姓氏，因为母亲会保留第一任丈夫的姓氏。也就是说，相较于第1600条所应涵摄的其他构成要件而言，重婚情形在法效果上存在重大偏离，所以很明显，此时是基于消极平等原理要求予以不同处理，并因此而确定漏洞。但问题在于，这两种情形的不同是否**从现行法的观点来看**也是如此，换言之，第1600条的立法宗旨究竟如何。于此，具有助益的是已经有所提及的思想，即该规定之意义只能在于，原则上（也就是婚生关系未被有效撤销的情形）将孩子留在继续存在的婚姻当中，这可以使孩子尽量远离破碎的婚姻。倘若这正是立法宗旨，那么对重婚的情形就必须作目的性限缩，因为在此适用第1600条恰恰会阻碍这一目标的实现，所以存在本质上不同的构成要件。然而，文献中却存在对第1600条的另一种解释：其之所以将孩子判决给第二任丈夫，是因为按照普遍的生活经验，第二任丈夫更可能是孩子生物学意义上的父亲。[93] 假如这是立法宗旨的话，那么将重婚隶属于第1600条虽然**在法政策上**非常地令人不快，但对隐藏漏洞的观点而言却不再具有正当理由。因为鉴于事实上父亲身份的可能性，重婚的情形在本质上并不有别于宣告婚姻无效、解消婚姻或者离婚，那么**从现行法的立场出发**就不再具有本质的差异性。[94] 在方法论上，这个例子极其清晰地表明，差异性的证明以及隐

---

[93]　Palandt-Lauterbach, § 1600, 1; Beitzke, § 24 I 6 a.E.; Massfeller, StAZ 1956, S. 258; 也可以参见草案的官方理由，a.a.O., S. 18。

[94]　第1600条的宗旨是否应当被理解为，更高的可能性支持第二任丈夫的父亲身份，取决于第1600条是否也想要涵盖女士在能够计算的时间内仅仅和一位丈夫交往的情形，也就是说，孩子只是因为第1593条的诉讼要件而非第1591条以下被视为婚生。由于根据普遍的生活经验，她经常只是和第二任丈夫交往，那么相应的解释是恰当的。然而，第1600条根本不应该适用于这种情形，如此将导致孩子不能根据第1591条和第1592条被视为第一任丈夫的孩子（第1600条明确以此为前提），而只能适(转下页)

藏漏洞的确定以准确查明立法宗旨为前提。只有在不符合立法宗旨之处，才能说是违反计划的不完整性；目的性限缩被用于漏洞确定，并**与单纯的法政策错误相界分**。

还可以很容易地举出其他例子加以说明。此处仅简要列举最高级别法院的几个司法判决。帝国法院已经在一系列案件中运用目的性限缩的工具，尽管通常只将其称为限制解释。比如在相当早的时候，该法院就明显违背《商法典》第 67 条第 5 款的文义，表示该款不适用于为商业辅助人的利益延长终止期间的情形[95]；其理由在于，第 67 条作此规定之目的仅仅是保护社会弱者，所以在不要求这种保护之处并不适用。帝国法院同一册判例集中判决，《民法典》第 437 条在所买卖之"权利"客观上不可能存在时并不适用[96]；因为于此情形，买受人和出卖人一样能够很好地认识到权利不存在，那么不同于出卖具体情况下不存在的权利这种第 437 条的通常情形，买受人并不依靠另一方当事人的担保，因此其信赖不应当受第 437 条提高程度的保护。与此类似，帝国法院在持续性判决中，将《民法典》第 892 条的适用反于其文义地限制在所谓"交易行为"，因为只有在此情形，该规定保护诚信的法律行为上交往之意义才能实现。[97]例如，第 892 条在法人将土地让与给其唯一股东时并不适用。最后还要提示帝国法院关于他主占有人越权的判决：与第 993 条第 1 款

(接上页)用第 1593 条(第 1600 条恰恰不曾提及)；另外，这种情形无疑能够通过对第 1593 条作简单的目的性限缩解决(参见前文边码 61 脚注 39 处)，以至于根本不需要第 1600 条这一冲突性规定。不过，假如第 1600 条因此仅仅意指母亲在能够计算的时间内与**两位**丈夫交往，那么就不能理解，为何更高的可能性始终支持第二任丈夫在生物学意义上的父亲身份。那么，第 1600 条便只能在前文提及的第一种意义上予以理解，因而目的性限缩是被允许的。

〔95〕 RGZ 68, 317 ff.

〔96〕 RGZ 68, 292 f.; 90, 240 ff. (244 f.).

〔97〕 RGZ 117, 257 (265 f.); 119, 126 (128 ff.); 126, 46 (48 ff.); 129, 119 (121); 136, 148 (150).

第 2 分句相反，该法院表示第 823 条于此能够直接适用[98]，因为他主占有人在超越其占有权时不是基于误认的权限而行为，所以第 987 条以下规定给予保护的内在前提并不存在。就此而论，在所有这些情形中界分错误和漏洞的依据均在于，规定之立法宗旨并不适合某个特殊构成要件。

最后必须指出，有时并不能清晰地区分，漏洞确定是以类推还是以目的性限缩的方式进行。[99] 属于此情形的是，某个规定缺少依照其立法宗旨为必要的例外性构成要件，而该要件在另一个**同样的**情形为法律所规定。《民法典》第 111 条即可被引为例证。据此，倘若缺少必要的法定代理人同意，限制行为能力人实施的单方法律行为无效且不可治愈。然而，这是否也应当适用于另一方当事人明确赞同缺少同意的情形？这一问题依照第 111 条的意义应予以否定回答，因为该规定之目的只是保护无法抵御单方表示的相对人，但其在此处却不需要这种保护。[100] 也就是说，存在**一种目的性限缩**。不过，相同的结论也能够通过**类推适用**第 180 条第 2 句获得。该条第 1 句就无权代理的情形包含与第 111 条相对应的规整，但在另一方当事人对无代理权而实施行为表示赞同时，第 2 句规定了例外。其他属于此脉络的情形还有，对某个规定的限制为另一个规范的立法宗旨所要求。拉伦茨[101]也想将其归入目的性限缩的领域。不过，同样也可以通过类推或者目的性扩张[102]的方式适用其意义要求施以限制的规范，那么结果是，如此获得的法条作为应予限制之规定的特

---

[98] RGZ 101, 307 (310); 106, 149 (152); 157, 132 (135).

[99] 也参见 Heck, Gesetzesauslegung, S. 211; Hildebrandt, S. 77; Larenz, ML, S. 284 f.。

[100] 参见 Staudinger-Coing, § 111, 4。

[101] ML, S. 296 ff.

[102] 这一概念紧接着参见后文边码 81。

别法而优先适用。这在拉伦茨所举特定预约合同之要式性的例子中体现得尤其明显，其依据是类推关于主合同之规定，而非对形式自由原理的目的性限缩。另一个直观的例子是，《商法典》第128条原则上不适用于股东对无限责任公司基于所谓"社会义务"而生的请求权，否则《商法典》第105条第2款、《民法典》第707条对额外补缴义务的排除就被规避掉了。[103] [104]

所以说，两种漏洞确定的工具之间也可能产生一些交叉重叠，但这并不影响原则上应将二者予以区分。因为对绝大多数情形而言，方法论操作能够彼此清晰地区别开来。

三、直接诉诸立法宗旨

79   以上所述例子之特征在于，法律的评价始终与平等原理一起发挥作用：由于法律相似性通过对案例群的相同处理而补充规定，或者由于法律差异性通过对特殊构成要件的排除而施加限制。然而，还存在其他由立法宗旨**直接**要求补充规范的情形，因为相较其**自身**之目的而言，其文义过于宽泛或者狭窄，并因此需要修正。[105]

(一) 目的性限缩作为漏洞确定的工具

80   以下这个与刚才所阐述的例子极其类似的情形便属于此：根据《民法典》第817条第1句，倘若其"通过受领而违背法律禁令或者公序良俗"，那么给付受领人负有返还义务。然而，按照第2句，当"给付人同样对此种违背负有责任"之时，返还请求被排除。第2句的意义在于，给付人已被置于法秩序以外，所以不能就其返还请

---

[103]   例如，参见 Hueck, OHG-Recht, S. 193 f. 此处应该涉及"目的性扩张"。

[104]   其他例子参见 Larenz, a.a.O.。

[105]   在文献中，这些情形的独特性至今尚未被明确地认识和阐述。

求主张保护。[106] 但这所导致的结论是，要想根据第 2 句排除请求权就应当要求行为人具备可责难性，因为只有如此，拒绝保护权利才显正当。[107] 也就是说，第 817 条第 2 句需通过"以可责难的方式"一语作补充。不过，借此已超出可能文义，因为法律说的是"此种违反"并因此转引第 1 句，而正确的观点恰恰认为，该句并不以过错为前提。[108] 所以说，此处涉及漏洞。这种情形与刚才所阐述的例子之共同点在于，均是对某一规范加以限制：存在"隐藏"漏洞。但突出的区别是，此处并非增加例外性构成要件，且使规定在其他方面维持不变，而是对第 817 条第 2 款就其**整个**适用领域加以限制：这一规范**本身**是不完整的，存在"规范漏洞"。[109] 于此情形，漏洞的确定不必考虑平等原理，因为并不是将两种不同的情形相互比较。确切地说，此处要求**直接诉诸立法宗旨**以限制规范，因为其文义相较于目的太过宽泛。也就是说，此处同样存在"**目的性限缩**"，即将诫命限制在依照规定之意义内容是恰当的适用领域。于此，漏洞确定的关键性考量再次同样对漏洞填补具有决定性，两者完全是同一个过程。只要清楚认识到这些情形的独特性，类似例子就不少见。比如，《商法典》第 25 条第 2 款应当通过增加"在营业承受以后不迟延地"这一特征予以补充，否则其保护诚信交易往来之目的就不能实现。[110]

(二) 目的性扩张作为漏洞确定的工具

不过，规定的文义也可能相较其意义**过于狭窄**。那么，立法宗　81

---

[106]　参见 von Caemmerer, SJZ 50, S. 649; Larenz, SR II, § 63 III b。

[107]　参见 Larenz, a.a.O. (S. 366)。

[108]　Enneccerus-Lehmann, § 226, 2b; Esser, § 193, 3; Larenz, SR II, § 63 III a a.E. 其理由在于，第 817 条第 1 句已经想要使**客观上**为法所不许的财产移转复归。

[109]　对此，还可参见后文边码 129 以下。

[110]　例如，参见 Schlegelberger-Hildebrandt, § 25, 18; Baumbach-Duden, § 25, 3b; BGHZ 29, 2。

旨便要求拓宽规范。以《商法典》第49条第2款为例：据此，经理对于"土地的转让和设定负担"并无授权。而按照法律的语言用法，转让仅仅应当被理解为物权性移转行为。但是，该规定要实现其目的，就必须也扩展到债权性负担行为。[111] 不然的话，第三人就可以据此向营业主提起诉讼并强制转让。也就是说，立法宗旨于此要求拓宽规范。所以作为目的性限缩这个拉伦茨所塑造的术语之对应概念，不妨称其为**"目的性扩张"**。[112][113] 其与类推之间存在清楚的区别：第49条第2款之所以被扩展，并非由于负担行为与处分行为在法律上相似，而是因为如若不然，该规定就可能无法实现其目的。不是另一种情形应当被同等对待，而是第49条第2款为其**直接的**适用领域而被扩展。并非平等原理，而是立法宗旨单独要求补充法律。假如在这种情况下还将其称为类推，也就是相似性推论，要么是对此种情形之问题的不恰当处理，要么就必须重新阐述类推的概念。所以出于方法诚实的需要，首选是应当清楚地强调，此处不再借助法律相似性标准，而是直接诉诸立法宗旨加以处理。相应地，也将此方法操作从术语上与类推清晰地界分开来。

另一个此类例子是联邦最高法院关于《民法典》第844条第2款的一则判决。据此规定，在致人死亡的情形，侵害人应当在其丈夫推定的生存期间内向有被抚养权的遗孀支付定期金。但对于推定死亡时点之后的年份，假如她由于丈夫提前离世而不能从定期金保险获得遗孀养老金，联邦最高法院[114]也准许其此种请求权。就此，联

---

[111] 例如，参见 Schlegelberger-Hildebrandt, § 49, 6。

[112] 这些情形在文献中也从未被作为漏洞例子的特殊分组而凸显出来。

[113] 这种操作也特别经常地发生在确定和填补**合同漏洞**的情形。比如参见拉伦茨（NJW 63, S. 738 f.）关于两个医生交换诊所的案例，联邦最高法院（BGHZ 16, S, 71）以补充合同解释的方式采纳禁止撤回的观点：只有合同目的要求如此扩展，而完全不动用类推。

[114] BGHZ 32, S. 246.

邦最高法院已经意识到，这清楚地超出了第844条第2款的可能文义。因为依法律规定，遗孀不可能通过自己继续支付保险费而获得遗孀养老金，所以问题不只是基于所应缴纳的保险金而增加其对侵害人的请求权，而是真正地将支付义务延长至第844条第2款所提及的时点之后。如此便无疑超越单纯解释的领域；但另一方面，这也不涉及类推[115]，因为推定丈夫的死亡时间之前与之后并不存在"相似性"。确切地说，仅仅是第844条之目的要求扩展赔偿义务，而不取决于任何类推：遗孀在抚养上应当处于与其丈夫不曾提前离世相同的地位；由于这原本能够通过在更长的生命期间内支付保险金，而使其在丈夫推定的生命终了后依然获得定期金，所以为前后一致地贯彻法律目的，侵害人也有义务补偿这些损害。也就是说，只有立法宗旨于此要求补充第844条第2款，其文义相对目的过于狭窄，这在方法上意味着存在一种此处称为目的性扩张的情形。

能够归属于此脉络的还有一部分将源自合同法的规定转用在基于侵权行为之请求权的情形。比如，《民法典》第558条关于出租人由于租赁物被改变或者损坏之赔偿请求权的6个月时效期间，也应当被扩展至源于第833条以下规定的权利。[116] 其理由并不在于合同和侵权行为之间的法律相似性(这几乎不必从细节上加以证明)，而在于第558条所包括的绝大多数案件同时符合第833条以下的构成要件，并因此会使第558条的短期时效由于第852条的3年期间而不能实现其目的，进而在实践中丧失意义。也就是说，不是相似性推论并连同平等原理，而仅仅是第558条的意义和目的要求补充法律，所以从方法上看不存在类推，而是目的性扩张。

---

[115] 有趣的是，Larenz, Interpretation, S. 398 ff. (400) 已明确强调此点，但并未在术语上作为一种**独立**方法论操作的例子加以说明。

[116] 例如，参见 Larenz, SR II, § 44 VI f. und § 69 VI a.E.。

(三) 目的性改造作为漏洞确定的工具

最后还要提及两种特殊的混合情形。依《商法典》第369条，商事留置权仅仅存在于，基于两个商人"之间"所"订立的双方商行为"而产生的债权。那么据此，任何的债权人或者债务人变更(比如在继承的情形)均会导致这一权利的消灭。然而，法律的本意并非如此。确切地说，限制的意义不过是保护债务人，防止债权人将债权恶意转让给已占有留置权所涉标的之人。因此，债务人的变更绝不能触及该权利的存在，而且，当债务人对此已有所了解，还依然将物交付给新的债权人时[117]，债权人的变更也同样如此。所以要使该规定的适用范围与其目的相符，就不是解读为"基于他们之间订立的双方商行为"，而是比如理解为"基于双方商行为，只要债权人既不是在取得占有之后才获得债权，又不是在债务人不了解的情况下在取得占有之前从第三人处获得债权"。也就是说，此处需要对法律文义做重要的修正，但这无疑还属于法律外的法之发现，因为规定的改动严格保持在法律评价的框架内。从术语上讲，最好把此类操作称为"**目的性改造(teleologische Umbildung)**"。比如，部分文献对《民法典》第831条所做修正也应该属于此脉络。违背该规定文义，但符合其目的的是，只要在雇主的选任过错和辅助人的无过错之间具有内在联系，客观违法性就已充分具备，而不必要求被适当选任的辅助人在同样情况下也会如此行为(而不对其施以责难)。[118]

---

〔117〕 参见 Gierke, § 58 II 1a; Schlegelberger-Hefermehl, § 369, Amn. 11 f.。

〔118〕 参见 von Caemmerer, JT-Festschrift, S. 123; Stoll, JZ 58, S. 137 ff.; Wieacker, JZ 57, S. 535。

第三节　普遍法原则与法价值

一、普遍法原则

如今已普遍承认[119]，所谓普遍的法原则（Rechtsprinzipien）、法⁸⁴的基本原理（Rechtsgrundsätzen）、法谚、准则等在法之续造场合扮演重要角色。并不少见的是，法律甚至为填补漏洞而明确指示法官加以注意。[120]但于此，这些也均无例外地仅仅被看作是实证法的**填补工具**[121]，但正如前文[122]已提及而现在将详细论述的那样，在一系列被承认是漏洞例子的情形中，其也被用作查明法律**需补充性**的**价值标准**。因为这些也是整体法秩序的组成部分，而前文已将此塑造为漏洞确定的决定性标准。故此，尽管以稍有不同的方式[123]，那些已就类推和目的性限缩而被证实之认识也适用于普遍法原则：**其不**

---

　　[119]　尤其参见以下文献：Perreau I, S. 148 ff.; Fabreguettes, S. 194 ff.; Boulanger, Principes généraux, S. 51 ff. und Etudes sur le rôle du juge, S. 68 ff.; Ripert, Forces créatrices, S. 325 ff.; Du Pasquier, Lacunes, S. 36 ff.; Spiro, Gerichtsgebrauch, S. 137 ff. und ZSR 69 (NF), S. 121 ff.; Simonius, ZSR 71 (NF), S. 237 ff.; Esser, Grundsatz u. Norm; Larenz, Wegweiser, S. 299 ff. und ML S. 314 ff.; H. –J. Wolff, Jellinek–Festschrift, S. 33 ff.; Wieacker, Gesetz und Richter; Meier–Hayoz, Kommentar, Randziffern 401 ff.; Gilliard, ZSR 81 (NF), S. 191 ff.。

　　[120]　比如参见奥地利《普通民法典》第 7 条、意大利《民法典》第 12 条。

　　[121]　例如，参见 Egger, Anm. 39; Goldschmidt, S. 160; Schüle, S. 408; Schack, S. 275 ff.(参见其标题：类推和普遍法思想在漏洞填补情形的适用), insbesondere S. 284; Boulanger, Principes généraux, S. 64; Dahm, S. 53; Staudinger–Brändl, Anm. 72 vor § 1; Engisch, Rechtslücke, S. 88 und Einführung, S. 137 und 152; Nipperdey, § 58 II; Friedrich, S. 445; Meier–Hayoz, Der Richter als Gesetzgeber, S. 94 f., 110 f., 164, 201 und Kommentar, Randziffer 352。

　　[122]　边码 28 和边码 49。

　　[123]　区别尤其在于漏洞确定和漏洞填补的关系。在类推和目的性限缩的情形,确定漏洞通常也是在对其予以填补;而普遍法原则仅仅指明填补的方向,却不包含可直接适用的解决方案,而是还需要"具体化"。对此的详细论述,参见后文边码 153 以下。

仅是漏洞填补的工具，而且已经是漏洞确定的标准。

85   但为此，那些通常被聚合在普遍法原则这一宽泛而又不那么精确的概念下的大量法思想并非均在考虑之列。确切地说，为了漏洞确定的问题，需要在数个观点下施加限定。首先应排除那些本身已具备法条的性质[124]，并因此通常能直接涵摄的普遍性**基本原理**。不过，其向**"前实证的"原则**[125]之过渡是流动的。也不能排除某个基本原理不能被赋予规范的性质，而只是在实证法上具有不完全的形态，并且需要通过具体的技术性规整加以完全实现。[126] 那么在此情形，该基本原理便要求补充法律，因此被用作漏洞确定的工具。然而，只要存在直接涵摄的可能性就排除漏洞之观点。其原因在于，这种规范性基本原理尽管在通常情形下是不成文的，但却属于实证法，所以不能认为其存在漏洞概念意义上的不完整性。如"契约严守""无法律即无犯罪"、债权合同形式自由、遗嘱自由的基本原理[127]，或者行政法上的"合比例性"和"适当性"基本原理，均属于这种情形的例子。

86   区分规范性基本原理和前实证的原则后，于此脉络中还要进一步在原则内部考虑单纯的**法技术性**原则[128]和具有法伦理性质的原

---

〔124〕 规范与不具备法条形式的原则之区别已被普遍强调。例如，参见 Boulanger, Principes généraux, S. 55 f.（"法律规则"与"一般原则"）；Simonius, S. 241; Esser, Grundsatz und Norm, insbesondere S. 50 f. und S. 131 ff.; Betti, Rechtsfortbildung, S. 394; Larenz, Wegweiser, S. 300 f. und ML, S. 131（"基本原理"与"原则"）；不同的观点是 Ripert, Recueil des Cours, S. 575（"原则即……规则"）；不过，Forces créatrices, S. 330 与主流学说类似。

〔125〕 此处对基本原理和原则的术语分遵从 Larenz, Wegweiser, a.a.O. 关于"原则"一词不同的使用可能性，参见 Boulanger, Principes généraux, S. 52 ff.。

〔126〕 这种例子尤其还有宪法上的基本原理，只要为其充分实现需要普通法律层面的执行规整，而在成文法中缺少了。

〔127〕 参见前引拉伦茨所举的例子。

〔128〕 法技术性原则的特质尤其在法国文献中被加以强调。参见 Gény, Science et technique III, S. 45 ff.; Boulanger, Principes généraux, S. 60 und Etudes. S. 70; Roubier, Théorie générale, S. 86 ff.; ferner: Simonius, S. 243 f.; Esser Grundsatz und Norm, S. 91 und öfter。埃塞尔正确地强调这一区分的相对性。

则之区别。然而，与本书第 1 版所支持的立场不同，认为法技术性原则从一开始就不在漏洞确定工具的考虑之列并不恰当。因为它们也完全体现实质的价值判断，或许经常作为特定的从内容上被实现之正义要求，而更多地服务于法和交往的安定性目标。比如，试想物权性履行行为的抽象原则、不动产法的登记原则或者土地登记簿法的形式合意原则。完全可以想象的是，这种原则在此处或者彼处并未被前后一致地贯彻到底，那么，连贯性诫命便可能要求通过漏洞补充的方式使其完整化。这尤其适用于诸如担保权的附随性、物上代位之类的原则[129]，其原本已处在朝向法伦理原则的边界领域。所以总体来说，法技术性原则在法续造范围内所具有的特殊地位充其量是渐进的，而非原则性的。

但出于其他理由，并非所有的普遍法原则均无例外地能够被用于确定漏洞。因为根据前文所给定义，漏洞仅仅存在于**现行法**要求补充法律的情形。**然而，并不能说所有的实质性原则均是我们法秩序的组成部分**。首先可以想象的是，某个原则或者普遍法思想的**效力被实证法的评价所排除**。比如，危险责任能够基于的原则是，谁从物当中获取利益也就必须为通常与此相联系的危险承担风险，而这一论断又可能追溯至分配正义。[130] 然而，这一原则并不能因此被看作现行法的组成部分，所以缺少危险责任的**普遍性**构成要件充其量是法政策上的错误，但肯定不是法律违反计划的不完整性。理由在于，法律通过一系列明确界定的具体构成要件表明，其并不想要普遍性规整。其他效力被实证法排除或者严格限制的原则还包括：法律错误不免责、无人可将大于其享有的权利转让给他人或者无人

---

[129] 对此，参见 Strauch, Mehrheitlicher Rechtsersatz, 1972, S. 190 ff. 对第一版作有的合理批评。

[130] 相同的观点有 Esser, Gefährdungshaftung, S. 69 ff.; Coing, Die obersten Grundsätze, S. 107 und 148 f.; Henkel, S. 319 认为此处是分配正义和均衡正义的"交织"。

对自己之物享有役权。[131] 于此脉络，尤其还必须注意，原则彼此**矛盾**的情形并不少见[132]，而且其原本的意义也只有在彼此协作或者对立中才能展开。也就是说，始终需要检验某个原则是否不与另一个相同或者更高位阶的原则矛盾。

88 　　然而，原则与现行法**不矛盾**这一单纯**消极的结论**，还不足以说明其为现行法组成部分。因为并不能认同，普遍法原则本身即具有法源地位。[133] 确切地说，其有效性主张只能由处于其背后的理由加以支撑。所以必须增加**积极的说明**，即普遍法原则**源于特殊的效力基础**而主张其有效性。就此主要[134] 呈现出三种可能的结论：原则作为评价或者内在秩序思想**内含于实证法**，只是在其中未被完全实现；原则追溯至**法理念**；从**事物本性**中获取之。另外，从一开始就应该清楚，这一区分并不是在清晰的非此即彼之意义上发挥作用，确切地说，各个标准之间的界限是流动的，而且一个观点需要通过另一个观点予以支持和确保的情形并不少见。所以当下面的例子被归入其中一组时，其意义只是证立的重点在此而已。

---

〔131〕 在适用方法论性质的谚语时也需要特别予以注意。除了"相同事物相同处理，不同事物不同处理"这种公认的正确原理外，还有"立法目的消失，法律即告失效"这种受限制适用的准则（参见后文边码 181 以下），以及"语词无歧义时，即不得再行解释"这种无疑错误的准则。对方法论格言也同样适用的是，其自身并不承载被认同的理由，而是从处于更高位阶的原则中获得；所以说，前述第一条规则（被用于证成类推）只是普遍性平等原理的方法论形态。

〔132〕 对此，参见 Fabreguettes, S. 201; Boulanger, Principes généraux, S. 65 und Etudes. S. 70; Engisch, Einheit, S. 64 ff.; Larenz, Wegweiser, S. 301 ff.; Wilburg, S. 12 ff.; Viehweg, S. 75。

〔133〕 H. -J. Wolff, S. 37 ff.与此明显不同。

〔134〕 此处绝不会无条件地排除，有些情况下还能发现其他有效性标准，但是，正文中所提出的却是仅有的能够差不多得到普遍认可的标准。另外，该问题需要极其深刻的法哲学检验，而这已经远远超出这本方法论著作的范围。

（一）从实证法中获取普遍法原则

实证法并不限于其规定和具体评价。确切地说，这些处于根本 89
性秩序观点与基础评价的背景下：法律和立法宗旨背后是法的宗旨。
只有这种**"内在体系"**才能确保法秩序的统一性和一致性，只有借
此才能消除业已显露出来的矛盾，最后在许多情形中，只有回溯这
些基础才能使法律适应新出现的问题和情景。那么，只要这些基础
评价在具体情形未从法技术上被充分安排，或者在具体规范未就特
殊情形予以顾及之处，其便要求补充和续造法律。

作为发现这种实证法之普遍原则的工具，**归纳**在此居于首要地 90
位。于此脉络，特别应提及一种经常被称为**"法类推"**的操作[135]：
从数个法律规定中获取一个共同的基础思想，然后赋予这一思想
以普遍法原则的性质。法类推的名称自然不那么恰当，尤其
是，将其归为类推[136]模糊了特殊的方法论问题。因为事实上，其
并不涉及从特殊到特殊的推论，而是从特殊到普遍的推论，也就
是说，并不涉及类推而是归纳。由于类推始终要求回溯立法宗

---

[135] 这一追溯至共同法文献的关于法律类推和法类推的区分已经被广泛地贯
彻。参见 Wächter I, S. 123 f.; Windscheid-Kipp, S. 104, Fußn. 5 und S. 107, Fußn. 1a; Re-
gelsberger I, S. 159; Dernburg, S. 83; Binding, Handbuch I, S. 216 f.; Bierling, S. 411 f.; Heck,
Gesetzesauslegung, S. 195; Schack, S. 278; Bovensiepen, S. 133; Pisko, Kommentar, S. 126;
Böhmer II 1, S. 168; Schönke-Schrade, S. 26; Nawiasky, S. 146; Staudinger-Brändl, Anm. 67
vor § 1; Nipperdey, § 58 II 1b; Engisch, Einführung, S. 147; Littmann, S. 74; Roth-Stielow,
S. 86 f.。国外文献也通常遵从这一语言用法，而且总是继受德语词。参见 Saleilles, S.
92; Gény, Méthode I, S. 305 und 310 und II, S. 131; Capitant, S. 111 f.; Zoll, Hafter, S. 138,
Fußn. 1。于此方面，语言用法并不统一：在从数个规定或者即便只有一个规定中推导出
普遍性原则的情形，部分称其为法类推，部分只是纯粹从表面上指出有**数个规定**被用作
类推的基础；对于后一种情形，更好的做法是与拉伦茨（ML, S. 292）一道称其为**"整体
类推"**，以区别于**"个别类推"**。绍尔（S. 312）的理解有所不同，即所谓法类推，是指并非
基于法律规定而是基于习惯法或法官法之规范的类推。

[136] Dahm, S. 53. 和 Larenz, ML, S. 292 强调，相对于**法律类推**而称其为**法类推**并
不恰当，因为前者"以法规范的适用为对象"。类似观点有 del Vecchio, Grundprinzipien,
S. 15, Fußn. 18; Pisko, Kommentar, S. 126。

旨，而后者也可以被看作上一层次的"普遍"[137]，所以在理论上也能够将类推构造为从特殊到普遍的归纳推论，接着再反向推出另一个特殊。尽管如此，这种观察方式却并不契合其本质：实际上只应当比较两个构成要件，而回溯立法宗旨仅仅是实现这一目的之**工具**；但相反，在归纳的情形，普遍思想的抽取本身就是方法操作之**目的**。

91 相应地，类推和通过归纳获取普遍法思想之间的区别[138]在于：类推限于对另一个完全确定的构成要件予以相同对待，而归纳获取的普遍法原则对不特定多数情形均主张有效性，而在查明该原则的视野下尚不能终局地概览。[139] 比如在《民法典》第463条第2句这个已被多次提及的例子中，将伪装积极品质与隐瞒瑕疵相同对待时，即已借此穷尽该类推的法律意义。尤其是，查明制裁恶意利用买受人对物之性质的错误认识这一立法宗旨并不具有独立意义。相反，比如从一系列现行法规定中可以获得的**普遍**原则是，所有持续性债务关系均可以因重大事由而被双方当事人解消，那么其具有远远超出**为此**而获取原则的具体构成要件[140]之射

---

〔137〕 将类推看作归纳推论的有：Rümelin, Werturteile, S. 39; Gmür, S. 64f.; Ross, S. 347; Gény, Méthode I, S. 305 und II, S. 121 und 124; Fabreguettes, S. 492, Fußn. 4; Schönke-Schrade, S. 25; Pisko, Kommentar, S. 124; Bartholomeyczyk, S. 79ff.; Hafter, S. 138; Siorat, S. 324f.未作决定；黑勒（S. 17f.）认为，类推和归纳"在很大程度上可以相互替代"（S. 19）。反对相同看待的有：del Vecchio, Grundprinzipien, S. 15f. und Rechtsphilosophie, S. 391; Sauer, S. 306 und 309; Sax, Analogieverbot, S. 103f. und 150f.; Dorolle, S. 229ff. 具有奠基性；强调类推和发现普遍原则之区别的还有 Perreau I, S. 275, S. 280ff. S. 293ff.; Esser, Interpretation, S. 377; Du Pasquier, Lacunes, S. 37; Friedrich, S. 445; 相反，有所模糊的是 Boulanger（Principes généraux, S. 63 承接 Gény, Méthode II, S. 121）和 Capitant, S. 112; Spassoïevitch, S. 82 und 118 ff.。

〔138〕 黑勒在批评类推和适用普遍法原理之间的区别时（参见 S. 125ff.）在很大程度上忽略了这一点。

〔139〕 与此相应的是，只有类推的正当性在于平等原理，而为证立原则的普遍性，则应当追溯至其他有效性标准（对此，紧接着参见边码92）。

〔140〕 比如，开除有限责任公司股东的问题（参见后文边码95）。

程：该原则一旦被识别和表述便也对诸多其他情形产生影响。所以不同于类推，可以称其为"开放的"。就此而论，这种开放性为原则之普遍性的独特效果。

与此紧密联系的另一处典型区别是：类推的方法论难度主要限于查明立法宗旨，并将其"适用"在应予同等处理的情形，而归纳还会产生额外的问题，即是否涉及普遍法原则，而不再是一系列特殊的构成要件，这才是真正的难题所在。比如，为何不能从《民法典》第 407 条第 2 款、第 408 条、第 1412 条第 1 款第 2 分句再加上《婚姻法》第 27 条、《商法典》第 372 条第 2 款推导出如下普遍性基本原理，即在存有表见构成要件的情形，对诉讼实施权的善意应受保护?[141] 又如，为何不能从《民法典》第 313 条第 2 句、第 518 条第 2 款、第 766 条第 2 句中提取此一普遍规则，即形式无效的合同通过履行而获得完全的有效性?[142] 那么很明显，仍有必要对法思想的普遍性问题进行额外评价。[143]

为此，依然应当于此处先行考虑以现行法作为标准。在此方面，原则在实证法上的位阶特别重要，比如，尤其体现为对于原则之间可能矛盾的法律决定。此外，具有重要意义的还有**通过追溯另外两个有效性标准而确保**：倘若原则也能从**事物本性**推导而来，或者追溯至**法理念**，那么将会决定性地支持，其于具体规范中的"不完全"现实化表达了普遍的法思想。[144] 于此情形，前文所述各个

---

〔141〕 参见 Stein-Jonas-Schönke-Pohle, § 325 IV 2; Baumbach-Lauterbach, § 325, 3; Rosenberg, § 45 II 3; Hellwig, System I, S. 174 的观点有所不同。

〔142〕 对此，参见 Nipperdey, § 154, Fußn. 16。

〔143〕 对此，参见 Larenz, ML, S. 292 f.; 彼处有其他关于此处所述问题的直观例子。

〔144〕 对于"法类推"和"事物本性"之间的联系，Wächter I, S. 124 f. und Gény, Méthode I, S. 310 已作有强调。也参见 Larenz, ML, S. 293。

标准之间的交叠尤其显而易见。[145]

93　　　总而言之，是归纳而非类推，才能最为恰当地解释从具体实证法规范中获取普遍法思想的过程。于此脉络，尤其应当指出的是，不同于法类推需借助数个规定，法原则有时能从单个规范中被提取出来。于此情形，即便依照最广义的概念理解也不能将其称为类推。对此，拉伦茨举了个让人容易记住的例子[146]：能够从《民法典》第254条提取的普遍法原则是，不论基于何种责任基础，损害应当在参与者之间依据法秩序对其各自所归责的比例加以分配。

　　　对以上所述，下文再通过几个例子加以说明。

94　　　第一个要讨论的例子是**所有权人地役权之规整的缺失**。对于在土地上设立对物性权利，《民法典》第873条除了登记外还要求所有权人与取得人达成合意。而在为所有权人自己设立权利的情形中，这种合意在概念上就已经被排除了，所以司法判决和学说长久以来认为，所有权人地役权与《民法典》的规定不相符合。[147] 借助在方法论上极富成效的详尽论证，帝国法院[148] 放弃了这种观点。理由在于，德国法上**"所有权依内容之可分性"的基本原理**要求，允

---

〔145〕　不过,埃塞尔(Grundsatz und Norm, S. 5, ähnlich S. 10 f., 164 f.) 走得太远了,其批评司法判决尽可能从法律中提取法原则的倾向,并认为只是"为了体系之目的"而作出;其实,原则的正当性并非"源于法律",而是"源于事物本性或者相关的制度"。这虽然并不少见(参见后文边码107以下),但只要回溯法律是可能的,法官就对此负有义务;只有此种见解才能确保法秩序内在的统一性,也只有如此才符合法官在宪法上的地位,其必须将援引法律以外的评价原理留作最后手段。

〔146〕　ML, S. 294.

〔147〕　Nachweise s. RGZ 142, 231 (233, Fußn. 1 und 235 f.)

〔148〕　a.a.O.; 文献中普遍赞同这一观点。例如,参见 Westermann, § 122 III 3; Bauer, § 33 III 1a a.E.; BGHZ 41, 209 现在也是如此。新近的不同观点为 Roth-Stielow, S. 151 ff. 然而,其理由不过是墨守成规地坚守《立法理由书》的观点,这在方法上太过贫乏;另外,其误以为起草者的出发点在于,单方法律行为的设立并不可能,且对此也不存在交往需求。这种观点不仅在立法和方法上已经过时,而且是错误的。

许所有权人在自己的土地上享有限制性对物权。[149] 这并不违背第873条的合意原理，因为依照其内在的含义与目的，该条只是要防止被违反意志地强迫接受权利，而这种危险在所有权人为自己设立的情形中并不存在。[150] 基于普通法上"无人对自己之物享有役权"的基本原理也不能得出相反判断，因为其已不再是现行法。[151] 确切地说，《民法典》已经在第889条、第1009条和第1196条清楚地表明，这些规定是从前述德国法的原则出发予以制定的。此外，对地役权而言，还要增加"在法律上和事实上之特殊性"。因为其涉及"对两块土地之间法律关系的规整，它们当前在一定程度上偶然地集中于同一个所有权人之手"。不应该让"这种偶然状况成为对此种关系予以合目的规整的障碍"。[152]

对于前文所述方法论操作，该判决是个特别直观的例子。帝国法院首先确定，所有权内容可分性原则**要求**允许所有权人地役权，而且就此缺少法律技术性规整。所以虽未明说，但此处使用了普遍法原则作为漏洞**确定**的工具。先行说明，其不与更高位阶的基本原理背道而驰，也就是进行必要的消极界定，然后再积极地证立，所涉基本原理作为现行法的内容，能够从若干法律规定中得到证明。最后，还通过回溯所涉情形"在法律上和事实上的特殊之处"，也就是"事物本性"，以确保其判断。

另一个类似的例子是联邦最高法院关于**从有限责任公司开除股东**的判决。[153] 对此，法律并不包含明确规定。尽管如此，也不能从

95

---

〔149〕 S. 234 f.

〔150〕 S. 236 f.

〔151〕 S. 236 f.

〔152〕 S. 237 f.; 另外值得注意的是,帝国法院在此是如何独立自主地毫不理会《立法理由书》的相反观点。

〔153〕 BGHZ 9, 157 (Hueck, DB 53, S. 776 对此作有评论)。此外,相同问题也会出现在从有权利能力社团开除成员的情形。

其沉默中得出不允许开除的结论。因为我们法秩序内在的原则是，**双方当事人均始终可以基于重大事由而解消持续性债务关系**，尤其在该债务关系具有人身属性时；该原则**要求**开除的可能性。也就是说，其被用来证明，法律缺少相应规定是我们法秩序的一种**违反计划**之不完整性，而不只是法政策上的错误。对于界分普遍法原则与类推而言有趣的是，联邦最高法院于此明确拒绝类推《民法典》第737条或者《商法典》第140条[154]，而是仅仅以前述的普遍法原则作为允许开除的依据。为推导该原则，其不仅依托公司法的规定，而且借助一系列其他规定：除了《民法典》第737条、《商法典》第140条与第161条以外，还援引《民法典》第626条、第712条和第723条，《商法典》第70条、第92条第2款、第117条、第127条、第133条和第339条，以及《股份法》第75条第3款、《有限责任公司法》第38条第2款与第61条、《合作社法》第68条、《企业条例》第124a条和第133b条。该做法是正确的。

　　于此，也应当再次指出，其所涉及的是普遍法原则之表达，而非一系列终局性特殊构成要件。这一结论可以通过超实证的观点得到支持(但联邦最高法院并未与此明确关联[155])：在"法律关系强烈地干预参与者之生活实践"[156] 的情形，假如信赖协作之基础已被摧毁，却还不允许解消合同约束力，那么将与人的道德本质及其自由不相符合。于此可以暂且不论，这是否又涉及基于"事物"之本性的论证，此处即为人的本质，或者说，是否以一种法伦理原则为背景。

　　假如对于至此所提及的两个例子，尽管以裁剪问题和论证的贫

---

　　[154]　S. 161 und 164.

　　[155]　联邦最高法院只是顺便提了一次事物本性，而未以某种方式将此作为其论证的基础(S. 159)。

　　[156]　联邦最高法院即如此表述(S. 161)。

乏为代价，在必要时也还可以通过(整体)类推的工具予以处理，那么确切地说，现在所要提出的例子已经冲破哪怕最宽泛界定的类推之范围。依据如今或许具有普遍性的看法，在认购股份公司基础资本的情形，意思瑕疵的适用应予排除。[157] 正确的观点认为，这是基于支配整个股份法的**原则**，即任何情况皆**必须维持基础资本**。[158] 但相应于此，法律却并不包含对《民法典》第116条以下与此相关之条文予以限制的规定。要说明其属于漏洞，而非法政策上的错误，就只能论证前述原则内在于实证法，且相对第116条以下规定具有更高位阶。为此，主要依赖源于《股份法》一系列基础规定的归纳推论，属于此脉络的，比如：禁止低于票面金额发行(《股份法》第9条)；为将公司登记在商事登记簿并因此取得权利能力，必须认购全部股份之规定(第31条第1款、第22条第1款)；禁止出资的免除与退还(第52条、第60条)；对取得自己股份之容许性的限制(第65条)；关于基础资本应当始终列入资产负债表中的负债之规定(第133B条第1款，第133条、第7款)；等等。[159] 很明显，这些构成要件彼此之间判若云泥，其与认购股份情形的意思瑕疵也有天壤之别，以至于此处并不能通过类推的工具予以处理。尽管如此，这些规定全部以同一个形成性原则为基础，而该原则要求对第116条以下规定加以限制，只要不会使后者丧失其大部分有效性。正因为如此，其被用作漏洞确定的工具。

---

〔157〕 参见 Hueck, Gesellschaftsrecht, § 23 IV 2; Baumbach-Hueck, Vorbem. 1 B vor § 16 AktG; Würdinger, § 17 B IV 3a; RGZ 88, 188; 142, 103, st. Rspr.

〔158〕 Hueck, a.a.O.即如此认为；Würdinger, a.a.O.与 RGZ 142, 103 持不同意见，其将撤销的排除建立在想要筹措基础资本之表示具有公众性的基础上。但不论如何，此处并不涉及"虚伪行为"的问题，因为撤销的排除对恶意债权人也有适用；不过，与权利外观原则一样，任何情况皆必须维持基础资本的基本原理也源于信赖思想。于此情形，"事实公司"的问题也无用武之地；彼处涉及的是，通过解散更为妥当地向将来发生效力去替代撤销的溯及既往效力，相反，此处应当**完全**排除意思瑕疵的适用。

〔159〕 对此，参见 Hueck, Gesellschaftsrecht, § 22 I 3。

　　我们法秩序的另一个根本性原则是**保护行为能力不健全者**，其迫使其他规定受限制的情形并不少见。例如，依据《民法典》第54条第2句，无权利能力社团的法定或者意定代理人对以其名义实施的法律行为负个人责任。按照法律本身的文义，这在代理人为限制行为能力人的情形也必须适用。[160] 理由在于，《民法典》第106条以下规定并不介入，因为第54条第2句属于法定而非法律行为性责任的情形。[161] 然而，由于发生的是作为法律行为性行动之（法定）后果，而非诸如侵权行为性的个人负担，此处也要求承认第106条以下所基于的保护限制行为能力人原则。就此而言，关键是法律在许多地方，特别在塑造善意取得的情形表明，其将此保护思想置于第54条第2款所基于的信赖原则之上。[162] 这个例子尤其清楚地表明前文已提及的观点，即有必要将为确定漏洞所使用的原则与其他可能处于同一或者更高位阶的原则相权衡。为了支持而绝非单独地证立，此处还可以考虑类推第179条第3款第2句。据此规定，倘若无权代理人为限制行为能力人，那么其不承担责任。此处也涉及作为法律行为性行动之后果的法定责任，法律同样将保护限制行为能力人置于信赖保护之上。

　　相较于其他原则，对归责能力瑕疵的保护也居于优先地位。属于此脉络的，比如，帝国法院和主流学说对《民法典》第819条第1款所施加的限制。据此规定，不当得利债务人在知道法律原因瑕疵时承担更重的责任，也就是说，不能援引《民法典》第818条第3款规定的得利丧失。那么，即使在不完全行为能力人依据第812条以下条文负有义务时，这一规定也依然适用吗？该问题极具

---

[160]　依据《民法典》第165条，这并不否定其作为代理人之行为的有效性。

[161]　所以至少有误解的是：Staudinger-Coing，§ 54, 48; Soergel-Siebert，§ 54, 31。

[162]　Canaris, NJW 64, 1988 作有进一步研究。

争议性。[162a]正确的处理方式是必须对给付型返还和侵害型返还加以区分[162b]：因为且只要在第一种情形便涉及法律行为性取得，所以问题是为（广义的）法律行为性行动负责，那么就必须考虑《民法典》第104条以下规定的保护思想，并仅仅取向于法定代理人是否知道法律原因之瑕疵；与此相反，只要涉及的是依据不当得利法对侵害的补偿，就必须优先适用第276条第1款第3句、第827条以下规定。[162c]不论如何，这在方法上也表明了，保护归责能力瑕疵这一优先性原则，要么以第104条以下规定的形式，要么以第827条以下规定的形式，要求对第819条第1款施加限制，并因此被用来确定这一规整的不完整性。

于此脉络，还应简要提及最后一个著名的例子，即刑法中的**禁令错误理论**。也就是说，从现行法上看已经值得注意的是，《刑法典》缺少相应规整并非法政策上的错误，而应当认为是漏洞。理由

98

[162a] 明确赞同相应地适用第104条以下规定之保护思想的有 RG JW 1917, S. 465; Enn.-Lehmann, §227 V 1b; RGR-Komm., §819, 3; Palandt-Gramm, §819, 2c; Ermann-Seiler, §819, 1a a.E.。与此相反，不同观点想要相应地适用第827条以下规定（经由第276条第1款第3句?），参见 v. Tuhr, A.T. II 1, §59 X 5 a.E.; Enn.-Nipperdey, §151, Fußn. 7; Soergel-Mühl, §819, Randziffer 6; G. Boehmer, MDR 59, S. 706, Sp 2。很明显，第二种观点只能部分实现《民法典》之保护目的，为此，只需要想一下因挥霍浪费而导致禁治产的情形：第827条以下规定不能为此提供任何保护，因为第828条只适用于未成年人，而禁治产人常常知道其法律行为无效，也就是说，在"外行人领域的类似评价"下已经知道缺少法律原因。然而，假如由此想要适用第819条第1款，并拒绝其援引得利丧失，那么禁治产之保护目的便几乎总会落空：挥霍成癖者经常是将所获得之物再次"挥霍"掉了，所以只有通过适用第818条第3款才能予以充分保护。所以至少在给付型返还领域，应优先考虑第一种观点。

[162b] 这个在此处第一次建议的区分解决方案，后来已变为主流学说，但却不再符合我本人的观点，参见 JZ 71, 562 f.。

[162c] 侵害型返还的情形也体现对侵害的"警示功能"，而后者使相较于第104条以下规定保护范围更小的第827条以下规定得以正当化。对此，参见 Canaris, NJW 64, 1990 f. insbesondere zu Fußn. 34。假如将得利丧失锁定在知道缺少法律原因，那么不完全行为能力人就必须符合《民法典》第278条第1句而被归责；因为从获得利益开始，就已经存在第812条以下规定的债务关系。

只能在于，如若不然，行为人就可能被无过错地归咎刑罚。联邦最高法院支持其判决的理由是"对刑事法律之错误不排除可罚性……的原理，据此，在无过错的禁令错误之情形会导致……刑罚以过错为前提这一所有刑罚之不可触碰的基本原理遭受侵害。"[163] **据此，过错原则要求补充法律。** 于此，联邦最高法院为正当化这一原则已回溯至人的本质[164][165]，而这或许是不必要的，因为只要涉及对行为人处以刑罚，而非保护和改善性措施，该原则在现行法中无例外的有效性便不会遭受严肃的质疑。不过，这里也应该再次说明，前文所述的三个有效性标准经常共同协作。但如前已述[166]，法官必须首先坚守基于实证法的证立。

(二)普遍性原则之回溯法理念

99　　作为第二种证立普遍法原则在实证法上有效性的可能性，前文已称其为对法理念的回溯。法理念虽然太过普遍且太过不确定，以至不能将案件简单地涵摄其下。但其并不因此而像不少人主张的那样[167]是"空洞的"[168]，而是具有尽管绝不能完全被认识和穷尽，但时常鉴于特定典型情境而被以惊人的清晰性具体化[169]的内

---

[163]　BGHSt 2, 194 (202).

[164]　S. 200f. 但为此，联邦最高法院系以一种完全特定的、为西方哲学和基督教所决定性塑造的人像为基础。

[165]　韦尔策尔(Welzel)(Naturrecht, 3. Aufl., S. 197 f.; Stratenwerth, S. 8 und 10ff. 追随之)想要从"过错的实质逻辑结构"中推导出禁令错误的重要性；Engisch, Schmidt-Festschrift, S. 105 ff.对此作有批判。

[166]　参见前文脚注 145。

[167]　近来尤其明显的是 Ripert, Forces créatrices, S. 414："正义是……抽象概念。"

[168]　例如，参见 Coing, Die obersten Grundsätze; Larenz, Wegweiser, S. 304 f.; Henkel, S. 299 ff.。

[169]　关于"具体化"的概念，参见 Engisch, Die Idee der Konkretisierung。只要此处和后文使用这一表述，便通常涉及一种"混合形式"(Engisch, S. 75 ff.)：具体者应被理解为"特殊者"，但同时也在"转向类型"(Hinwendung zum Typus)之下(参见 S. 146 ff. und 237 ff.)。

容。在方法上，这通常不是通过演绎途径，而总是借助论题思维的工具[170]：在某个特定案件中"发现"[171] 问题的解决方案，并作为法思想予以表述，然后在一系列例子中认识其典型性，并确立为**原则**。不过，借此尚未克服全部困难，因为确切地说，还必须论证所给解决建议**在实证法上的约束力**。[172] 假如为此追问此类原则之信服力的内在

---

[170]　对此，尤其参见 Wilburg, Entwicklung eines beweglichen Systems im bürgerlichen Recht; Viehweg, Topik und Jurisprudenz; Esser, Grundsatz und Norm, S. 44 ff. und 218 ff.; Siebert, Gesetzesauslegung, S. 16 f.; Reinhardt-König, S. 17 ff.; Engisch, Einführung, S. 190 f.; Zippelius, S. 79 ff.; Bäumlin, S. 26 ff.; Arndt, S. 1277 ff.。

[171]　对于此，参见德勒(Dölle)在第 42 届德意志法学家大会上的演讲。于此，也大致类似发展"普遍法原则"的情形，比较法也具有极高的价值(对此，也参见 Lorenz, JZ 62, S. 269 ff.)。

[172]　这通常并未引起那些所谓"问题思维"(与"体系思维"相对)之追随者的足够注意。为此，普遍地指出每个论题均与正义问题相连(参见 Viehweg, S. 65 und öfter)并不充分。也参见恩吉施对菲韦格(Viehweg)著作的评论(ZStrW 69, 596 ff.)。其正确地要求，"对于那些作为其基础的前提，论题学必须从认识论上答复的方式予以阐明"。论题学"只能是倒数第二个，而非最后一个环节"(S. 601)。另一方面，参见科殷(Coing)的重要支持(ARSP 54/55, 436)，其将菲韦格的认识称作"对全部的学术科目具有奠基性"。

其实，新近经常被强调的"体系思维"与"问题思维"之间的对立，充其量只能具有辩证的性质：两种思维方式彼此互为条件；正如同借助体系学所发展的理论必须通过问题加以检验，且只有如此才能获得其最终的正当性，那么反过来，通过问题获得的决定建议只能通过纳入现行法的体系与基础评价，以及通过回溯法理念和事物本性等更深层次的标准，才能表明其约束力；而且，就如同"体系正当的"决定经常揭示现行法上决定性的正义观点，那么反过来，"实质正当的"解决方案作为"事物本性"和"实质逻辑结构"，以一种辩证交互性过程的形式反作用于体系的创设与续造。论题思维的支持者也承认存在普遍的内在实质脉络，而且事实上也允许仅仅借助法秩序的"**内在体系**"获得有约束力的论题目录，假如缺少后者，论题思维就无异于对想象力的呼吁，因此不能在学术上运用。另一方面，体系思维的追随者如今也不再允许从一种如下意义上"封闭的"体系出发，即从既定的基础概念和评价加以演绎的方式能够完全解决所有法律问题，而是已正确地承认体系是"**开放的**"，即接受新的原则将其打破。因此，这种对立或许主要限于体系是否为"**动态的**"[参见维尔伯格(Wilburg)的论文题目："论……动态体系的发展"，菲韦格(S. 72ff.)将其作为论题思维的一个主要例子加以引证]；也就是说，能否从问题到问题，有时主张此种解决方案优先，有时又主张彼种方案优先；或者确切地说，是否在原则和评价之间不存在一种僵硬的等级秩序(Coing, a.a.O.明确将其描述为体系思维的特征)。从根本上讲，应当以被普遍化的抽象正义与法的安定性作为一方与个案之个别妥当性作为另一方之间的深层次对立为背景。支持前一组中的两个价值原则上优先的论据早已是 (转下页)

理由，那么所获答案经常依次提升至"法的最高原理"[173] 和法理念本身。[174] 也正是因此，这里才选择"回溯法理念"，而不是从其中"推导"之类的表述。然而，此处还必须再次重点提醒与实证法协调的必要性：实证法有权力作出忽视法理念的规整，而修正此类规定已不再落入法律外的法之发现领域，应当在**违反法律裁判之完全不同的条件**下加以判断。

100　　可以举几个例子对此作进一步阐述。于此，首先应当提及《民事诉讼法》中关于**非牵连性反诉之被允许性**规定的缺失。对于其为何是在现行法上已经要求被消除的瑕疵，也就是存在漏洞，施泰因、约纳斯、舍恩克与波勒（Stein-Jonas-Schönke-Pohle）在所编写的评注中给出如下理由："依据《民事诉讼法》第260条的规定，原告无疑能够让数个无关联的请求权被同时审理，那么，假如被告必须单方面为此种联系而采取行动的话，反对意见便在缺乏内在理由的情况下将被告置于更为不利的境地。"[175] 换言之，是当事人在诉讼中的**武器对等原则**于此要求允许反诉，并因此被用作漏洞确定

（接上页）老生常谈，此处无须再次重复。另外，无可怀疑的是，现行法是由"等级秩序式"而非"动态的"体系所确定。但另一方面，也应承认存在部分领域，即便从现行法的视角看，论题思维也在其中主张无条件的优先性：比如，具体化"需价值填充的"概念，其构成了个别妥当性介入的显著位置！（参见前文边码17脚注55处）国际私法中许多缺少具有推导能力之体系的部分也是如此，如确定债之准据的情形。

[173] 参见科殷以此为标题出版的著作。

[174] 经常有观点指明普遍法原则与法理念之间的联系。例如，参见 Coing, a.a.O., insbesondere S. 37 ff. und 70 ff.; Egger, Anm. 39; Roubier, La méthode, S. 51（原则"无论何时何地均为正确"）; H. J. Wolff, S. 36 f.; Simonius, S. 256 ff.; Esser, Grundsatz und Norm, S. 5（谨慎地限于"历史地形成之正义观念的均衡"）; Larenz, Wegweiser, S. 304（"内在于实证的活法体系之法原则不外乎历史的具体化之法理念，如果愿意也可以说该历史时代'相对的'自然法"）; Spiro, ZSR 69, 140（"归纳性"自然法）。

[175] I 33 II 1; Nikisch, § 44 III 2 持同样观点，Blomeyer, Zivilprozeßrecht, § 61 II 2 b 也实质相同。

的工具。[176] 申言之，正如"在缺乏内在理由（也就是恣意）的情况下将……置于更为不利的境地"之表述所清楚表明的那样，该原则无异于普遍平等原理在诉讼法上的特殊形态。而平等对待的诫命又被普遍认可为正义的最重要组成部分。[177] 因此，要求关于允许反诉之规定的法思想便能经由数个层级而回溯至法理念。

下一个要提及的例子是**"超法律紧急避险"** 理论。在《刑法典》101和《民法典》中缺少相应的规整，其之所以不是法政策错误，而为漏洞，是因为**"法益权衡原则"** 要求相应的规定[178][179]，而且该原则为现行法的组成部分。帝国法院明确援引"整体法秩序"与"不成文法条"[180]，从而使法官发展"超法律的"正当化事由成为必要。

---

〔176〕 另外，武器对等原则（Bötticher, S. 9 ff. 作有奠基性论述；Blomeyer, Zivilprozeßrecht, § 15 也有进一步阐释）对解决具体诉讼问题也具有重要意义。比如由此推出，尽管缺少积极当事人能力，被诉的无权利能力社团本身也必须有权提起反诉（对此，参见 RGZ 74, 371 (375); Stein-Jonas-Schönke-Pohle, § 50 IV 2a; Nikisch, § 29 II 4）；不过，这还处于《民事诉讼法》第 50 条第 2 款第 2 分句之可能文义的范围内，所以属于解释领域。与此类似，非独立的**附带控诉** 也只能作为武器对等原则的结果加以理解，例如，上诉非为必要，以及仅仅为了诉之扩张或者提起反诉的目的，才能加入附带控诉（参见 RGZ 29, 357; 59, 130; 156, 141 st. Rspr. ; BGHZ 4, 229; Stein-Jonas-Schönke-Pohle, § 521, I 1）；其最终的正当化理由只能是，二审也应当维护双方当事人的武器对等原则。只有瓦尔斯曼（Walsmann）(S. 121)明确强调此点：另一方当事人也必须"享有与控诉人相同的权利"。对此，其所作提示（a.a.O.）颇为有趣，即从其如今的形态来看，附带控诉实质上自查士丁尼的立法开始便"已历经几个世纪而被主张"。当瓦尔斯曼将其所当然地描述为"逻辑必然性"时，这种解释并不恰当；确切地说，真正理由在于正文所揭示的，其与平等原理并因此与正义之间的紧密联系。

〔177〕 参见前文边码 49；对于平等原理在私法中的影响，参见 Götz Hueck, Der Grundsatz der gleichmäßigen Behandlung im Privatrecht, München und Berlin 1958。

〔178〕 RGSt 61, 242 (254), 附有文献引证。

〔179〕 运用"目的理论"应该收效甚微，其想要借助"为正当目的之适当（正确）手段"的普遍法原则，而非法益权衡原则加以处理（例如，参见 Dohna, S. 30 ff.; Welzel, StrR, § 14 IV）。因为要追问的恰恰在于，何种手段适当，以及何种目的正当，而这些最终只能借助法益权衡原则加以决定。

〔180〕 S. 247.

不过，从实证法中并不能推导出法益权衡原则的**普遍性**[181]效力。确切地说，此处也只有回溯法理念才能解决问题。因为其源于法的本性与任务，即保护特定法益，或者说，其源于事物本性，即这些法益可能彼此冲突。为此情形，也为了对各种法益之处理的差异化，法秩序必须创设**必要的**优先顺序，并以一个法益为代价而对另一个法益给予更高评价。假如两个法益之间的冲突并未被明确顾及，而在冲突情形下给出解决方案又不可回避，那么，受法律约束者就必须自己对具体情形作出决定。为此，倘若坚持从实证法推出的法益优先顺位，则其完全不会因其决定而遭受批评，因为伤害**某个法益**已不可避免，而行为人只是在实现法秩序的评价罢了。假如这在法律上并不妥当，甚至应受惩罚，那就必须认为其做法严重违反正义。如是，法秩序将会落入**自相矛盾**的境地[182]，而对于其**内在一致性**的要求应当被视为法理念的元素。[183]

文献的论证也或多或少清晰地表达了这种对法理念的回溯。比如，宾丁（Binding）如此写道[184]："但是，对于为紧急避险而实施的行为，立法者绝不能逃避表明立场的义务。而且，一旦正确识别出紧急避险，立法者就会发现这是数以千计的类似情形之一种，为规

---

〔181〕 对于获取普遍原则而言，《民法典》第 228 条和第 904 条是个贫乏的出发点；另外，或许也无人想要主张，现行法中缺少关于医学指示之堕胎系违法并因此可罚的规定；也就是说，离开《民法典》第 228 条和第 904 条的实证化，法益权衡原则将不是现行法秩序的组成部分。

〔182〕 不言自明的是，其所涉及的并非逻辑矛盾，而是规范性矛盾。

〔183〕 Larenz, Wegweiser, S. 304 即明确这么认为。当然，不能将所有法秩序中的评价矛盾均看作违反法理念。确切地说，必须增加使其变得不能容忍的特殊情况。于此，应当从那种迫不得已的境况中看出这些，其原因在于，必定有**某个**法益要伤害。另外，从法理念得出具体解决方案的正当性自身所带来超常的方法困难，在这里也得到清晰的展现：矛盾在什么时候不能容忍？！不过，这种不确定性在法之发现中随处可见，其并不能从根本上质疑出发点的正确性。对于此脉络中颇具意义的"法秩序统一性"问题，恩吉施的同名著作具有奠基性。

〔184〕 Handbuch I, S. 760.

整这些情形，通过对利弊的正确认识也就得出了**唯一**的解决方案。但凡面对其中之一必定发生的两种害处，国家就会避免较重而选择较轻的，或者在两种大小相同的害处中容忍已发生的。"[185] 舍恩克与施罗德(Schönke-Schröder)的论证也与此类似[186]："这种……正当化事由的基本考量是，假如在冲突情形中，牺牲掉一个法益是为维护另一个更高价值法益的唯一手段，那么这种牺牲便符合**任何**法秩序的内在目标。法秩序通过严重程度不同的刑罚威慑而认可法益的优先顺序，所以在此类情形中，其也必须允许伤害较低价值的法益。"毛拉赫(Maurach)对超法律紧急避险的研究也以此导入，即"在掌握其本质时首先完全与现行法"相分离，且给出"能够适用于法的全部专业领域并适合该法制度全部表现形式的概念规定"。[187]

也就是说，很明显涉及一种在基本特征上[188]为实证法所预设的制度。因此，假如实证法不包含相应的规整，那就意味着，当且仅当不与法律的规定或者评价相对立时，才存在漏洞。

紧接着，于此脉络中还应提及"**消极之诉**"和"**排除妨害请求权**"。其于现行法上的约束力只能部分地，也就是仅仅在诉讼系以绝对权为支撑的范围内，从法律推导出来[189]（整体类推如下条文：《民法典》第 12 条、第 862 条、第 1004 条、第 1017 条、第 1027 条、第 1029 条、第 1065 条、第 1090 条第 2 款、第 1134 条第 1 款、第 1227 条，以及《地上权条例》第 11 条）。除此以外，从现行法上看，还值得注意的是，缺少相应的法律规整将构成漏洞，此处也只

102

---

[185]　强调字体为作者所增加。
[186]　Vorbem. III Anm. 10 vor § 51.
[187]　A. T., § 27 I.
[188]　但绝不在技术形态的细节上。对此，参见后文边码 153 以下。
[189]　参见 Larenz, SR II, § 70, I; Esser, § 211, 1。

能再次借助普遍法原则加以论证。对于所有现实化后将符合《民法典》第823条以下规定中某个构成要件的紧迫侵害，消极之诉的正当性在于，**预防损害要比补偿损害更好**。[190] 这个一目了然且明显正确的原理确立了不作为之诉在现行法上的约束力：缺少普遍的规整之所以违反计划，是因为不补充法律就不能完全实现该原则。为此，这里也可以将普遍原则的有效性回溯至法理念。为此提供支撑的不仅有原理的明显性，还再次涉及法秩序内在统一性的要求：假如法秩序应当阻止某种损害发生，但却首先有意地放任该损害出现，然后又规定其赔偿，那么法律便会落入**自相矛盾的境地**。因此，帝国法院从"正义"推导出消极之诉[191]在结论上是正确的。当然，仅对此作出简要提示尚不充分，还需要进一步具体化为普遍法原则，并同时顾及待决问题的类型性。

103　　排除妨害请求权与此类似。从现行法上看，其对于违法侵害绝对法益以外的情形也具有效力，这所基于的原则是，**即便不存在过错，也不允许任何人维系其所实施的不法行为**。[192] 于此，该原理之所以被用来确定漏洞，是因为正是也只是它，要求对法律予以相应补充。至于其有效性主张如何获得支持，自然不会那么简单就能证立。从这一"简单思想"[193]中可以发现**明显的法伦理原则**。但于此，倘若转移视角，不从行为人而是从法秩序的角度观察问题，也可以再次回溯法的**内在一致性**观点：假如法秩序无所作为地容忍因违法而为其所不允许的侵害，那么将存在矛盾。

　　最后，还要简单提及作为不成文正当化事由的**受害人同意**制度。

---

〔190〕　Enneccerrus-Lehmann, § 252 I 1 便明确地如此认为。

〔191〕　RGZ 60, 6; RG JW 1899, Nr. 26 (S. 750)即已如此。

〔192〕　Larenz, SR II, § 70 II. 在排除妨害之诉的情形，帝国法院再次从结论上正确地说到"正义的诫命"。参见 RGZ 148, 114 (123); 163, 210 (214); OGH 1, 182 (190)也是如此。

104　　〔193〕　Larenz, a.a.O.

齐特尔曼清楚地写道[194]："然而，我们的法典对同意完全沉默，假如即便如此也要主张其有效性的话"（大概是说：论证法律的沉默属于漏洞），"那就必须从某个普遍的实证法基本原理中将其推导出来……"。为此，齐特尔曼接着回溯*私人自治原则*。这种基于实证法原则的阐释对民法来说或许足够了，但对全面证立同意制度而言却并不充分，因为其作为正当化事由在刑法中也是有效的。于此可以考虑"自愿即无侵害"原理。[195] 不过，这两个位阶较高并使其正当化的原则是对*人之自我决定*的认可，而这又需要从法理念之历史且具体化的形态中导出。[196]

最终还应该总结一下前述例子之间的共同之处，并对所阐释的方法可能性补充几点限制和警示。

在所有前述的例子中，缺少法律规整之所以立足于整体法秩序的立场被看作"违反计划"，仅仅是因为有普遍法原则要求被现实化，并促使走向某一特定解决方案。这些原则的有效性并不能以实证法作为支撑，但实证法也不反对其现实化（消极界定）。确切地说，是通过回溯法理念而获得其内在信服力（积极证立）。但于此，应当始终看到其与实证法之间的紧密联系。这是因为，就像例子所展示的那样，这些标准距离问题越遥远，越是贴近法理念，就变得更具普遍性，且更加形式化。诸如平等原理、法秩序不得陷入自相矛盾境地的思想、人的自我决定等原则，其本身并不能单独适用，而只能在与实证法的*紧密互动中*被具体化。因为*什么*是相同，*什么*是内在的矛盾，或者自我决定延伸至*何处*，首先基于法律

105

---

[194]　AcP 99, S. 48.

[195]　例如，参见 H. A. Fischer, Die Rechtswidrigkeit, S. 271; Schönke-Schröder, Vorbem. II, Anm. 7, vor § 51 StGB。

[196]　回溯法理念并不排除原则具有内在的界限，比如，在正文所举的例子中即为《民法典》第 138 条与《刑法典》第 226a 条。

的规定和评价而得确定。所以为填充这些原则，就必须向实证法回溯。[197] 此外，只有系于特定类型的情景和问题状况，原则才能获得其真正的内容。比如，从正义价值的理念、平等对待的诫命、诉讼当事人武器对等原则，能够一直具体化为"兼听则明"这一如此特殊的原理。

但是，另一方面也应当指出，由于吸收的主要是形式性质，原则的信服力也逐渐变弱。尤其应予注意的情形是，并非从法的普遍性秩序任务而获得，而是应该从法理念推导出特定**法伦理性**准则的有效性。例如，绝不能毫无疑问地假定**普遍的**伦理性基本原理也具有**法律约束力**。确切地说，此时必须细致地论证该原则在法律上的重要性。

就此而言，联邦最高法院大刑事审判庭经常被讨论的那个判决明显是错误的。除去范围极其狭窄的例外情形，该判决将**订婚者之间的性交**定性为**通奸罪构成要件意义上的"淫乱"**。[198] 为达证立之目的，联邦最高法院援引"道德法则"和"既存并应予接受之价值秩序"的诫命。这些将"一夫一妻的婚姻与家庭"确立为"对人们具有约束力的生活形式"，并要求"原则上只能在婚姻中性交"。假如恰好像联邦最高法院一样认为，存在这种绝对的规范，并可能

---

〔197〕 这尤其适用于将原则固定为法制度的情形，也就是填补借助原则所确定的漏洞。对此，参见后文边码 152 以下。

〔198〕 BGHSt 6, 46ff.; 对此所作批判，参见 Bockelmann, JR 54, 361; Sax, JZ 54, 474; Jeschek, MDR 54, 645. 联邦最高法院也有不少其他判决援引伦理价值，参见 Weinkauff, Naturrechtsgedanke; Engisch, Einführung, S. 125 ff. 以及 Weischedel, S. 3, Fußn.4 所引判决; 对此的批评，参见 Engisch, a.a.O., Weischedel, a.a.O.以及 Wieacker, Gesetz und Richter, S. 9 ff.; 于此脉络，还可以参见 H.J. Wolff, S. 36. Kübler, S. 123f.,其对于 BGHSt 6, 46 之可能社会学背景的详细论述颇为有趣;其认为，能够在当今法官群体所出生的家庭，即世纪之交的市民或者小市民的公务员家庭之道德观念中发现根源。阿恩特（Arndt）的批评也格外严厉，其直截了当地将该判决称为"司法危机"的征兆（NJW 63, S. 1281, Sp.1）; 施泰因（Stein）（NJW 64, 1749）也指责联邦最高法院道，该判决系基于"个人道德上的价值判断，而不是普遍的、成为法律的秩序性原则"。

且应当也对法之发现有所助益，那么联邦最高法院所主张的道德法则之位阶和严肃性便已要求，通过可思考的精细证立而不是简单假定去解决问题。为此，方法上有必要进行数个步骤。在允许为待决问题而考虑道德法则的内容之前，需要先予证明，**法秩序在此表明其重要性**。毫无疑问，这虽然可能通过"淫乱"之类需价值填充的法律概念确定，但绝非必然予以肯定。因为不论如何，于此可能涉及已非法律上[198a]而只是社会性的评价，也就是单纯的习俗和共同体惯例，而非道德法则。然而，在联邦最高法院的判决中，为决定这个方法上极为有趣且在实证法上至为关键的问题，即便想要找寻哪怕一丁点依据也是徒劳无功的。确切地说，联邦最高法院仅仅将（变迁的）社会规范与（不变的）道德法则之诫命对立以观，然后不加任何论证地继续下去，或许"不存在疑问的是，确定并保证……两性共同生活的诫命……是道德法则规范"。说这些诫命**也**是规范，联邦最高法院无疑能获得赞同；但另一方面，说它们**不仅仅**是规范，确切地说，此外还存在关于性关系的社会规范，鉴于共同体现实也不会遭到否认。所以当联邦最高法院进行如下推论时，即从关于两性关系之道德法则规范的单纯存在，就毫无疑问地推论出，这些对于填充淫乱的概念也应该具有决定性，便是个罕见的逻辑上错误之推论；毫无疑问，立法者可以在援引道德法则规范还是社会共识之间自由选择，所以从伦理诫命的存在本身还不能推论出其法律重要性。确切地说，法官必须通过谨慎的解释去查明，除道德预设外是否应当考虑社会规范或者特殊的法律价值。

在解释时，还有第二个方法上的困难具有决定意义，联邦最高法院却同样带着令人惊奇的冷漠而不加理睬：道德法则规范是否以及如何能够以如此的安定性而被认可和表达出来，以至于**可以从根**

[198a] Bockelmann, a.a.O.支持仅仅以法律评价填充淫乱概念，并给出很好的理由。

本上接受将其转换为法律。即便相信存在联邦最高法院意义上的绝对价值，或许也不得不承认，其可识别性至少对那些并未"价值失明"的人来说也存有疑问，充其量能够主观地体验到其约束力，但绝不能合乎理性地对其加以证明。所以说，这一方法上的困难，即鉴于具体个案将道德法则具体化为有约束力的法律论断，几乎无法被克服。联邦最高法院也只是通过明显地颠倒事实才"成功做到"此点，比如只有在婚姻中"性伴侣才严肃认真地彼此负责"这种站不住脚的主张。而且，联邦最高法院自己也郑重地想要摆脱道德法则之毫无例外的有效性，并承认不得不允许的例外情形，以适合人之生存的实际困境，所以相对于绝对道德法则的严苛性只能显得颇具恣意，这恰恰推翻了联邦最高法院的出发点。所以说，基于道德法则具体化法律规范担负极其巨大的不安定因素，仅仅这一事实便足以**在有疑义时否定实证法援引道德法则**。而在刑法中就更是如此，法治国保障于此要求确定轮廓的构成要件特征，从而使回溯道德法则显得尤其存在问题，这种做法在结果上发挥类似超级概括条款的功能。

假如说，道德法则的认识困难及其由此导致的有缺陷的法之具体化可能性，已经常禁止在法之发现过程中考虑道德规范，那么还有第二个反对"基于道德法则之司法"的关键性考量：**这就是，通过法秩序的保护既无需求，也并非只能如此**。这里只能从这一作为法哲学上确定认识的原理出发，而不需深化讨论法与道德的对立。法所要应对的是作为社会性而非道德性生物的人。相应地，《刑法典》第180条以下规定之目的并非阻止"淫乱"，而是要惩罚一种促成淫乱的极其特定的形式，即通奸。因此，解释者的任务并非守护普遍的德行或者道德法则，而是在于使作为法律—社会制度而非道德制度的父母之权威及照顾关系保持"纯洁"。联邦最高法院较新的判决[198b]完全误解了这些，大审判庭的决议对于极其特殊的情形彻头彻尾地墨守成规。倘若阅读该判决，便不能阻挡其事实上是在谴责(依照法律不受处罚的)订婚者之印象。在并无任何法律基础的情况下，联邦最高法院宣称，正是法秩序(！)要求订婚者"出于对婚姻的严肃性以及可能之后代的责任感，而克制提前开始与其伴侣的性关系"，那么，这不仅是一种不可忍受的对个人之专制做法，还表明法秩序与道德秩序于此如何被理所当然地融为一体；最后，当联邦最高法院以如下理由来批驳相反观点时，即其实际结果将会在"道德上"和"法政策上"不可忍受(比如，不是因为如此会促进通奸，而是因为婚姻以外的交往在许多情形将遭受制裁)，其行径已不再只是解释道德法则，而是以其守护者自居，这是个未能足够清晰地予以抵制的错误。其原因在于，此处并不涉及道德法则(抑或更准确地说：自然法)的**"限制"功能**，即那些应以超实证的价值对法律予以批判性考量的**例外情形**，此时道德法则与自然法只是**消极地**说明什么不是法；而非涉及其**"具体化"功能**，也就是法学的**日常工作**，此时其应当作为数个处于考虑之列的解释或者补充工具之一，**积极地**确定什么是法。恰恰为维护其在第一种情形作为最后也是最锋利之武器的权威性，便不应在第二种情形动用，以免使其可信赖性付之流水。

因此，如果说确有必要考虑**道德法则**本身只是极其罕见的例外情形，而只有格外谨慎地对待其法律转化才有可能的话，那么另一方面就依然要坚持，**法理念**在特定情形能够具体化为具体解决方案，但此时，自然也不该否认总是与此相连的方法上之不安定性和危险。尤其在此情形，内在于任何法之发现的评价因素经常显示出特别强烈的主观特质。然而，为利于合乎理性地澄清而竭尽可能地

[198b]　BGHSt 17, 230.

遏制主观性，则是致力于方法清晰性与约束力的学术和追寻法之安定性和信服力的司法判决之共同任务。

（三）普遍性原则之回溯"事物本性"

"我们也可以基于事物本性而补充法体系。生活关系本身承载其尺度与秩序，尽管处于或多或少的发展之中。这种与生活关系及其目的相称之内在于生活关系的秩序称为事物本性。"这是邓伯格（Dernburg）的经典定义[199]，如今也还始终不断地回溯于此。[200] 这个简单的表述背后蕴含着一系列哲学与法理论上的难题。首先提出的问题为，秩序**究竟**能否内在于实然，能否进而由此获得规范，或者确切地说，实然与应然之间的鸿沟是否无法跨越；其次要追问的是，人能否至少片段性地获取这些意义，由此导出的应然原理能否以对学术使用来说足够的安定性而**被识别**；最后还需要澄清，这些客观存在且能被识别的诫命为何以及在何种范围内在**法律上是重要的**。很明显，如此将远远超出本书的范围及其提出的问题，所以这里应该尝试仅仅对这些已有数千年之久的[201]难题予以基础性阐释。于此范围内，确切地说，必须考察那些新近再次迅猛增长的文献。[202] 此处只强调一个视角：法不仅仅，甚至主要涉及作为社会性生物的人以及由其创设的社会关系与制度。由于人旨在现实化自身的价值与目的，其已经使得由其所形成的实然领域充满规范性要素。所以比如说，婚姻与劳动关系的本质是什么，也同样基于社会观念

---

[199] Pandekten I, § 38, 2.

[200] Radbruch, Launfestschrift, S. 159; Fechner, S. 147; Larenz, Wegweiser, S. 281; Ballweg, S. 64; Henkel, S. 289.

[201] Radbruch, a.a.O., S. 155 ff. 作有一个历史概览。

[202] 除脚注 200 已提及的作品外，还可以参见古茨维勒（Gutzwiler）与施特拉滕韦特（Stratenwerth）的作品，以及 Bobbio, ARSP 44, 305 ff.; Maihofer, ARSP 44, 145 ff.; Engisch, Die Idee der Konkretisierung, S. 115 ff 还有 Festschrift für Eberhard Schmidt, S. 90 ff.; Ballweg; Meier–Hayoz, Kommentar, Randziffern 397 ff.; Welzel, Naturrecht, S. 240 ff.; Rinck, JZ 63, 521 ff.。

与评价而得以确定。[203] 因为后两者是可变迁的，那么至少在这个领域[204]，事物本性也当然由此获得较强的相对性。[205] 而此处正应该是其主要适用领域。假如将这种概念与社会评价之间的关联性考虑在内，那么对于这部分视角而言，从实然到应然的推导以及实然中蕴含的应然之可识别性问题便不再困难和不清晰。

当然，借此并未说明事物本性**在法律上的重要性**。就此而论，这里不涉及那个普遍认同的事实，即法受自然法则的特定预设之约束。依此，假如某一规范要求所有女性均只能生育男孩，那么必定不能主张其有效性。将这种系于实然现实因素的约束力从事物本性的概念中排除[206]之所以合乎目的，是因为此处仅仅涉及**通过由其所形成的事实性而对法予以纯粹消极界定**，而不是**通过事实所包含的规范性对法进行积极的意义填充**。

至于蕴含在法素材中的秩序对于立法者和法官的约束力，则必须从两个基本原理出发：第一个是事物本性"本身还不是'法'"[207]，**所**

108

---

[203] 基于事物本性的论证刚好可以被称为社会规范进入法的突破口，所以其恰恰在劳动法和家庭法中扮演特殊的角色就绝非偶然。

[204] 此处暂且不论，其是否在其他连接点上使获得绝对的规范成为可能。于此方面，尤其应予考虑的是基于人之本性的论证。然而，法在何种范围内能由此获得有约束力的规则，却存在疑问。对于这一问题（限于新近的刑法教义学），参见 Engisch, Schmidt-Festschrift, S. 90 ff. 无论如何，应当将"事物本性"与**自然法**彼此清晰地区分开来。对此，参见 Larenz, Wegweiser, S. 287; Radbruch, a.a.O., S. 158; Fechner, S. 147, Fuß n. 15.

[205] Radbruch（a.a.O.）如此写道："……事物本性的确表明历史与民族的法之形成的多样性。"也参见 Fechenr, S. 149。

[206] 采此观点的有 Fechner, S. 146 f.; Larenz, a.a.O., S. 287 f.; 不同观点有 Radbruch, a.a.O., S. 163; Maihofer, S. 158; 最新观点为 Henkel, S. 295, 其与正文类似，也于此脉络中谈论"消极决定"，却将其与"积极决定"一样归为事物本性，而在事物本性下汇集法（而非实然）的全部现实因素（S.294）。

[207] Larenz, a.a.O., S. 287; Radbruch, a.a.O., S. 162 也与此类似；现在可以进一步参见 Henkel, S. 292f., 其仅仅认可事物本性是"法产生的渊源"，而非"法形成的渊源"。正文中将其认为是（辅助性）法效力渊源（对此，参见脚注211），但它的约束力并非从其自身，而是从其与法理念的关联中获得。

以立法者原则上有权自由决定是否对其投以注意。即便立法者对此有所忽略，其所制定的规范也不当然无效[208]，确切地说，而仅仅是出现"内容不正确之法"的问题。那么对法官而言，此处是在面对违反法律的司法难题。[209] 所以对立法者已作出与事物本性相悖之规整的情形，本书不予考虑。

109　　　能够作为第二个准则而被确立的原理是，**法秩序在有疑义时要作出符合事物本性的规整**。因为依其本质，所有的法致力于一种尽可能充满意义且合乎目的，并与蕴含在事物中的秩序相符合之规整。拉伦茨正确地说道："要求……注重从事物本性所呈现的区别"是**法理念**的组成部分。[210] 或许应将事物本性自身也看作是规范**在社会学上的产生**原因，只有通过与法理念的关联，其才获得法律上**有效性基础**的位序。[211] 但就此而论，其对于法的**解释**[212]和续造也具有意义。[213] 为此，由于其本身属于法外标准，自然需要**转化为特殊的法的形式**。这也经常在问题中被发现[214]，首先作为普遍法思想被予以表达，然后被提升至原则的行列。[215] **其要获得对于现行法之约束力，就必须证明后者并未清晰地作出与其相反的安排或者评价。**

---

〔208〕 Maihofer, S. 172 f.的观点明显不同，其将事物本性看作优先性法渊源，而此处仅仅将其看作（相对于实证法而言）辅助性的。Henkel, S. 292 f.如今极其清楚地反对迈霍弗（Maihofer）。

〔209〕 对于从以事物本性为基础的法律**改造（Umbildung）**所引出的问题，参见 Larenz, ML, S. 309 ff.。

〔210〕 a.a.O., S. 304.

〔211〕 Radbruch（a.a.O., S. 162）认为，事物本性是"生活关系与法理念有关的意义"。也参见 Coing, Die obersten Grundsätze, S. 18, Fußn. 1; Larenz, a.a.O., S. 304; Bobbio, S. 314f.。

〔212〕 只要文义给数种解释留下空间，那么在有疑义时，就必须选择最符合事物本性的解释。

〔213〕 也参见 Radbruch, a.a.O., S. 162。

〔214〕 参见 Ballweg, S. 68f.。

〔215〕 Esser, Grundsatz und Norm（S. 5, S. 104 und durchgehend）和 H. J. Wolff, S. 46已指出事物本性与普遍法原则之间的联系。

那么前述基本原理便毫无疑问地介入进来，即法秩序**在有疑义时要**作出符合事物本性的规整。根据目前为止的阐述就不会再惊讶，从事物本性获得之原则不仅被用作填补既有漏洞的工具，还已经被用**作确定漏洞的标准**。就此，下面的典型例子将展示，以此方式并借助消极平等原理，经常能确定"隐藏的"或者"例外型"漏洞。其中表达了基于事物本性的论证与消极平等原理之间的紧密联系：其要求"实施符合评价的差异化"[216]，所以基本上与法理念的组成部分并无不同。拉伦茨就后者说道，其要求"注重由事物本性所呈现的区别"。于此，确定何为不同的价值标准并非法律的具体评价，而是恰好是从事物本性推导而来。

于此脉络，第一个要提及的例子是**缔结婚约与婚姻的高度人身性**原则。无须赘言，这一原则直接源于婚姻作为两人之间在人身、道德与经济上最紧密的共同体之本质，也就是源于事物本性。若将其用于确定漏洞，比如，可以由此推导出订婚的不可代理性，并因此通过例外性规整对源于私人自治的如下法原理加以限制，即原则上所有法律行为[217]均可以被代理。之所以说法律缺少该规定"违反计划"，且进行相应的补充并不违反法律，恰恰是因为我们的法秩序认可婚约的高度人身性质，而这只能从法原则上考虑事物的本性而推导出来。

事物本性在劳动法中具有更大意义。[218] 比如，已经可以由此发展出**雇主的照顾义务**。[219] 然后，这导致在所谓**"危险倾向型劳动"**

110

111

---

　[216]　Larenz, ML, S. 296.

　[217]　当然，婚约的法律行为性质存在争议。对此，参见 RGZ 61, 270; 80, 89; Lehmann, Familienrecht，§ 6 I; Beitzke，§ 5 I。

　[218]　就此，也参见 Radbruch, a.a.O., S. 174。

　[219]　参见拉伦茨（Wegweiser, S. 284）的详细阐释，他接着许克（Hueck）（Der Treugedanke, S. 15）指出，忠实义务的正当性并非已源于实证法，而只是从事物本性中获得。

的情形中，对《民法典》第 823 条以下规定加以限制。许克如此写道[220]："……关键在于，在这种情形由劳动者承担全部损害，与支配劳动关系的忠实及照顾思想并不一致。"仅仅这一论证便考虑了"劳动关系的特殊性"。也就是说，再一次从事物本性获得原则，然后根据该原则的要求，针对特定的情形通过例外性规整对现行法规范予以限制。

112　　　基于企业风险观点对《民法典》关于履行不能之规定[221]的限制也颇为有趣。在一个著名判决中[222]，帝国法院必须作出决定的问题在于，企业因为部分雇员罢工而停业，其他愿意工作的雇员也因此无法工作，此时，愿意工作的雇员能否请求继续支付工资。帝国法院对此详细说道，不得"完全从《民法典》的规定出发"，而必须"确切地掌握社会关系在法典颁布后如何发展，以及在更新的立法中如何被明确地认可"。就此而论，帝国法院将两个方面看作是劳动关系的重要特色：第一个事实是，雇主和雇员并非以排他性利益冲突而清晰区分地相互对立，而是通过同样确保双方之劳动和收入的"企业共同体"纽带而彼此联结；第二个事实是，双方并非作为个体，而是作为两类"社会群体"的代表彼此对立。从第一个思想推出，无例外地使一方或者另一方负担企业障碍的风险并不适当，确切地说，应当在双方之间进行分配；第二个考虑表明，即便某个雇员自己不曾参与其中，由其同事所导致的停业在分配时也应当对其归责。于是，帝国法院将劳动关系的这些特色与《民法典》之规整对立以观。相应于其个人主义的基本见解，《民法典》在其(与此相关的)雇佣合同法的规范中将双方看作个体，并处于清晰的利

---

　　[220]　Arbeitsrecht I, § 35 II 4 (S. 233f.). 但参见后文第五章脚注 37。

　　[221]　或者债权人迟延。对于这一此前极具争议的问题，参见 Hueck, Arbeitsrecht I, § 44 IV 2a。

　　[222]　RGZ 106, 272.

益对立之中。[223] 然而，这恰恰不适合劳动关系。

于此，**基于事物本性的论证与目的性限缩的密切联系尤其显而易见**：《民法典》的规定之所以"不适合"，恰恰是因为事物本性在此呈现出差异化。与此同时，也可以看到**类型理论**[224]的意义：《民法典》关于履行不能和债权人迟延的规则，是从财产法上交换合同的"类型"发展而来，并为此量身定制。所以其不能毫无疑问地转用于具有人法结构的劳动关系。**也就是说，基于"事物本性"的论证、类型理论与目的性限缩以高度典型且经常能观察到的方式在此共同作用**：对事物本性的认识开启对所涉生活与法律现象之特殊性的考察，类型理论使法律归入与不同现象的区别成为可能，这些最终导致对所涉规范或者规范群的限制，也就是目的性限缩。所以事实上，帝国法院这个存有争议的判决最后必须被归入法律外的法之发现领域。[225]

二、法价值

与利用普遍法原则确定漏洞一样，援引法价值的情形产生类似难题。于此，其关键也是证明某个价值为**现行法的组成部分**。为此，这里也存在三种可能性，即从实证法查明、回溯法理念或者基于事物本性而获得。就此而言，并不总是那么容易掌握**价值与普遍法原则之间的区别**。这种区别应该主要体现为，原则已经处于更加具体化的阶段，而且包含对法官就特定典型案件形态作出判决的指引，也就是说，在表述上已体现为（对法条而言典型的）构成要件之

---

〔223〕 只有这种见解才能最终正当化，为何始终使一方或者另一方承担全部危险。

〔224〕 参见 Larenz, ML, S. 333ff. 所附引证；也参见下一个脚注所引用的伯默尔（Boehmer）之论证。另一个关于类型对续造法之意义的例子，参见后文边码 146 脚注 37 处。

〔225〕 Hueck, a.a.O.即如此认为，其明确肯定漏洞的存在（S. 350 unten）。Boehmer, Grundlage II 2, S. 186 ff.有所不同，其将企业风险理论作为违反法律的法之创设的例子加以阐释。然而，这并不前后一致，因为伯默尔自己强调指出，"为完全不同的生活领域而量身定制的《民法典》规定……不再适合"，所以依照事理也就从（嗣后的）漏洞出发。

前提和法效果的二分。原则也经常是从价值推导而来：比如，从正义价值推导出平等对待的诚命。

相较前一节的详细论述，此处并未呈现重大特殊性，所以下面仅简要举几个借助法价值确定漏洞的例子。

(一) 从实证法中获取

114　　　与一系列普遍法原则内在于**实证法**一样，后者也包含许多价值。这些价值也是"内在体系"的组成部分，而且，在其不存在充分的法技术安排时，也要求补充法律。实证法价值的预先阶段是**法律所保护的利益**。[226] 这种利益要求补充法律的一个例子是婚生子女的法律地位。为此，联邦宪法法院宣告第 1628 条无效。据此规定，在父母就亲权措施不能达成一致的情形中，父亲享有决定权。那么，既不能随便让这一问题重归法外空间，又不允许随意认为是漏洞。确切地说，法律规定无效的情形也适用漏洞确定的普遍规则。就现行法而言，假如法秩序在父母不能达成一致时放弃介入，便可能由此在涉及重大[227] 决定时严重危及**儿童福祉**[228]。而允许如此，将会与其他保护儿童的法律安排陷入矛盾。所以法律所保护的儿童利益要求设立一个法条，从而能据此解决父母之间的冲突。[229]

---

〔226〕 不论是为确定漏洞，还是为填补漏洞，均不能考虑利益本身和作为单纯事实的利益状态，已无须赘言。具有决定性的只能是对利益的法律保护以及对利益状态的法律评价。参见 Westermann, S. 16 ff.。此外，对利益状态的探究也可能是基于"事物本性"之论证的出发点。

〔227〕 参见 LG Stuttgart, NJW 1961, S. 273："鉴于其重要性（！），不允许对婚生子女的居所悬而不决，所以必须……存在……诉请监护法院的可能性。"朗格尔（Lange）（NJW 61, 1889 ff.）也指出，儿童的福祉必定要求作出决定，所以不允许认为这一问题不具有重要意义（S. 1891）。

〔228〕 这是个高位阶的价值。

〔229〕 诉请监护法院便是这样的可能性，类推适用《民法典》第 1630 条第 2 款、第 1666 条、第 1671 条以下、第 1727 条、第 1750 条第 1 款以下、第 1797 条，以及《婚姻法》第 3 条、《儿童宗教教育法》第 2 条第 3 款（Vgl. BVfG NJW 59, 1483 ff., 1486; Lange, a.a. O., S. 1891 略有差别）。

由于法秩序的基本决定之变迁，某个价值也有可能嗣后成为实 115
证法的组成部分。比如，承认民法中的**一般人格权**[230]便应属于此。
事实上必须认为，缘于基本法作为根本规范的至高位阶，我们的法
秩序已经承认人格；而且，通过其中所表达的普遍法意识之变
迁，不依赖于"基本权利的第三人效力"问题，我们民法秩序的基
本评价也有所改变，所以在现行法上已经要求对人格的民法保
护，也就是说，《民法典》于此范围内变得有漏洞了。[231]

(二) 回溯法理念

内在于**法理念**的价值之一是法的安定性。[232] 例如，其要求创设 116
如下法条，即能够直接引起法律效果的诉讼行为不得附条件。[233] 原
因在于，假如允许诸如起诉或者撤诉之类的行为附条件，那么程序
将因此承受"不堪容忍的"不安定性。当然，在借助法的安定性这
种普遍而又抽象的价值确定漏洞时，应当设定特殊要求。必须涉及
法的安定性基于其他法律安排或者事物本性具有重要意义的情形。
所以帝国法院正确地额外援引"有序的国家程序需求"，于此不能
容忍法的不安定性。除此以外，当然不是任何轻微的不确定性即已
足够，而是要求不安定性必须达到不同寻常的程度。这种迫切"需
要填充"的概念表明，于此已触及最外部界限，确定漏洞所要求的
评价客观性还应得到维护。

(三) 回溯"事物本性"

最后还要提及的例子是《民事诉讼法》中关于**当事人变更与加入** 117

---

[230]　与此相反,Larenz, Wegweiser, S. 301 将一般人格权归为"原则"。

[231]　联邦最高法院在**填补漏洞**时是否当然选择了正确的道路，则是另一个问题。
对此，参见后文第四章脚注 66。

[232]　例如，参见 Radbruch, Rechtsphilosophie, S. 168 ff.; Coing, Die obersten
Grundsätze, S. 121 ff.; Henkel, S. 333 ff.。

[233]　RGZ 144, 72; Stein-Jonas-Schönke-Pohle, V 9b vor § 128; Rosenberg, § 61 IV 1.

的规整之缺失。假如不想遵从如今应认为已过时[234]的"诉之变更理论",那么此处就必须认为有漏洞。然而,为何不是从法律的沉默推论出恰恰不允许当事人变更,比如就像"诉之撤回理论"的支持者所持观点那样。[235] 答案只能是,由于能够让诉讼沿迄今为止的状况进行下去,并可能因此节省工作量和成本,所以允许当事人变更高度合乎目的,**而且**《民事诉讼法》已经为这种合目的性考量留下普遍空间。[236] 也就是说,作为内在于所有诉讼秩序且最终在**事物本性**中得以证立的价值,**诉讼经济**要求补充法律。

总　结

118　　至此,便已大致完成对漏洞确定标准的细致考察。其始于法律规定,经由法律的具体评价来到实证法的基本决定及其承载的秩序思想,最后终于超实证但并非法外之标准,如普遍的法原则与价值,其正当性则通过回溯法理念或者事物本性获得。由此呈现为一种流动过渡的滑动刻度盘,尽管如此,依然彼此对照凸显出**三个阶段**。

　　1. 第一个阶段基于法律**规定**而确定漏洞的难度最小,要么是基于单个规范,要么是基于数个规定之协作。于此情形,仅仅需要证明,实证法将某种情形从法外空间挑选出来,却并未对由此产生的法律问题给出直接的答案。所以在确定此种漏洞的情形,评价因素

---

[234]　对于当事人变更的问题,尤其参见 de Boor, Zur Lehre vom Parteiwechsel; Nikisch, § 116; Rosenberg, § 41 III 2; Blomeyer, § 115 V; Bötticher, MDR 58, S. 330; Lent, JZ 56, S. 762; Henckel, DRiZ 62, 226; BGHZ 21, 285。

[235]　参见 Kisch, Parteiänderung im Zivilprozeß。

[236]　De Boor, S. 26 und S. 100 明确援引合目的性观点。Kisch, S. 41 f.认为其并不重要而予以拒绝。要明白的是,并不是合目的性本身可以被用于确定漏洞,确切地说,是必须涉及某种被明确表达出来的**法律目的**;而诉讼经济正是如此。

极其稀少，方法上的操作经常也相当简单。其所呈现的共同特征是，法官始终面临**拒绝裁判和补充法律之间**的抉择。

2. 第二个阶段借助**法律的具体评价**而确定漏洞，特别是平等原理之积极部分与消极部分，被作为确定不完整性的标准予以考虑。于此表明，那些通常仅仅在漏洞填补框架下处理的推论过程，即类推、当然推论、目的性限缩以及新引入的目的性扩张，被用作漏洞确定的工具，并对于和单纯的法政策错误相界分尤其不可或缺。相较第一组而言，评价因素于此已实质性地有所增强，特别体现在查明立法宗旨以及判断法律上的相似性或者不相似性。

3. 第三个阶段的方法操作最自由也因此最为困难。只要为确定漏洞所使用的**普遍法原则**与**价值**以归纳的方式从实证法中推导出来，其与前一组的亲缘性就极其明显。但于此，因为要追问原则之普遍性，额外评价已成为必需，而这经常只有回溯法理念或者事物本性才能进行。由此表明，其与另外两个决定普遍法原则及价值之实证法约束力的主要标准之间是流动过渡的：回溯**法理念**与基于**事物本性**的推导。于此情形，与法律评价之协调就必须反过来走向确保和修正。

依此，便能在漏洞确定的情形清楚辨别出三个阶段，其中呈现出各不相同但总是自身统一的方法论问题。所以据此，相应于漏洞确定的标准去界分漏洞种类，并以如此获得的新分类来替代此前已知的区分，便具有正当性。下一章将致力于此。然后，本书紧接着将表明，对于漏洞确定与填补的关系、类推在漏洞填补中的功能、法律外法之续造的界限等其他问题，这种新的分类也成效卓著。

第三章

漏洞的种类

119   文献中存在各种各样基于不同观点对漏洞进行分类的尝试。随着时间推移，就此塑造了一系列区别和分组。这些或许也不总是具有实践意义，但也绝非毫无价值，而是如同所有"基础研究"那样，其正当性在于更好地理解研究对象，并因此间接地服务于法之发现的清晰性与安定性。那么，下文展示几个最为人所熟知的漏洞种类之特殊性，但并不穷尽所有分类[1]；紧接着，尝试在既有分类中增加一种新的分类。

第一节　不适当的分类

       于此脉络，首先应该排除几组"漏洞"的种类，因为这些要么导致对漏洞概念的清晰界分被消解掉，要么以不恰当的区别标准为基础。就此而论，能够在很大程度上回溯第一章的详细论述。

一、模糊与依据法律的法之发现的界分："法律内与法律外"漏洞、"形式与实质"漏洞、"诫命与评价"漏洞

120   与此处所确立的术语不一致的是**法律"内"**漏洞与**法律"外"**

---

[1]　概览性研究，参见 Somlo, S. 403ff.; Heck, Gesetzesauslegung, S. 168 f.; Meier-Hayoz, Der Richter als Gesetzgeber, S. 60 ff. u. Kommentar, Randziffern 262 ff.; Keller, S. 61 ff.。

漏洞[2]、"**实质**"漏洞与"**形式**"漏洞[3]及其他相似分类。所以应该留意以下两种情形之间的对立,即尽管存在法律规定但缺少充分具体化评价的情形,以及连规定也缺失或者仅仅缺少规定的情形。与此类似的是海克关于"**诫命漏洞与评价漏洞**"的区分[4]然而,本书选取的界分漏洞之标准并非缺少评价,而仅仅是缺少法律规定。[5]相应地,根据所建议的术语,前述分类并不涉及漏洞领域**之内**的区别,而是部分涉及作为整体的漏洞领域与依据法律的法之发现的特定情形之间的对立,部分涉及漏洞补充与自由的法之发现之间的区别。就此而言,这里出于术语清晰性的考虑再次提醒,前文已建议将所有法律内或者法律外缺少法律评价的情形合并在"自由的法之发现"概念下,那么后者便在事理上和概念上有别于其仅仅部分隶属的漏洞领域。[6]

二、模糊与违反法律的法之发现的界分:"可适用性与批判性"漏洞、"内在的与超验的"漏洞、"逻辑的与伦理的"漏洞、"原本的与非原本的"漏洞

如果说在前述情形之所以拒绝使用漏洞概念,是因为其模糊了与依据法律的法之发现的界分,那么另一些分类所带来的危险则在于,其掩盖了与违反法律的法之发现的区别。此处特别要提及佐姆罗(Somlo)关于"**可适用性漏洞**"作为一端与"**法政策漏洞**""**批判性漏洞**""**正确性漏洞**"作为另一端的区别[7]、施赖埃尔(Schreier)关于

---

[2] 参见前文第一章脚注46所引文献。此外,也参见彼处对这一术语的批判。

[3] 参见前文第一章脚注8所引文献。属于此一脉络的还有所谓"清晰性漏洞"与"授权性漏洞"(对此,参见前文第一章脚注47)。

[4] Gesetzesauslegung, S. 169.

[5] 参见前文边码6以下。

[6] 参见前文第一章脚注17。

[7] S. 404 f.

"内在的"与"超验的"漏洞之区别[8]以及布尔克哈德（Burckhardt）关于"逻辑的"与"伦理的"漏洞或者"原本的"与"非原本的"漏洞之区别[9]。佐姆罗将"批判性"漏洞之特征，描述为与法律规定相悖地"基于某种(!)标准而提出要求，法也还应当包含某一缺失的规定"。[10] 根据前文[11]所确立的标准，并不能称之为漏洞，因为如同已展示的那样，实证法从**某种**立场来看不完整并不足够。就此而言，其或许也不涉及实质区别，因为佐姆罗将其所称批判性漏洞恰当地归为法律修正领域，那么，这一术语便在很大程度上消解了漏洞和错误之间的界分，如此会诱使司法裁判者基于一种存有误解的漏洞概念而进行通常并不被准许的违反法律的司法裁判。所以应当与恩吉施和拉伦茨一道[12]，坚持在术语上对漏洞和错误予以清晰区分。

三、齐特尔曼关于"真正与不真正"漏洞的区分

122
　　最后，尤其还有必要分析一个最久远也最常见的区分：追溯至齐特尔曼关于"真正"与"不真正"漏洞的分类。[13] 对此，之所以应当进一步深究，原因一方面是这种界分有特别多的追随者[14][15]，另一

---

[8]　S. 49.

[9]　Lücken, S. 55 ff. und S. 103 ff.

[10]　S. 404.

[11]　边码 21 以下。

[12]　Rechtslücke, S. 93 bzw ML, S. 282.

[13]　S. 27 ff.

[14]　参见 Jung, Positives Recht, S.33 ff. und Rechtsregel, S. 103; Windscheid–Kipp, S. 109, Fußn. 1b; Rumpf, S. 151 ff.; Herrfahrdt, S. 9 ff.; Kraus, S. 625 f.; Hellwig, S. 165; von Tuhr, S. 42 f.; Spiegel, S. 123 ff.; Riezler, S. 169, Fußn. 74; Pisko, Kommentar, S. 135 f.; Bender, JZ 57, 599 f.; Stammler, S. 641 实质上也是如此；新近（即便在实质上有部分不同的）文献尤其是 Meier–Hayoz, Der Richter als Gesetzgeber, S. 64 ff. und Kommentar, Randziffern 271 ff.; Keller, S. 61 ff.。

[15]　也有部分文献将齐特尔曼的术语系于实质上不同的观念。比如，富克斯（E. Fuchs）（S. 16）使用真正漏洞与不真正漏洞表示有意的漏洞与无意的漏洞之间的对立，安许茨（Anschütz）（S. 318 ff. 明确援引齐特尔曼）用来表示不可填补的漏洞与可填补的漏洞；埃格（Egger）（Rechtsprechung, S. 11）与厄尔特曼（Oertmann）（Gesetzeszwang, S. 29）将缺少法律评价之处称为真正漏洞。

方面是其中存在正确内核，只是齐特尔曼选错了界分标准，但就像还要展示的那样，其对例子的分组是恰当的。齐特尔曼认为，当"法律根本未作回答，法官完全不能作出判决，却又必须作出"时[16]，便存在真正漏洞。与此相反，"不真正"漏洞的特征是，"对于特殊的构成要件，法律缺少与普遍规则不同的特殊处理规则"。漏洞填补则意味着，"法官为这种特殊的构成要件突破普遍规则，并为其寻找……新的法条"[17]。于此，齐特尔曼将"普遍规则"理解为其所称"普遍性消极原理"。[18] 作为不真正漏洞的例子，他提及比如在卧铺车公司的情形缺少与《民法典》第701条规定的旅店主对顾客携入之物承担责任的规整。其认为，普遍性消极原理于此要求否定任何请求权，只有对此加以改变才有可能类推第701条。

齐特尔曼的这种区分在术语上和实质上均站不住脚。[19] 其之所以在术语上站不住脚，是因为在是否"真正"上，齐特尔曼的"不真正"漏洞其实并不亚于其"真正"漏洞。比如在上面的例子中，倘若能够证明两种情形在法律上的相似性，那么必定普遍认为，缺少相应的对卧铺车公司之请求权是"典型的"漏洞。[20] 之所以在实质上也站不住脚，是因为其基于并不妥当的普遍性消极原理：在该例子的情形中，并不涉及发现既存的法律规则之例外，确切地说，其实是(与齐特尔曼"真正"漏洞的情形一样!)缺少**任何**

123

---

〔16〕 S. 27.

〔17〕 S. 24 f.

〔18〕 对此，参见前文边码41以下。

〔19〕 所以其被如下学者明确地拒绝了：Bierling, S. 384 ff.; Somlo, Anwendung des Rechts, S. 62 f.(但其批判并不妥当); Brütt, S. 77 ff.; Ehrlich, S. 215; Oertmann, S. 29; Elze, S. 42; Redel, S. 26; Weigelin, S. 23 f.; 批判的还有 Reichel, S. 95 f. Fußn. 2; Stoll, Rechtsstaatsidee, S. 175, Fußn. 3; Meier‐Hayoz, Der Richter als Gesetzgeber, S. 65 f.; Bastian, S. 60 ff.。

〔20〕 不过，于此出现漏洞补充与补充性合同解释的界分问题。对此，参见前文边码45以下。

规定，所以需借助漏洞确定的全部工具去检验，这种沉默是构成漏洞，还是为沉默推论提供了契机。[21] 于此可以再次看到，普遍性消极原理会导致何种站不住脚的推论：齐特尔曼认为，不得不将其（无疑属于法律外法之发现的）"不真正"漏洞的情形说成是"法之修正"，且不得不主张，此处"实质上是对抗依据法律所作的决定"。[22] 这种表述显示，于此也以何种危险的方式模糊被允许的漏洞补充与被禁止的违反法律的法之发现之间的区别。[23] 最后，尤其应予拒绝的是齐特尔曼所作实践推论：由于法官在不真正漏洞的情形必须改变实证法，其于此并不负有补充漏洞的义务，而只是有权如此。这完全站不住脚，因为大多数类推的情形属于不真正漏洞，但由于受平等原理的约束，法官在不存在禁止类推的情形下绝对有义务续造法。所以不论从何种视角出发，均应该最终放弃"真正"漏洞与"不真正"漏洞这对混乱且不适当的区分。

第二节　最重要的传统分类

一、按照历史上立法者立场的区分："有意的与无意的"漏洞

124　　根据历史上的立法者是否**认识到**其所创设规整的**不完整性**，将漏洞分为**有意的**和**无意的**漏洞。[24] 法律起草者故意对法律问题留

---

〔21〕 于此清楚表明，沉默推论与齐特尔曼的"普遍性消极原理"承担类似的功能。

〔22〕 S. 24.

〔23〕 参见前文边码 42 结尾处对于"普遍性消极原理"所作论述，以及彼处脚注 145 所引文献。也可参见 Pisko, Kommentar, S. 136 f. und 146，明确将不真正漏洞归为违反法律的法之发现，并因此合乎逻辑地说成是"法政策漏洞"。

〔24〕 比如参见 Heck, Gesetzesauslegung, S. 162; Reichel, S. 94; Weigelin, S. 5 ff.; Sauer, S. 285 f.; Engisch, Rechtslücke, S. 89; Nipperdey, § 58 I 2; Larenz, ML, S. 286; Meier-Hayoz, Der Richter als Gesetzgeber, S. 68 und Kommentar, Randziffer 283; Dahm, S. 49。

白的情况必定相当少见，确切地说，经常至少存在一种或许内容极其普遍且需要被具体化的规整。然而，历史上的立法者有时甚至放弃决定高度重要的问题，因为其认为自己对此尚无能力，想要把问题交给司法判决和学术去解决。属于此种情形的，如不能犯未遂的可罚性问题[25]、刑法中择一认定的允许性难题[26]、同意作为正当化事由的民法意义[27]、委托人对受托人在执行委托事务过程中所受损害的责任[28]。相对于文献和司法判决[29]中一些草率的论证，应予强调的是，立法者对相关问题有意留白的单纯事实，绝不足以认为这种情形存在漏洞。确切地说，于此也必须基于整体法秩序的观点存在计划违反性[30]，所以也适用前一章所详细阐述的漏洞确定之普遍工具。

无意的漏洞可以进一步按照其产生原因加以区分。于此脉 125 络，最常见也最重要的例子，是法律起草者尚未全面掌握所要规整问题的情形，即所谓的"**直观漏洞**"。[31] 另一个自然不那么特别有意义的区分标准，是立法者是"出于不够谨慎而忽略了"不完整性（"**过失漏洞**"或者"**不可宽恕的**"漏洞），还是"不可能注意到漏洞"（"**可宽恕的**"漏洞）。[32]

---

〔25〕 参见 Mot. zum StGB für den Norddeutschen Bund I, S. 87。

〔26〕 参见 Mot. zur StPO I, S. 223。

〔27〕 参见 Prot. zum BGB II, S. 578。

〔28〕 参见 Prot. zum BGB II, S. 369 und Mot. zum BGB II, S. 541。

〔29〕 比如，参见帝国法院关于择一认定之允许性的判决，RGSt 68, 257 (259)。对此，进一步参见后文边码 148。

〔30〕 于此，主观解释理论自然有一定的困难。对此，参见前文第一章脚注 100。

〔31〕 Heck, Gesetzesauslegung, S. 173; Stoll, Methode, S. 100.

〔32〕 Meier-Hayoz, Der Richter als Gesetzgeber, S. 68 und Kommentar, Randziffer 284; 也可参见 Sauer, S. 284 f.。

二、按照漏洞产生时点的区分："自始的与嗣后的"漏洞

126   进一步，**根据产生时点区分为自始的与嗣后的漏洞**。[33] 自始的漏洞在法律颁布时即已存在，而嗣后的漏洞直到后来由于事实预设或者法秩序内在评价的改变才产生。由于有必要证明立法者的初始评价已不再适当，后者便呈现出方法上较为特别的困难之处，其所产生的问题可以通过例子加以简要说明。

127   《民法典》第 1592 条第 2 款规定婚生子女情形的生父推定，其允许证明子女是在第 1 款确定的法定妊娠时间之前受孕；假如证明成功，则将有利于子女的利益，将生父推定扩展到这一时间段。而对于非婚生子女，第 1717 条缺少相应的规定。很明显应当称其为漏洞，并相应地适用第 1592 条第 2 款。然而，立法理由[34]显示，这一规整曾被清楚地考虑过：在《民法典》颁布的 1900 年，对妊娠的生理学过程之科学研究还很少，只有通过为妊娠时间设置僵化的期间，才能避免不符合所有参与者利益的证明上的严重不安定性。所以个案合理性就必须向法的安定性让步。而为保护婚生子女，立法者认为要设置例外情形，从而能够对更早发生的妊娠加以证明。因为一方面，由于撤销子女非婚生性的诉讼数量相对较少，法的安定性要求于此不具有很强的权重，而对于时常发生的非婚生子女的抚养费支付之诉，这种例外无法被正当化；另一方面，根据世纪之交时的评价，非婚生子女被认为应受保护的程度较低。总而言之，存在一种经过深思熟虑的规整，即便从客观解释理论的立场看，其也在法律颁布时排除漏洞的观点。但于此期

---

[33]　例如，参见 Jung, Rechtsregel, S. 109 f.; Heck, Gesetzesauslegung, S. 168 f.; Engisch, Rechtslücke, S. 90; Larenz, ML, S. 286; Dahm, S. 54 f.; Desserteaux, S. 426 ff. 此外，对于"规范情境变迁"的难题，也参见后文边码 181 以下。

[34]　参见 Bd. IV, S. 648 f. und 890 f.。

间,《民法典》制定时具有决定性之观点却发生了重大变迁：基于更新的医学知识,确定妊娠时间的准确性有所提升[35],因此已不再危及法的安定性。另外,如今不论是按照社会观念,还是按照我们法秩序内在的评价(《基本法》第 6 条第 5 项!),非婚生子女应受保护的程度在本质上并不低于婚生子女。所以从如今的现行法出发,平等原理要求对非婚生子女相应地适用第 1592 条第 2 款,从而使法律规整嗣后变得不完整了。[36]

三、按照与法律文义关系的区分："开放的与隐藏的" 漏洞

第三种分类与此前所论的两种分类有所交叉：按照**法律文义**¹²⁸**过宽还是过窄,称其为开放的或者隐藏的漏洞**[37]。比如,此前刚提及的第 1717 条规整的不完整性,或者在恶意虚构有利性质的情形缺少与第 463 条第 2 款相应的规定,均属于开放漏洞。不过,属于此类的不只有类推的例子,还有其他情形,比如德国国际私法中缺少债之准据,或者《基本法》第 104 条关于权限规定的缺失：不完整性直接体现出来,这些漏洞是"开放的"。目的性限缩的情形为隐藏漏洞：《民法典》第 165 条看似也适用于限制行为能力人作为成员代理无限责任公司的情形[38],以及第 1700 条依照其文义也适用于重

---

〔35〕 参见 LG Göttingen, MDR 51, 614。

〔36〕 这一问题极具争议。关于不同观点的情况,参见 Erman-Hefermehl, § 1717, 2b; Palandt-Lauterbach, § 1717, 1。

〔37〕 例如,参见 Reichel, Zur Rechtsquellenlehre, S. 80; Dahm, S. 49 f.(然而,此处错误地将"开放的"漏洞与"有意的"漏洞相对立,并置于"嗣后的"漏洞之脉络当中); Tuor, 5. Aufl., S. 36 N⁵; Meier-Hayoz, Der Richter als Gesetzgeber, S. 62; Bastian, S. 62 ff.; Larenz, ML, S. 283 ff.; Danz, S. 88 和 Reichel, Gesetz und Richterspruch, S. 96 实质上已如此区分; 术语使用有所不同的有:Keller, S. 62 f.(此处的对立本质上与齐特尔曼对于真正漏洞与不真正漏洞的区别同义); Meier-Hayoz, Kommentar, Randziffern 262 und 270(与法律内漏洞和法律外漏洞同义); Schack, S. 275(开放漏洞是有意的或者无意的自始漏洞,错误地援引齐特尔曼)。

〔38〕 参见前文边码 74。

婚的情形。[39] 于此，法律看似包含规整，所以漏洞是"隐藏的"。

四、按照不完整性种类的区分："规范漏洞、规整漏洞与领域漏洞"

129　　最后，还要提及第四种首先由拉伦茨所强调的重要区分：倘若**某一规范本身是不完整的**，那么可以称其为**规范漏洞**；相反，倘若**某一规整作为整体有漏洞**，便存在**规整漏洞**。[40] 第一种情形仅仅缺少规定的某个组成部分，而第二种情形则缺少整个法条。这种区分还是忽视了另一种情形，即，未被规定的是整个（或多或少自成一体之）具有内在联系的**领域**，也就是缺少某个**规范群**。于此，可以称其为**领域漏洞**（Gebietslücken）。能够想到的例子有，旧《家庭法》失效后、《平权法》颁布前夫妻财产制的状况，以及行政法总则的缺失。

130　　这一分类同样与此前的分类彼此交叉。特别是，既存在开放和隐藏的规整漏洞，又存在开放和隐藏的规范漏洞。比如，《民法典》第 904 条第 2 句缺少对消极合法性事由的规定[41]，以及赋予利息请求权却无关于数额的规定，即为开放的规范漏洞。隐藏的规范漏洞（依目前所见，其独特性尚未被认识和强调）的例子出现在前文目的性限缩的脉络中：第 339 条第 2 句和第 817 条第 2 句缺少"以可归责方式"的表述[42]即属于此。应予强调的是，其与隐藏的规整漏洞之典型区别在于，于此并非为某个特殊情形而添加例外性构成要

---

[39]　参见前文边码 77。

[40]　ML, S. 280 f.；与此类似的是关于**法的漏洞**与**法条漏洞**的区分（Burckhardt, Lücken, S. 46 ff.；Keller, S. 65；Meier-Hayoz, Kommentar, Randziffer 280）或者**"部分漏洞"**与**"整体漏洞"**（Dahm, S. 49）；Bartholomeyczik, S. 93 在语言用法上有所偏离，其将规范漏洞（也称为"真正的法律漏洞"）理解为齐特尔曼意义上的"真正漏洞"。

[41]　Larenz, ML, S. 280 所举的例子；其他例子参见前文边码 50 末尾处。

[42]　参见前文边码 73 以及边码 80。

件，确切地说，而是某一规范的整个适用范围受限制。[43] 因此，"例外漏洞"[44] 这个经常被使用的术语绝不适合所有目的性限缩的情形。

第三节　本书的分类建议

按照漏洞确定标准的区分："规定漏洞或者拒绝裁判漏洞"、"目的性漏洞"与"原则和价值漏洞"

尽管齐特尔曼的界分标准明显站不住脚，但其关于"真正"与"非真正"漏洞的区分却在文献中获得许多赞同，由此不免想到，该分类中必定隐藏某种正确内核。倘若比较其所举的例子，那么事实上便不能否认，两个分组之间存在清晰的区别。作为真正漏洞的情形，齐特尔曼提到比如安排选举却无程序规整、赋予利息请求权却不规定其数额，以及《民法典施行法》中债之准据的缺失。不真正漏洞的例子有如下问题，即电话流行后远程的口头合同要约应当适用关于在场者还是不在场者的规则、对共犯缺少与《刑法典》第310条相应的规整、对卧铺车公司缺少与《民法典》第701条相应的规定，以及据说《民法典》第447条对同一地方之内的寄送买卖不应当适用。这些不同情形之间的对照是多么恰当，如前所述，齐特尔曼所强调的区分特征就有多么不正确。那么，各组例子之间明显存在的共同之处究竟何在？两组例子之间的特征性区别又究竟是什么？

借助传统的漏洞分类并不能回答这些问题。一方面，两边均有规范漏洞和规整漏洞[45]，而开放漏洞与隐藏漏洞的区分也不能掌

131

132

---

〔43〕　参见前文边码80。
〔44〕　参见前文第二章脚注79所引用的文献。
〔45〕　齐特尔曼无疑会将隐藏的规范漏洞归为"不真正"漏洞。

握齐特尔曼的例子，因为虽然真正漏洞绝不是隐藏的；但另一方面，开放漏洞也出现在不真正漏洞的情形中。[46] 与此相反，倘若追问**漏洞确定的标准**[47]，便能够毫无困难地成功完成归类：在"真正"漏洞的情形中，**实证法规定**（单个独自或者数个共同）要求补充法律，所以法官面临漏洞填补和**拒绝裁判**的抉择。[48][49] 所以说，齐特尔曼提及的那些例子，如债之准据的缺失、有瑕疵的利率规定，在前文[50]被称为这种漏洞确定的典型情形。与此相对，"不真正"漏洞的例子完全处于本书第二章第二节的范围之内：于此，**法律的具体评价连同平等原理**要求补充实证法。通过方法上真正细致的研究可见，其毫无例外地涉及只有借助类推或者目的性限缩才能确定漏洞的情形。

133　　依此，正如前一章末尾已说明的那样，便有理由将既有的各种分类放在一边，而**按照其确定标准对漏洞加以区分**。就此而论，相应于前文所强调的漏洞确定之三个阶段[51]，便得出三个分组：第一种情形是法律规定连同禁止拒绝裁判迫使予以补充。于此，可以称

---

〔46〕 然而，假如以齐特尔曼的"普遍性消极原理"为基础，便会有所不同；不真正漏洞将始终是隐藏的。

〔47〕 新近已有学者指出此点，但并未作进一步详细阐释，参见 Meier-Hayoz, Kommentar, Randziffer 273［援引凯勒（Keller）；对此，紧接着参见脚注 49〕。

〔48〕 对此，齐特尔曼的如下表述似乎也有所暗示，即在"真正"漏洞的情形，法律"完全不促成决定，而决定却必须被作出"。

〔49〕 与此类似的主要有佐姆罗（S. 404 f.）的"可适用性漏洞"，施赖埃尔（S. 49）的"内在"漏洞，布尔克哈德（Lücken, S. 55 ff.）和巴托洛迈奇克（Bartholomeyczik）（S. 93 f.）的"原本漏洞"，尤其应予注意的是凯勒关于"体系性"与"政策性"漏洞的对立（S. 60 ff.），但其所强调的界分标准经常并不恰当。特别是早已由齐特尔曼为区分真正和不真正漏洞所使用的特征，即一种情形缺少某个法条本身，另一种情形虽然存在规整但并"不合适"或者"不令人满意"，总是以不同的变体反复出现。事实上，**所有**漏洞的情形均**不存在**哪怕不适合的规整，因为恰恰是由这一点构造漏洞的概念；很明显，齐特尔曼的普遍性消极原理依然继续发生影响。

〔50〕 参见边码 50 以下。

〔51〕 参见边码 118。

其为"**规定漏洞**"，或者即便语言上不那么好但具有标志性的"**禁止拒绝裁判漏洞**"；"**功能漏洞**"这个术语也是恰当的，因为其涉及一种法秩序的"功能障碍"。[52] 第二种情形是法律之目的要求续造法，那么于此，类推、当然推论、目的性限缩及扩张均被用来确定漏洞，所以明显应当称其为"**目的性漏洞**"。第三种情形是借助普遍法原则与价值确定漏洞，因此可以称为"**原则漏洞**"或者"**价值漏洞**"。

与其他传统的漏洞种类一样，这种分类的边界也必定是流动的，所以或许能够发现对于某些例子，将其归入其中某一个分组会产生困难。但这并不改变所建议分组的基本合理性，因为这些情形在核心领域已被彼此清晰地区分开来，此外，对于各个漏洞种类甚至能够创设不同的方法规则。作为现行法上的典型例子，此处针对**拒绝裁判漏洞**可以想到的是，《民法典》第 904 条第 2 句缺少关于消极合法性事由的规定，《民法典施行法》缺少对债之准据的规定；就**目的性漏洞**而言，则是《民法典》第 463 条对虚构有利性质的情形缺少赔偿积极利益的请求权，《民法典》第 165 条缺少对无限责任公司成员的例外规定；最后，对于**原则与价值漏洞**，则是刑法和民法中缺少关于超法律紧急避险的普遍性规定，以及民事诉讼中关于当事人变更的规定。此外，就必须参引前一章各节中所举的大量例子。

此处的不同漏洞种类与为人所熟知的既有分类存在交叉：其原则上可以是自始的或者嗣后的，有意的或者无意的，开放的或者隐藏的，规范漏洞或者规整漏洞。但在此方面，拒绝裁判漏洞的情形具有特殊性：这些只能是开放漏洞。原因是在隐藏漏洞的情形中，法律至少在形式上能够站得住脚，因为始终能够作出以文义为

---

〔52〕 这一表述的优势，在于其无疑也能够适用于**合同漏洞**的情形，彼处依事理也会出现同样的漏洞种类。

支撑的决定，那么于此绝对不能说是拒绝裁判。而此外，任意的组合均可以想象。比如，债之准据的缺失是有意的、自始的、开放的规整和拒绝裁判漏洞，《民法典》第463条第2句的不完整性是无意的、自始的、开放的目的性规整漏洞，第904条第2句的瑕疵表述是开放的规范与拒绝裁判漏洞，第817条的不完整性是隐藏的目的性规范漏洞，紧急避险的不充分规整是开放的规整和原则漏洞，《民法典》第54条第2句缺少对未成年人的限制[53]是隐藏的原则漏洞，等等。

135　　　拒绝裁判漏洞、目的性漏洞以及价值与原则漏洞之特征系通过区分标准确定：确定漏洞的不同标准。前文已详细阐释由此产生之**漏洞确定的方法区别**[54]：在拒绝裁判漏洞的情形，实证法提出法律问题，却有欠妥当地未作回答，由此便经常毫无困难地得出漏洞的结论；而在目的性漏洞的情形，是借助类推、当然推论、目的性扩张与限缩而确定漏洞；最后，在原则与价值漏洞的情形，有必要证明某个法原则或价值是现行法秩序的组成部分，而在现行法中并未得到充分安排。由此表明其他典型的区别，尤其涉及漏洞确定和填补的关系以及类推的功能。这将在下一章中予以进一步阐述，于此仅作简要说明，从而在这里便已就此强化所建议的新分类之丰富成效。在拒绝裁判漏洞的情形，仅仅要求**某个**规整（例如第904条第2句或者债之准据），因为任何规整均会满足禁止拒绝裁判。与此相反，目的性漏洞的情形缺少完全**特定的**规定：第463条第2句遗漏了积极利益请求权的赋予，第165条遗漏了对无限责任公司成员的禁止代理。最后，在原则与价值漏洞的情形，我们在漏洞确定时的**期待仅仅基本确定**，相反在细节上还不清楚。换言之：在拒绝裁判

---

[53]　参见前文边码97。
[54]　尤其参见边码118处的总结。

漏洞的情形，漏洞的确定与填补是两个完全不同的操作。在目的性漏洞的情形，二者是同一个过程；在原则与价值漏洞的情形，二者在表面上分离，但存有内在的紧密联系。以下将对此作进一步阐释。相应于此，方法上困难程度的分配也完全不同：拒绝裁判漏洞的困难主要在漏洞填补，所以此处会出现诸如不可填补之漏洞的难题；与此相反，目的性漏洞的困难主要在漏洞确定，所以比如"类推还是反面推论"的问题在此具有意义。接着，本书最后一章将要展示这种新分类对另一个问题的意义，**即漏洞填补的界限**，尤其也涉及禁止类推的难题。

第四章

漏洞确定与漏洞填补的关系

（尤其是：类推的三种不同功能）

136   对于漏洞确定与漏洞填补的关系，文献中迄今未作详细研究。普遍而言，居于优势地位的观点认为，二者是两种严格分离的操作。[1] 依目前所见，只有拉伦茨表达了不同意见。[2] 然而，前文已经证明，类推、当然推论与目的性限缩这些传统上仅仅被归为漏洞填补的推论操作，其实已经常常被用来确定漏洞。所以并不令人惊讶的是，主流学说在这一点上需要修正。由此，恰好也可以展现前文所述漏洞分类的实践用处。

第一节　拒绝裁判漏洞情形下确定与填补的关系

（尤其是："可能"类推的情形）

137   对于拒绝裁判漏洞，而且就像即将表明的那样也仅仅针对此类漏洞，主流学说的观点是恰当的：漏洞的确定和填补是两个完全不同的操作。[3] 从理论上可以如此解释，即此处需要**某种**解决方案，而**任何**填补路径均已考虑到禁止拒绝裁判。禁止拒绝裁判漏洞的特征恰恰在于，已确定存在某一法律问题，只是缺少法律上的答

---

〔1〕　参见前文第二章脚注 44 所引文献。
〔2〕　ML, S. 291 und S. 298.
〔3〕　Pisko, Kommentar, S. 137f.在这个方向上作有提示,但只是顺便为之而并未清楚强调,且系于齐特尔曼的"不真正"漏洞。

复。所以或许并不少见的情况是，特定解决方案在个案中显而易见，但对于漏洞的存在而言，其填补工具与可能性于此并无意义。

实践中的例子证实了这一点：在《民法典》第 904 条第 1 句的情形中，首先只是确定缺少关于消极正当性事由的规定，所以法律不经补充便无法适用；至于何人承担赔偿义务的问题，则是方法上与确定不完整性相分离的第二道难题。债之准据的例子也是如此：于此，法官首先只是查明，其有权依据我们诉讼法的规定对法律争议作出判决，而法律并不为其解决问题提供直接的可能性；然后才要检验，如何才能填补这个已被确定的漏洞。相同的道理也适用于第二章第一节所举的其他例子：就法律程序范围内的行为[4]而言，首先只是表明，存在法律未作答复的法律问题；在缺少违反法律之制裁[5]的情形，首先只是确定惩罚的必要性，接着才探究制裁的种类和方式；在冲突漏洞[6]的情形，首先只是查明不一致性，并由此得出法效果不可适用，然后才答复为取而代之应予考虑之规整的问题。也就是说，在所有例子中，**漏洞的确定和填补均为两种不同操作**。

这导向了一种有趣但迄今尚未被强调的**类推之区别**：由于在漏洞确定时其填补问题还完全敞开，于此情形，类推只是**数个处于考虑之列的填补可能性之一**。倘若回顾一下相反的例子，便能立即清楚地体会到其并非不言自明，而恰恰是类推的非典型情形。再次回溯《民法典》第 463 条第 2 句的情形：此处之所以确实存在漏洞，仅仅是因为虚构有利性质与隐瞒瑕疵在法律上相似，而法律在第二种情形下赋予积极利益的请求权。[7] 于此情形，只有以类推第 463 条第 2 句的方式才能填补漏洞，类推是"必然的"。所以从术语

138

---

〔4〕 参见前文边码 54。
〔5〕 参见前文边码 55 以下。
〔6〕 参见前文边码 58 以下。
〔7〕 参见前文边码 48。

上，可以将两种形式区分为"可能"类推和"必然"类推。第一种形式主要[8]出现在拒绝裁判漏洞的情形，只是一种漏洞填补的工具；第二种形式出现在目的性漏洞的情形，同时被用于漏洞确定和漏洞填补。[9]

139　　　　第二章第一节所有借助类推填补漏洞的情形均为可能类推的例子。比如，倘若某个诉请相对一些诉讼当事人成功了，但对于其他当事人却被驳回，便应当类推《民事诉讼法》第 91 条和第 100 条。[10]即便第 91 条和第 100 条由于缺少法律上的相似性并不适合，此处也存在漏洞，因为不论如何也应当对费用作出判决，然后就必须寻求补充法律的其他途径。所以说，类推于此情形只是漏洞填补的**一种**可能性。撤回辅助参加的情形也与此类似[11]：法律问题已存在，但缺少相关规定；相应地适用第 271 条只是补充法律的**一种**途径。另一个例子是《有限责任公司法》第 50 条的情形类推《股份法》第 195 条第 1 项，而在《有限责任公司法》第 5 条第 4 款的情形则类推《股份法》第 20 条第 2 款[12]：在股东会召集存在瑕疵以及实物出资评估不正确或不准确的情形，法律经解释后要求一种制裁，而不取决于为填补漏洞有无以及有何规定可供考虑。最后，冲突漏洞的情形也是

----

〔8〕　但并非仅仅出现于此。参见后文脚注 38 和脚注 88 处的例子。

〔9〕　所以在必然类推的情形，**漏洞填补工具之间的优先关系**这个经常被讨论的问题完全不存在。虽然在其他情形可以说类推最容易被想到，因为其基于作为法理念之基本组成部分的平等原理，而且能最好地确保与法律评价的一致性；然而，并不应当承认类推具有**无条件的**优先性，因为法官在同样程度上就普遍法原则等其他填补工具负有义务。于此脉络，尤其应该考虑到，"可能"类推总是内在地承载着偶然性因素：不论如何存在漏洞，但对于其填补而言，法律包含适合类推的规定却是出于偶然；因此，并不能排除某种比如借助法伦理原则或者事物本性的解决方案更加符合法秩序的整体意志与法理念之要求，而所有漏洞填补工具均最终在相同程度上依据后两者而具有正当性。

〔10〕　前文边码 53。

〔11〕　参见前文边码 54。

〔12〕　参见前文边码 56 以下。

如此[13]：为在物上责任人与保证人之间寻得平衡，类推《民法典》第 426 条第 2 款只是理论上可想象的数个途径之一种。假设旧法第 1700 条在重婚的情形并未提供一种决定的可能性，那么就必须另行确定，将谁视为孩子法律意义上的父亲。在所有这些情形中，除了恰好借助类推，理论上均可以通过其他途径填补漏洞。也就是说，类推只是"可能"，而非"必然"。

第二节　目的性漏洞情形下确定与填补的关系

（尤其是："必然"类推的情形）

而在目的性漏洞的情形中，确定和填补之间的关系则完全不同：于此通常涉及同一种操作。[14]

一、"必然"类推的情形

这首先针对已提及的**"必然"类推**情形。正如多次说明的那样，在虚构有利性质的情形中，未规定对积极利益的请求权之所以构成漏洞，是因为法律在第 463 条第 2 句对隐瞒瑕疵的情形作有相应的规整。假如《民法典》不包含这一规定，便也不会存在漏洞。然而，平等原理要求对两种情形作相同处理。由于相似性推论已断定存在漏洞[15]，而平等原理又要求完全特定的解决方案，即将其与法律上相似的构成要件作相同处理，所以在这些情形中，在确定漏洞时便已决定如何填补：虚构有利性质情形所缺少的规整只能通过类推第 463 条第 2 句加以填补。从根本上看，这个结论仅仅是前所获

140

---

〔13〕　参见前文边码 60 以下。
〔14〕　**心理学上**经常存在两个分离的操作，但并不影响**方法论上**的结论。对此，参见前文边码 65。
〔15〕　参见前文边码 64 以下。

得认识的另一种视角，即类推在特定情形是一种漏洞确定的工具。

141　　　这种例子不胜枚举。实践中，"必然"类推要比"可能"类推常见得多，因而可直截了当地称其为通常情形。比如，承揽合同法相应地适用第 618 条第 3 款[16]这一为人熟知的例子便属于此：对合同法有效的基本原理是，第三人不能从合同中推导出权利，假如法律不包含其例外的话，那么在工作中不幸死亡的承揽人之家属也不会享有合同上的赔偿请求权。然而，此处之所以存在漏洞，是因为承揽合同法中也可能出现法律上相似的情形，因而该漏洞只能通过类推第 618 条第 3 款加以填补。与此相同的还有前文所举的另外两个例子，即丈夫对于非婚生子女之生父的赔偿请求权以及预告登记的善意取得问题[17]：通过类推《民法典》第 1709 条第 2 款与第 893 条确定漏洞，同时借此加以填补。再比如，在《民法典》第 254 条的范围内相应地适用第 829 条[18]，以及如所周知，在出卖人推动强制拍卖以保留所有权方式出卖之物的情形类推《分期付款法》第 5 条[19]，也同样如此。假设《民法典》不包含第 829 条，那么在第 254 条的情形下也会排除适当性权衡，缺少这种可能性便不是漏洞，而充其量构成错误。所以第 829 条被用于确定漏洞，同时也被用来填补漏洞；假设《分期付款法》不规定取回物视为行使解除权，那么也不能在强制拍卖的情形下加以肯定。类推再次同时决定漏洞的存在和填补。

142　　　当然，假如法律相似性不能覆盖*所有*需规整之点，于此便可能出现漏洞确定和填补部分相分离的例外情形，尽管实践中相当少见。

---

　　〔16〕　参见 BGHZ 5, 62; 对此,尤其参见 Larenz, ML, S. 289 ff.。

　　〔17〕　参见前文边码 67 和边码 68。

　　〔18〕　主流学说,参见 Soergel-Siebert, § 254, 11; Enn.-Lehmann, § 16, I 3a; Larenz, SR I, § 15 I a a. E; 不同的观点,参见 RGZ 59, 221 (222f.),其理由在于,《民法典》第 829 条是不允许类推的例外规定。

　　〔19〕　参见 BGHZ 15, 171 und 241。

比如尤其体现为，法律相似性仅仅就请求权的基础而存在，但并非体现在法律问题的所有细节上。[20] 于此情形，自然应当始终仔细地检验，法效果是否为"可分的"，以及"部分的"不相似是否实际上变成完全不同，并因此整个排除类推。联邦最高法院关于道路交通中"自我牺牲"的司法判决便是涉及这一难题的例子：联邦最高法院虽然就基础肯定类推第670条，但对法效果却补充"适当"[21] 一词。[22] 在术语上可以称其为"部分类推"或者"有限类推"。从细节来看，此处的漏洞填补呈现与"原则漏洞"类似的操作。[23] 部分类推的一种特殊情形存在于诸多"引致性类推"[24] 的情形：只要其仅仅包含法效果的引致，那么类推便不是就整个规范，而只是就法效果为之。

二、"必然"当然推论的情形

由于当然推论也已经被用来确定漏洞[25]，此处便也体现出漏洞确定与填补的统一性。同样地，这里也能够贯彻"可能"当然推论与"必然"当然推论之区分。因为即便在实践中颇为少见，仍然可以想象通过当然推论填补拒绝裁判漏洞，那么，由于当然推论对漏洞确定并无意义，且仅仅提供理论上可以考虑的数个填补可能性之一种，便构成"可能"当然推论。

然而，此处的通常情形也是"必然"当然推论，也就是说，漏洞确定与填补具有统一性。只需简单回顾前文[26] 所举的两个例子：

143

---

〔20〕 Nipperdey, § 58 II 3 在这个方向上作有提示，也举了另一个例子。

〔21〕 BGHZ 38, 270 (277 ff.); 从方法论视角对此问题的讨论，参见 Canaris, JZ 63, 661 f.。

〔22〕 另一个有趣且令人信服的例子，参见后文边码160；有限责任公司只能部分地类推适用《商法典》第140条。Canaris, NJW 64, 1991 zu Fußn. 36 也作有进一步分析。

〔23〕 对此，参见后文边码152以下。

〔24〕 参见前文边码11。

〔25〕 前文边码70以下。

〔26〕 参见边码71开头与边码72。

假设法律未规定正当紧急避险情形的损害赔偿请求权，那么在受宽恕紧急避险的情形中也不存在赔偿义务。也就是说，通过对第 904 条第 2 句作当然推论，确定并同时填补漏洞。有权利能力社团对基于执行成员大会之违法决议的侵权行为所负责任也是如此：基于《民法典》第 31 条的当然推论同时意味着漏洞的确定与填补。

三、目的性规范漏洞的情形

144　　这同样适用于第二章所举**目的性规范漏洞**的例子，而不论是积极的平等原理要求补充规定[27]（开放的目的性规范漏洞），还是涉及目的性限缩的情形[28]（隐藏的目的性规范漏洞）：倘若确定《民法典》第 339 条第 2 句、第 992 条、第 817 条第 2 句以及《商法典》第 25 条第 2 款存在漏洞，那么结论便毫无悬念，只能以完全特定的途径加以填补，即增加"以可归责方式""有过错的""不迟延地"等语词。于此，平等原理以及立法宗旨也要求一种完全特定的法律补充，因此又导向漏洞确定和填补的统一性。

四、目的性限缩的情形

145　　那么，在目的性漏洞的范围内便只剩**隐藏的规整漏洞**有待研究，也就是消极平等原理要求通过例外性构成要件对某一规定加以限制的情形。除了少数例外情形，此处再次表明，漏洞的确定与填补是同一个思考过程。[29] 这适用于前文所举的全部例子：通过确定《民法典》第 165 条依其意义不适合无限责任公司的股东[30]，便同时填补了漏洞：其在此范围内并无代理权。第 1700 条的情形也是如

---

〔27〕 参见前文边码 73。
〔28〕 参见前文边码 80。
〔29〕 参见 Larenz, ML, S. 298。
〔30〕 参见前文边码 74。

此：倘若法律意义上的父亲不是第二次婚姻中的丈夫，便只能是第一次婚姻中的丈夫[31]；如果《民法典》第437条不适用于客观上不可能存在的权利[32]，那么出卖人于此范围内即不负担保责任；以及，倘若第892条依其意义仅限于对交易行为适用[33]，便意味着在其他情形排除善意取得的可能性。

于此情形，操作具有统一性的原因在于，只有两种法效果处于考虑之列：未成年人只能享有或者不享有代理权，必须将母亲的第一任或者第二任丈夫视为父亲，某个请求权只能存在或者不存在，只能允许或者排除善意取得。因此，倘若对法律规定增加例外性构成要件，便无疑由此得出特定法效果：法律规定的对立面。然而，根据不能消极地从理由推出结论这一著名逻辑法则，以上结论具有妥当性的前提为，法效果**仅仅**[34]能从**这个**对所涉情形并不恰当的立法宗旨中得出，或者例外性构成要件受限制，从而基于目的性限缩无疑要诉诸普遍规则。[35]

然而，这种漏洞确定与填补的统一性并非思维上的必然，因为可能不是只有两个法效果处于考虑之列，那么单纯**消极地**确定法律规定不应当适用于特殊的构成要件尚不足够，确切地说，还缺少**积极的**规整，以决定究竟应出现可供考虑的不同法效果中的哪一个。要举的例子是将《民法典》第119条第2款限制在单方动机错误的情形，以及第812条以下规定不适用于瑕疵合伙。二者均为目的性限

146

---

[31]　参见前文边码77。
[32]　参见前文边码77末尾。
[33]　参见前文边码77末尾。
[34]　此处再次表明，目的性限缩与反面推论之间具有亲缘性，对此，也参见前文边码37，尤其是脚注124。
[35]　比如，对《民法典》第400条禁止让与之限制便属于这种例子（对此，参见BGHZ 4, 153 und Larenz, ML, S. 298）：于此，通过目的性限缩无疑要诉诸《民法典》第398条，据此原则上允许让与。

缩的例子：第119条第2款之所以不适用于双方动机错误，是因为此处根据第122条，撤销权人除其自身损害外还必须承担相对人的信赖利益损失，而考虑到双方均有错误并因此可以撤销，这种结论将会沦为恣意。也就是说，错误撤销的规整明显只是为单方意思瑕疵而设立，那么依其意义在双方错误的情形并不能适用。[36] 但借此，仅仅确定了隐藏的漏洞。因为确切地说，要填补该漏洞还需要基于第二个方法上分开的步骤，才能诉诸关于交易基础丧失的规则。瑕疵合伙的情形也是如此：第812条以下规定依其结构并不适合长期的持续性共同体关系，所以基于目的性限缩不能适用于此。[37] 但确切地说，为填补此漏洞，还必须相应地考虑关于清算的规定。[38] 所以说，仅仅借助目的性限缩还不能应对此类情形。其原因在于，此处对法律规定的**限制**是**极其有限的**：在第119条第2款的情形，并非意思瑕疵的适用根本上不适当，而只是这种具体的形式（即遵循撤销规则）不适当；而在事实合伙的情形，并不禁止共同体财产的所有清算，而只是排除根据不当得利法进行清算。[39] 仅仅作目的性限缩尚有不足的最后一个理由，应该从已多次提及的消极平等原理之不确定性中寻找：其只是说，对两种情形应予不同处理，但并不总是同时说明，那种不同的规整必须表现**为何**。所以在隐藏规整漏洞的情形，漏洞的确定和填补也时常为两个（至少部分）分开的操作。也就是说，**类推总是漏洞填补的工具，且经常但不必然也是漏洞确定的工具，而相反，目的性限缩始终被用来确定漏洞，且通常同时被用来填补漏洞，但也非毫无例外。**

---

〔36〕 参见 Enn. - Nipperdey, § 177 VI; Lehmann, A. T., § 34 III 1 f.; Soergel - Siebert, § 242, Rdziff. 241 持不同立场。

〔37〕 对此，参见 Larenz, SR II, § 56 VII a.E. und ML, S. 298 f.。于此，再次清楚体现边码112末尾所提及的基于事物本性的论据、类型理论与目的性限缩的亲缘性。

〔38〕 这是个"可能"类推的例子，因为不考虑清算规定也可以确定漏洞的存在。

〔39〕 很明显，这与前文边码142所描述的仅仅部分类推的现象具有相似性。

最后，在以目的性限缩方式填补漏洞的情形中，还要处理一种特别有趣的操作：**构建新的法制度**。已提及的事实公司的例子即属于此脉络。不过，类推在彼处还具有重要功能，但也存在其他情形，仅仅借助目的性限缩而获得新制度。为此，首先要讨论**"涉及谁就为谁行为（Geschäft für den, den es angeht）"**。这种建构的意旨是在代理的情形中发挥作用，即便代理人为他人行为的意思并未以可识别的方式体现出来，依然将法效力直接归属于被代理人本人。最初，这一制度是为妥当处理日常生活中的现金交易，但在旧文献中，其教义学上的正当性却很不清晰；如今与此相反，正如在文献论证中所见的那样[40]，不论如何在实质上已达成一致的意见是，此处涉及目的性限缩的一种情形：《民法典》第 164 条的公开原则仅被用于保护表示相对人，所以只要是在后者不应受保护的情形，便可以不公开代理。[40a]这主要适用于日常生活中的现金交易，时常有观点[41]将"涉及谁就为谁行为"仅限于此，但方法上并不允许如此对利益状况进行类型化。于此，再次体现**漏洞之确定与填补的统一性**：仅在其立法宗旨不适合的范围内，第 164 条才存在漏洞。倘若仔细研究在何种范围内的确如此，那么关于"涉及谁就为谁行为"的规则，也就是将第 164 条目的性限缩在依其意义恰当的适用范围，便直接导致新制度的产生。

另一个有趣的例子是**刑法中择一认定**的允许性难题。根据《刑事诉讼法》第 267 条第 1 款，"判决理由必须说明被视作已证明的事实，以发现可罚行为之法定特征"。这一规定被普遍地理解为原则上禁止择一认定。其意义在于，确保对"人的不法核心"予以考

---

〔40〕 例如，参见 Soergel-Siebert, 12 vor § 164; Staudinger-Coing, 49 vor § 164（"第 164 条的目的性解释"）; Westermann, § 42 IV 3（"这种对第 164 条之偏离的正当性在于……第 164 条之目的所基于的原则"）。

〔40a〕 作者此后的观点有所变化，参见 Canaris, Festschr. Für Flume, 1978, S. 424f.。

〔41〕 OLG Stuttgart, NJW 51, 445 便是如此。

虑，且使得量刑与责任相符[42]：比如，某人是由于帮助堕胎未遂还是由于诈骗而受处罚，在法律上和心理学上均有重大区别。[43] 由此得出，根据其立法宗旨，只有当两个待决行为"在法伦理上和心理学上类似"时，才允许对第 267 条作出限制。[44] 那么通过对第 267 条作目的性限缩，已直接表明主流学说[45]所主张的允许基于择一认定而作处罚的唯一前提：**漏洞的确定与填补不可分离**。与此相反，帝国法院的奠基性判决[46]则说明，假如忽略这种方法上的特殊性将可能导致多么严重的后果。帝国法院首先确定，根据《立法理由书》的说明，立法者已经认识到该问题，并有意识地将其交由司法判决和学术去处理。然后由此(以不被允许的方式[47])得出**无疑存在漏洞**的结论。这样的话，其填补便转向另一个全新且独立的思考过程。为此，便(正确地)由此出发，即法官在续造法时必须"像立法者那样"操作。再由此(原则上又是正确地)推出，也应当一并虑及普遍的适当性考量，甚至是合目的性观点。而后到了联邦最高法院，便(逻辑连贯地延续这一思路)最终将帝国法院基于第 267 条之目的与意义并作为数个观点之一予以考量的论证完全抛在一边，仅仅以适当性与合目的性证立其判决，以至于走向一种过于宽泛的择一认定，而文献中对其这种形式的适用[48]进行了正确的批判。与此相反，假如承认法律在第 267 条中包含**依其文义有关的规**

---

〔42〕 参见 BGHSt 1, 275 (278)。

〔43〕 参见如下著名的例子：药店向孕妇出售一种无效的堕胎剂，但已不再能认定，其是否意识到药剂的无效性。

〔44〕 然而，此处涉及一种"差劲的"限缩。尽管如此，也不会牵涉"禁止限缩"(参见后文边码 185)，因为根据主流学说，如同禁止类推《刑法典》分则部分的构成要件一样，对禁止限缩也应加以限制。

〔45〕 参见 Schönke-Schröder, § 2b II 3, 结尾处还有引证。

〔46〕 RGSt 68, 257.

〔47〕 参见前文边码 124 末尾。

〔48〕 参见 BGHSt 4, 340, 此处允许对伪证与过失伪证进行择一认定。

整，所以只能处理在何种范围内允许通过例外性构成要件对其加以限制的问题，进而注意到，于此只能考虑通过目的性限缩的途径实现这种限制，便逻辑一致地得出主流学说的结论。其原因在于，如此便**仅仅**由第267条的意义和目的去决定漏洞之存在，并且必然同时由此决定漏洞的填补，以至于方法上根本不留下回溯普遍的适当性与合目的性考量之空间。

最后再多走一步便认识到，**目的性限缩**之方法不仅适用于法律的具体规定，还可以适用于法秩序中成文或者不成文的规范性**基本原理**。[49] 于此，首先说明**垄断企业强制缔约**的例子。从方法上看，这一法制度与对合同自由的基本原理作目的性限缩并无不同。拉伦茨认为[50]，合同自由的正当性及内在意义在于，"合同以同样的程度表达缔约双方的意思"，因此"已经在一定程度上保障了，合同当事人为自己所创设之约束……并非赤裸裸的专断，换句话说，合同并不仅仅传达另一方当事人的意志"。但在垄断企业提供生活必需品的情形，这种保障恰恰不存在：缔约人根本不可能放弃订立合同，因为涉及生活必需品；其也不可能与另一个当事人从事交易，因为存在垄断。所以说，合同自由这个基本原理之符合意义的前提，即双方能够**自由地**协商条件，以及其中存在的一定程度之**"正义控制"**，于此落空了。[51] 因此就必须加以限制。那么，通过将合同自由限制在根据其意义内涵所具有的适用范围，也就是目的性限缩，便产生垄断企业的强制缔约这一新制度。[52] 这个方法上

---

〔49〕 对于其概念，参见前文第二章脚注125。

〔50〕 SR I, § 5 vor I; Blomeyer, SR, § 18, II vor 1 也很清楚。

〔51〕 为证立强制缔约，拉伦茨此外还说道，"于此，根据其原本的意义，完全不能有意义地贯彻合同自由原则"（SR I, § 5 Ia）。

〔52〕 但对此，根据前文所论（参见边码145末尾）还有必要论证，法秩序**仅仅**出于所说明的理由而保障合同自由。对于实证法而言，这完全不依赖于法伦理上的考虑，而是应该从"社会国原则"得出（为证立强制缔约，Larenz,a.a.O.也援引这一原则）。

的洞见也具有实践意义：比如，由此得出强制缔约并不是在所有垄断的情形中均具有正当性，毋宁说仅限于提供生活必需品的情形。[53] 因为在其他情形，由于存在放弃订立合同的可能性，缔约人已有维护其自由的办法。

150　　　立足方法的视角，类似道理也适用于经常被讨论的**为第三人利益之损害清算**。其至今尚未成功获得教义学上的正当性，所以诸如《施陶丁格评注》这样著名的评注还始终不允许第三人损害清算。[54] 其理由在于，这并不总是"对立法者意图的深度思考"，而是不符合现行法的法之续造。然而，此处应该也可以从方法上清晰地证立，并（至少就侵权法）探索其至少部分属于目的性限缩领域的思考过程。

　　如今已正确地认识到，所涉情形之特殊性在于"损害移转"这一特征[55]：除了对直接当事人不利，通常情形的间接损害还额外地伤及他人，也就是说，损害被扩大了。但于此情形，受损害的并非受害人而是第三人，也就是说，损害只是转移了。然而，文献中尚未充分强调的是，从这种对特殊利益**状况**的认识还不能毫无疑问地得出，第三人损害清算在教义学上具有正当性；确切地说，这只能基于其与法律利益**评价**的关系而得出。

　　就此而论，首先具有决定意义的，是立法者在第 823 条以下规定范围内[56]原则上排除间接损害所欲追求之目的：其想要消除漫

---

　　〔53〕　拉伦茨(a.a.O., a.E.)正确地赞成这一限制。

　　〔54〕　Staudinger-Werner, 88 Vor § 249.

　　〔55〕　参见 Tägert, S. 35 ff.; Larenz, SR I, § 14 IV 2; Esser, § 50, 7.

　　〔56〕　倘若仅考虑合同请求权，那么问题便有所不同，于此情形，排除间接损害的理由，在于受害人并非合同当事人，所以原则上不能由此产生请求权。正文中的考虑对此并不适合。倘若涉及保护义务的违反，那么确切地说，就必须借助"附保护第三人效力的合同"赋予受害人以（直接的!）请求权，只要其被包含在债法上的信赖关系之中；倘若涉及给付义务的违反，那么充其量只能例外地通过补充性合同解释的途径有所助益。就此而论，损害移转标准于此应无用武之地。

无边际地扩张损害赔偿请求权的可能性，因为这会伤及操作便利性与计算的安定性，且在其他方面也备受质疑。然而，这一支持理由并不适合第三人损害清算的情形，因为赔偿请求权之范围仅仅在损害扩张的情形中增大了，而单纯的损害移转却并非如此。如此看来，便可以考虑通过对禁止赔偿间接损害加以目的性限缩，从而为第三人损害清算确立正当性。不过，还能在另一种观点下解释间接损害之排除：于此毫无例外地涉及普遍性财产损害，而这些原则上不予赔偿。尽管如此，立法者借助这一决定所追求的目的于此也不适合：第三人损害清算无害于将赔偿义务限制在第 823 条以下规定的一览无遗且能清晰识别的具体构成要件，因为满足第 823 条以下规定的构成要件之一为其前提，只不过恰恰不是受害人本人而已。所以说，不论是间接损害情形不给予赔偿请求权，还是原则上排除普遍性财产损害的赔偿义务，根据其内在的意义内涵均不受损伤。据此，至少在侵权法领域，第三人损害清算实际上并不违背立法者可识别的目的与评价。

然而，正如已充分强调的那样[57]，为确立续造法的权限，这种纯粹消极的论证并不足够。确切地说，为接受漏洞还必须增加的是，法秩序**要求**补充法律。这种"要求"可以从如下的普遍诚命中推出，即任何人均必须赔偿其以可归责方式给他人造成的损害。事实上，必须至少以我们民法秩序所表达的这种历史的具体化形式，将这一根本的法伦理性原理看作法理念的组成部分，并因此内在于现行法。就此而论，什么是可归责的，自然由实证法决定。于此范围内，第三人损害清算的情形依然满足其前提，即客观不法与过错。只是不法并非恰好相对于受害人存在，但这不构成关键的反对理由：交换正义要求补偿，并不是因为侵害某个法律所详细描述

---

[57] 尤其参见前文边码 44 和边码 88。

并塑造的特定权利，毋宁是因为有过错地造成损害。那么如此看来，请求权的内在理由最终体现为损害之产生，相对于此，权益侵害的必要性仅仅是实证法对归责的限制，以防止侵害人遭受"毁灭性损害归责"。但如前所述，这种危险在损害移转的特殊情形中恰恰并不存在。

151　　　在方法论视角下，由此不仅呈现出这些极端可能性，还表明了目的性限缩的困难和界限，尤其体现在形成新的法制度与对不成文基本原理的限制：要论证漏洞不再仅仅通过限制法律规则，还需另行回溯交换正义这一超实证的原则。唯其如此，才允许得出如下结论：不仅是法律评价不反对承认"第三人损害清算"，而且是作为整体的法秩序"要求"形成这个制度。*

第三节　原则及价值漏洞情形下确定与填补的关系

（尤其是：类推的"具体化功能"）

152　　　在由于普遍法原则及价值的现实化存在瑕疵而有漏洞之情形中，漏洞确定与填补的关系是特别有趣的问题。对于极其简单的情形，尤其是隐藏漏洞，也时常存在完全统一的方法论操作。比如，《民法典》第 54 条第 2 句规定的情形便是如此：保护限制行为能力人的原则要求对规定加以限制[59]，法效果也因此得以确定：责任应予否定。基于资本维持原则而排除无效事由适用于股份公司的设立[60]，也是基于类似道理。不过，此处的问题已经更困难：尽管该原则通常要求忽略*所有*瑕疵，但基于保护不完全行为能力人这一更高位阶的原则，却必须容许存在例外：行为能力瑕疵可以不受限制

---

　　* 原书第 2 版已将脚注 58 删除，后续脚注编号与原书保持一致。——译者注
　〔59〕参见前文边码 97。
　〔60〕参见前文边码 96。

地适用。[61]

借此，已发现填补原则及价值漏洞的第一个重要规则：就像漏洞确定一样，此处也必须与更高位阶的价值相协调。[62] 不过，前者涉及的难题在于，某个原则**作为整体**被更高位阶的实证法决定所排除，因此其根本不是法秩序的组成部分，所以不适合用来确定漏洞；而此处涉及的问题是，在现实化于**特定的特殊情形**时，某一通常有效的原则需要被加以限制，也就是说，不再涉及漏洞确定，而是涉及漏洞填补中的具体问题。

不论如何，在第二种情形中为确定漏洞所使用的原则，通常也 153 能直接解决由法律不完整性所导致的问题：该原则无疑可以用来填补漏洞。然而，普遍情形却并非如此。由于原则的本质规定性在于，其不具有法条的性质[63]，所以**通常不能直接涵摄于其下**。相应于此，为确定漏洞所使用的原则，通常并不提供能够无疑义适用的规整，而只是**指明**寻找解决途径的**方向**，所以还需要另一个特殊的过程，从而将原则转化为法条。这一极其有趣的"具体化"操作构成了普遍法原则的问题核心，下面通过例子从若干细节上作进一步研究。[64]

于此，首先再次回顾一下"超法律紧急避险"的情形。由于 154

---

〔61〕 例如，参见 Hueck, Gesellschaftsrecht，§ 23 IV 3; Baumbach-Hueck, Vorbem. 1, B. a.E. vor § 16 AktG; Würdinger，§ 17 B IV 3a。

〔62〕 Larenz, ML, S. 314 oben 举了个属于违反法律的法之发现领域的例子。

〔63〕 参见前文边码 85。

〔64〕 对于这些例子，此处仅仅涉及规范性方法论的问题，而不涉及事实性社会学视角，而埃塞尔在其著作《原理与规范……》中主要致力于后者。或许已不必特别强调二者之间存在重大区别，尤其是为着手发展新的法制度，所发现的方法上正确之解决方案并不总是相同。不仅法律经常比其撰写者"更聪明"，而且判决也可能比法院更聪明：那些明显的表面证立背后，经常隐含不可辩驳的正义预设，而一旦在其特殊性中对于其本身有所认识与承认，便也经常能掌握其在开放的(!)(参见前文第二章脚注 172)现行法体系中恰当的教义学归属。

在法律中并未被充分顾及，**法益权衡原则**在此要求续造法。[65] 不过，借此认识所获却并不多。因为从法益权衡原则首先只能推出，应允许为挽救法秩序中位于较高位阶的法益而损及具有较少价值的法益，尤其不能因此而对其处以刑罚。然而，这并未说明**如何**在实证法上实现此目标，以及其具体前提与效果**在细节上又**该如何。确切地说，于此情形便必须回溯法律体系。

155　　为此，借助原则所发展的新制度对**现行体系**的**教义学归属**处于首要地位。这绝不只是一种纯粹的理论关切，只有以此方式才能无间隙地补入经漏洞填补所获的新规定，所以也只有如此才能确保法秩序的内在统一性和一致性，并因此才能最终确保法秩序的可信赖性与正义。[66] 此外，正如下文的例子将直观展现的那样，为获得具体实践问题的清晰性，这也同样不可或缺。

　　如所周知，在超法律紧急避险的情形中，这种"教义化"是通过将其归入一系列正当化事由而完成的。于此，漏洞填补情形的**原则与体系之互动**得以直观展现：为能够排除刑罚，体系仅仅提供特定切入点，即构成要件、违法性与过错，而原则决定应当选择其中哪一个：比如，由于在挽救更高位阶法益的情形中，行为人是依照法秩序的评价行事，所以必须已排除对其行为的客观性无价值判

---

　　〔65〕　参见前文边码101。
　　〔66〕　联邦最高法院关于**一般人格权**的司法判决是这种"教义化"失败的例子：于此，虽然人格价值原则上要求续造法（参见前文边码115），但符合第823条以下根据各个构成要件所切分之体系的，并不是承认**概括条款式的**一般人格权，毋宁只有塑造边界确定的具体人格权，参见 Larenz, ML, S. 317 f. 附有更多引证。联邦最高法院最近转变立场，通过类推第847条将赋予非物质性损害赔偿请求权系于"严重"侵害和"严重"过错（BGHZ 35, 368 f.），这最终也不符合《民法典》的体系。根据现行法，这种观点充其量能够对衡量请求权的数额，而不是对其基础具有意义。最后，此处清晰表明，类推适用第847条所体现的对体系之轻视（对此，参见下文第五章脚注57）会导致不可忍受的实践推论，即对最细微人格侵害的商业化利用，而这本身又只能通过新的体系违反加以弥补。

断，即违法性，而不仅仅排除主观责难，也就是过错。那么，从这种教义学归属便立即得出实践性结论：比如，由于行为合法，便不能对其实施正当防卫。进而，至少根据一如既往完全主流的学说，从所有法领域中违法性概念的统一性出发，由此便毫无疑问地排除民法上基于侵权行为的损害赔偿请求权。最后，如此也得出对前提的精细化：如同在其他正当化事由的情形中，"主观的正当化要素"是必要的。于此，这就导向"出于挽救之意图而行为"与"事实状况判断与挽救能力"的要求。[67]

教义学归属是具体化和制度化普遍法原则最重要的步骤，但还不能解决所有困难。确切地说，为澄清具体问题，其还需要与**实证法作进一步协调**。就此而言，首先如前已述，为了特定的特别构成要件，更高位阶的基本决定与评价可能要求对新原则施以限制。尤其并不少见的是，就具体问题所得结论在于，应予具体化之原则根本不为其解决提供指引。那么就此而言，**法律**同时被用作**路标**与**限制**：要么决定性地支持数个可供考虑之解决方案中的特定一个，于此可称其为实证法的"**具体化**"功能；要么排除一种从原则之角度看原本为可能的决定，不妨将其称为"**限定**"功能。所以就前述例子而言，并不能通过法益权衡原则为解决如下问题获得根据，即这种避险行为在民法上是否引起特别的[68]损害赔偿义务。于此，法官无疑不得逃向单纯的衡平性司法判决。[69]确切地说，法律评价在此展开其"远距离效力"[70]：借助法律已规定的紧急避险情形，通过

---

〔67〕 参见 RGSt 62, 138; BGHSt 2, 114 und 244; Maurach, A. T., § 27 IV 2 b.

〔68〕 由于缺少违法性，已无疑义地排除基于侵权行为的请求权。

〔69〕 因此，弗赖堡州高等法院的观点（JZ 51, 223; Staudinger-Coing, § 228, 25; RGR-Komm.-Johannsen, § 228, 10 赞同之）并不正确，其认为，"当其根据个案状况符合衡平性时"，存在赔偿请求权。也参见 Canaris, JZ 63, 658, Ziffer 3a.

〔70〕 参见 Heck, Gesetzesauslegung, S. 230; Stoll, Methode, S. 96 und 100.

类推《民法典》第 228 条第 2 句和第 904 条第 2 句[71]，便可能以有所区别的方案解决损害赔偿请求权问题。[72] 于此脉络，实证法"限定"功能的例子体现在，为具有正当化效力，紧急避险是否必须无过错。帝国法院正确地认为，这种限制并不被法益权衡原则无条件排除，但其与实证法并不一致：在法律顾及正当化的紧急避险之处，就排除违法性而言，其并不取向于行为人在引发危险上的过错。[73]

157　　总而言之，在原则漏洞的情形中，漏洞确定与填补呈现为一种极其复杂的操作，于此为确定漏洞所使用之原则经常仅仅为填补指明方向，而具体形态则通过教义学体系的归属与法律评价来实现。为表明所得规则并非基于偶然例子的结果，而是完全能够得到证实，还要借助几个前文在漏洞确定问题范围内已作考虑的其他原则漏洞，对此问题予以简要研究。

158　　首先应再次回溯到有关**禁令错误**的学说。如前文[74]所述，于此，**过错原则**要求对法律加以补充。但为填补此漏洞，却并不存在具体规整，而只是由该原则指明方向：不可避免的禁令错误排除可谴责性与刑罚，并在民法中排除过错责任。也就是说，这种情形也通过被用于确定漏洞的原则指出教义学归属的基准点；与此相对，更为精确的规定则留给实证法处理。此处涉及的问题尤其在于，能否通过禁令错误消除故意，以及不法意识可能性是否构成独立的过错要素。[75] 对具体法领域来说，可能基于其各不相同的任务

---

〔71〕　这涉及一种必要的类推情形：假如法律不包含第 228 条和第 904 条,那么损害赔偿义务原则上限于违法且有责行为的结果,对此设置例外将成为无本之木。

〔72〕　就此,参见 Canaris, a.a.O.。

〔73〕　RGSt 61, 242(255).

〔74〕　边码 98。

〔75〕　有关"故意理论"与"过错理论"之间的争议,例如,参见 BGHSt 2, 194 (204 ff.); Schönke-Schröder, § 59 V; Maurach, A. T., § 37 I, 附有其他引证。

与结构而得出完全不同的解决方案。例如，在刑法中处于主流地位的是过错理论，而在民法中故意理论尤为受到支持。[76] 其内在原因主要是两个法领域的不同安排：在刑法中通常只有故意实施的行为才受处罚，所以只要不是选择已对法官关闭而只留给立法者的出路，即在"对法视而不见"的情况下就过错进行拟制或者创设特别构成要件[77]，故意理论就会造成明显与法律意思不相符合且不能容忍的可罚性漏洞。与此不同，支持过错理论的理由在民法中并不具有多么重要的实质意义，因为故意和过失通常被以相同方式科以责任。确切地说，此处恰恰是其他理由反过来支持故意理论，比如尤其是《民法典》第276条和第231条的安排。[78]

于此情形，也能再次印证实证法的"限制"和"具体化"功能。根据联邦最高法院的判决[79]，在禁令错误能够避免但使可谴责性程度有所降低的情形，根据法官的**自由裁量**而降低刑罚的做法不符合现行法。确切地说，由《刑法典》所主导的在最高和最低刑罚之间"相对确定的刑罚威慑"之体系要求根据**固定解决方案**进行扣减。为此，只有适用关于犯罪预备情形减少刑罚的规定提供了法技术上的可能性。韦尔策尔(Welzel)通过考虑类推适用同样引致《刑法典》第44条的同法第51条第2款而得出此结论[80]，因为在两种情形中均可能存在"对行为不法之认知能力"的下降，从而使"降低的归责能力"与基于禁令错误的行为在法律上具有相似性。

这一框架内另一个有趣的例证是**不作为之诉**与**排除妨害请求权**　159

---

　〔76〕　参见 Baumann, AcP 155, 495 ff.; Schmidt, NJW 58, 488; Larenz, SR I, §19 II; R. Schmidt bei Soergel-Siebert, §276, 6 ff. 附有其他引证; Enn.-Nipperdey, §210 I 2. 持不同观点。

　〔77〕　联邦最高法院即正确指出此点, a.a.O.(S. 207 und 208)。

　〔78〕　参见 Larenz, a.a.O., bzw. Oertmann, §276, 1a und RGZ 72, 4 (6)。

　〔79〕　a.a.O.(S. 210 f.)

　〔80〕　Strafrecht §22 II 3 vor a (= S. 150).

的制度对照。如前文所展示的那样，在第一种情形中是损害防止优于损害补偿的原则要求续造法；而在第二种情形中是基于任何人不得维持其所造成不法的思想续造法。[81] 在这两个例子中，原则再次仅仅指明漏洞填补的方向：它们只是要求提供有关阻止或者终止侵害的权利救济，至于其种类，尤其是涉及程序性制度还是实体法制度，却完全留白。为将这两个原则予以教义化，学说上已走出两种不同的路径：在当前或许已经处于主流地位的学说看来，不作为之诉完全或者主要是一种程序性制度[82]；而排除妨害请求权则具有实体法的性质，即属于真正的"请求权"，并且在教义学上优先于因侵权行为所生责任。[83] 这种不同理论归属又带来实践后果的差异：对于不作为之诉应排除《民法典》第253条的适用，即便仅仅是类推适用也不行[84]；但就排除妨害请求权而言，这在教义学上却完全正当。[85] 因为在第一种情形中仅仅涉及程序性权利保护，所以考虑到原告可能的"挑衅"，而在体系上正确的基准点是权利保护需求；与此不同，第二种情形的问题在于对人的行为[86]后果之归责，而这是落在第254条之下的难题。这种基于不同教义学归属所得之解决方案还能通过如下的实践考量得到印证：不作为之诉应如何根据第254条"部分"胜诉？与此相反，部分排除侵害以及对为

---

〔81〕 参见前文边码102以下。

〔82〕 参见 de Boor, Gerichtsschutz, S. 53 ff.; Nikisch, Zivilprozeßrecht, S. 149; Larenz, SR II, § 70 II; Esser, Schuldrecht, § 211, 4; 但 Enn. -Lehmann, § 252 I 3 d 等持不同观点。

〔83〕 参见 Larenz, a.a.O. (S. 421 f.); Esser, § 211, 4。

〔84〕 参见拉伦茨对弗兰肯塔尔地方法院判决的评论，NJW 55, 263 以及 SR II, § 70 II a. E.。

〔85〕 据目前所见，对此问题的基本立场并不存在，但例如，在第1004条的框架下第254条之类推适用是被认可的（参见 RGZ 138, 327 (329 f.); 154, 161 (167); BGHZ, NJW 55, 340; Westermann, § 36 III 1 a.E.; Staudinger-Berg, § 1004, 49。

〔86〕 但是，在所谓"状态责任"的情形却有所不同，对此尤其参见 Baur, Sachenrecht, § 12 III 2 und AcP 160, 465 (insbesonere S. 472 ff.)。

此所必需的费用进行分割则完全可以想象。文献中未能清晰处理[87]的**时效**问题也与此类似：排除妨害请求权由于其侵权性质而类推适用第852条的三年时效期间，而在作为纯粹程序性制度的不作为"请求权"情形却根本不适用时效。于此情形，教义学又一次维护实践结果：其实，对不作为之诉适用时效是荒谬的。原因在于，其情况要么是危害虽已产生较长时间但危险仍继续存在，此时若放弃预防性干预并继而代之以损害赔偿作出判决则是荒谬的，并与时效规定旨在创设法律和平之目的以及不作为之诉的"损害预防原则"不相符合；要么是危险不再持续，也就缺少保护权利的需求，因此为驳回诉讼提供了在实践上和教义学上同样正确的基准点，而不必诉诸直到最后才应予审查且只有被告明确援引才应予顾及的时效抗辩权。

以上所描述的漏洞确定与填补的复杂过程再次证实：为确定漏洞所使用的普遍法原则需要通过教义学归属和与实证法具体规定的协调而被具体化，此处涉及的是《民法典》第254条与第852条。

最后一个例子可以表明，即便在一些看似简单的情形中，要对原则予以具体化也可能产生异乎寻常的**法技术困难**。再回顾一个第二章已经列举的例子：双方当事人始终能够基于重大事由而解除具有强人身约束的持续性债务关系之规则，要求为**有限责任公司股东被除名**留下可能性，而法律对此并未作出规定。借此，已经从结论上确定法效果。但如何具体执行除名？于此，首先应考虑其他股东的决议，《民法典》第737条的类推适用为此提供支持。同时，在德国公司法上也可以通过形成判决而除名，联邦最高法院也正确地通

---

[87] 于此，排除妨害之诉与不作为之诉并未被清楚地区分开来，例如，参见 Enn. - Lehmann, § 252 III; RGR-Komm. -Kreft, § 852, 3; Mühl bei Soergel-Siebert, § 1004, 73[此处肯定了第852条对于准消极性不作为之诉的类推适用，但在边码54末尾处却明确将其描述为纯粹的程序法制度(!)]。

过类推适用《商法典》第 140 条[88] 而选择第二种路径[89]：就像在无限责任公司的情形中，在有限责任公司的情形也有必要对是否存在重大事由以及除名是否因此而有效的问题作出对各方均有约束力的法院决定，而法的安定性要求对此具有决定性意义。但是，由此立即产生新的困难：谁有权提起诉讼？不同于无限责任公司的情形，此处并不因股东被除名而提高其他股东的责任，所以《商法典》第 140 条关于必须由全部其他股东提出申请的规定并不合适。[90] 另外，这也毫无疑问地不是单纯的事务管理措施，因为其已经介入公司关系的根本所在。所以通过类推适用《有限责任公司法》第 60 条第 1 款第 2 项，联邦最高法院原则上要求四分之三的多数决。原因在于，将股东除名与解散决议相似。[91] 就此而言，是实证法使妥当的原则具体化成为可能。然而，若探究被除名股东之股份的法律命运，便会产生异乎寻常的建构困难。由于增益原则依其本质仅仅适用于总手共同体法（das Recht der Gesamthandsgemeinschaften），此处应排除增加其他股东份额并同时产生债权性补偿请求权的可能性。所以只剩下两种路径：有限责任公司回购以及变卖。在第一种情形中，还需顾及另一个原则：初始资本之维持，尤其是《有限责任公司法》第 30 条以下规定的禁止退还，所以减少有限责任公司资本可能不可避免。在这两种情形中，任何股东**为法律所保护的正当利益**均要求被除名者不在未受完全对价补偿的情况下丧失其份额。依其

---

[88]　由于从技术上实行除名的解决方案不论如何均属必要，而不依赖法律是否提供某个应予类推适用的规定，所以此处涉及一种"可能"类推的情形。

[89]　BGHZ 9, 157 (164 ff. 附有其他引证)。

[90]　BGH, a.a.O. (S. 177). 也就是说，此处只存在《商法典》第 140 条的部分类推适用。对此，也参见前文边码 142。

[91]　对此所持批评意见，参见 Hueck, DB 53, 777: 与解散协议具有相似性仅仅针对被除名股东而言，却不能针对剩余股东，但只有后者于此脉络中才具有重要性；许克支持的观点是，应根据《有限责任公司法》第 47 条第 1 款原则上要求简单多数决即为已足。

所信，联邦最高法院仅能通过**附条件形成判决**这种在我们法律中并不存在的建构予以考虑：被除名股东只有获得应当在除名判决中确立的完全对价才丧失其份额。这种对现行法上判决形式的拓展无疑已达致法官在法律外续造法时还能被允许的最外部边界。[92] 而借此，已经触及下一章所要进一步研究的难题：漏洞填补的界限问题。

总　结

总之，最后应予注意的是：不同于迄今为止的主流学说，漏洞之确定和填补并非始终为两种完全分离的操作。确切地说，相应于第三章所作的漏洞分类，应对其进行如下区分：

1. 在**拒绝裁判漏洞**的情形中，主流学说的观点是正确的：漏洞之确定和填补是**不同的思维过程**。这种漏洞之所以被确定，是考虑禁止拒绝裁判并连同**某个**规定的结果。于此情形，只要使用类推，其便仅仅被用于填补漏洞；而且，类推在此只是数个理论上可供考虑的填补工具之一，因此在术语上被称为"**可能**"类推。

2. 与此不同，在**目的性漏洞**的情形中，漏洞之确定和填补经常**完全统一**：理由在于，此处为确定漏洞所使用的平等原理以及规定之立法宗旨普遍要求某个完全**特定**的规整。换句话说：于此情形，类推、当然推论、目的性限缩和扩张等漏洞确定的工具同时被用于填补漏洞。所以只要使用类推，其便是唯一处于考虑之列的填补工具，也就是存在"**必然**"类推。不过，这种确定与填补的完全统一性并非思维上的必然。确切地说，尽管实际很少但有可能发生的

161

---

［92］　所以许克（a.a.O.）的建构并无太多疑问：据此，判决对被除名股东所具有的形成效力只是针对有关其成员身份之权能，但就其财产权份额而言，被除名股东仅仅在债法上负有在支付全部对价之同时移转（给有限责任公司或者为其所指定之第三人）的义务。

是，两个构成要件的法律相似性并未延伸至全部规整要点，或者说，立法宗旨仅仅要求在轮廓上而非细节处已经确定的规整。如此，便产生与原则及价值漏洞情形类似的操作。尤其在隐藏的规整漏洞情形中，漏洞之确定和填补有时分属于不同过程，从而也会出现"可能"类推的情况。

162 　　3. 处于中间位置的是**原则及价值漏洞**：于此，撇开那些特别简单的个别情形不谈，漏洞之确定与填补虽然是**不同的操作**，但二者之间存有**内在的脉络关联**，因为旨在确定漏洞所使用的原则也为**填补指明方向**。不过，通常却并未提供能直接涵摄其下的具体规整。原因在于，原则本身并不具备法条的性质，而是还需要"**具体化**"。倘若只抓住其本质特征而不主张细节上的完整性，可以将此类操作概括如下：

（1）第一步是通过证实某个应被视作现行法秩序之一部分的原则并未在法技术上得到充分落实而**确定漏洞**。为此，有必要作如下具体考虑：

①要（积极地）证实，该原则为现行法组成部分。这主要可以通过从**法律**中推导出原则（通常以归纳的方式，也被错误地称为"法类推"）、将其回溯至**法理念**或者从**事物本性**中获取（通常借助论题思维工具）的方式进行。

②要（消极地）证否，该原则并未因更高位阶之评价和实证法的基本决定而在整体上[有别于下述(2)、②、第一]被排除。

（2）第二步是**填补漏洞**。为此，原则虽然指明方向，但还需要转化为能够涵摄其下的确定规范。这主要通过以下方式进行：

①原则的教义学归属。这仅仅确保法秩序的内在统一性和一致性以及个案中确定实际结果的安定性。为此，原则和体系共同发挥作用：后者提供有限数量的归入可能性，而前者通常决定其中哪一

种应予优先考虑。另外，在此还应注意各个法领域不同的结构与任务。

②**与实证法评价及具体规定的协调**。对于原则的规范化而言，这既是指引，又是限制。具体而言，尤其必要的是：

第一，注意更高位阶的原则与价值，其可能要求就某些特殊的构成要件而对新规整加以限制[有别于上述(1)、②]；

第二，保护法律所承认的利益，只要该原则并非恰好要求其退让；

第三，在该原则为多种落实可能性留有空间的情形中，确立(部分为技术性的)具体规范。于此，可能通过实证法排除部分具体途径(限制功能)，或者尤其是基于(可能或者必然的)类推而要求采取其他途径(具体化功能)。

第五章

漏洞填补的界限

163　　并不是所有被确定存在漏洞的情形，均会就此得到填补。一方面可能是由于填补不**可能**，另一方面可能是由于填补不**被允许**。在第一种情形中，我们所要面对的是所谓"**不可填补的漏洞**"问题；而在第二种情形中，则主要是**禁止类推**的问题。然而，这两个问题并不是对所有种类的漏洞均具有相同意义，于此也将再次指明前文所建议的新分类之成效。

第一节　拒绝裁判漏洞情形下漏洞填补的界限

一、不可填补之漏洞的可能性

164　　究竟是任何法秩序均必然无漏洞，抑或不但法律可能出现漏洞，而且作为整体的法也是如此？这一问题是长期以来激烈讨论的对象。其出发点在于最先由贝格博姆(Bergbohm)[1]所支持的"**法之逻辑完整性**"学说。据此，基于规范"在逻辑上的扩张力量"，在法之中不可能存在漏洞。当然，不久便被普遍接受的认识是，并不能通过逻辑工具来填补法律漏洞，更确切地说，逻辑仅仅整理已有

――――――――――

　　[1]　Rechtsphilosopie I, S. 372 ff.; 该书第 373 页注释 6 以及 Redel, S. 10, Fußn. 4 还有对更早文献的说明。

的东西，但并不能创造性地提出新东西。[2] 由此，法的逻辑完整性学说虽然已遭到反驳，**但无漏洞性的教义**并未被放弃。其实，从过去至今不断被再三宣称的立场是，虽然法律可能存在漏洞[3]，但作为整体的法绝不可能存在漏洞。[4]

如今肯定不能对此进行如下论证，即法律对每个漏洞均至少间接地包含了答案，也就是说，法律的评价始终足以填补其自身存在的漏洞。因为经验表明，法官在前文[5]所称"自由的法之发现"情形经常无法在已被制定的法律中为其决定找到依据，而只得依赖于其"个人评价"：与逻辑完整性一样罕见的是法之**目的完整性**。所以无漏洞性教义的支持者只要还在竭力为其观点寻求支撑，就只能选择其他论证。这些论证实质上导向一种相同的思路：因为且只要法官被授权裁判案件，并且根据禁止拒绝裁判的规定也有义务进行裁判，则其始终要为未被规定的问题给出答案，并因此不可避免地填补漏洞。[6] 法官至少还可以利用习惯法规则作为漏洞补充的方法，而且由此总是确保法律裁判。[7] 这一论证不难反

---

〔2〕 比如，参见 Radbruch, Rechtswissenschaft als Rechtsschöpfung, S. 363；类似地，也可参见 Jung, Logische Geschlossenheit, S. 141, 144 und öfter。

〔3〕 并不能通过证实法律中存在漏洞而反驳无漏洞性的教义，对此明显存有误解的是：Lobe, S. 697; Düringer, S. 9; Du Pasquier, Introduction, S. 205. 关键是法的漏洞，也就是穷尽所有漏洞填补工具后的立场，Bergbohm, S. 388, Fußn. 11 und S. 389 已经非常清楚地指出此点。

〔4〕 除贝格伯姆以外，参见 Regelsberger, Pandekten, S. 156; Stammler, S. 641 ff.; W. Jellinek, S. 177; Spiegel, S. 119 f. und S.123; Hellwig, S.173; Herrfahrdt, S. 47 ff.; Huber, S. 352; Reichel, Gesetz und Richterspruch, S. 108; Kelsen, S. 251 ff.; Jerusalem, S.57; Riezler, S. 169, Fußn. 74; Redel, S.15 und durchweg; Beudant, S.178; Sauer, S.281; Dahm, S. 54; Coing, Auslegungsmethoden, S. 52。

〔5〕 参见第一章，注释 17。

〔6〕 参见 Regelsberger, Pandekten, S. 156; Spiegel, S. 119; Somlo, Grundlehre, S. 414 und Anwendung des Rechts, S. 61 ff.; Redel, S. 15 und durchweg；类似地，G. Jellinek, S. 356 f.；特殊的是 Anschütz, S. 323 ff.，只愿就宪法赞同不可填补的漏洞之可能性，因为在所有其他领域中，普遍性消极原理始终使决定成为可能。

〔7〕 采此观点的尤其是 Somlo, Anwendung des Rechts, S. 63 f.。

驳。因为不可填补的漏洞之可能性，或者如下文代之以恩吉施的观点[8]也称其为**法的漏洞**，并不取决于个案中是否存在法官。[9] 确切地说，这体现为两个方面：就如同缺少裁判机关仅以其自身难以证立不可填补之漏洞的观点一样，反过来，法官权限也并不当然排除法的漏洞之可能性。法官的缺失之所以对不可填补之漏洞的问题无意义，是因为法并不仅仅针对法官，而且同样指向所有其他听命于法之人。所以漏洞填补的问题也会在如下情形出现，例如在无任何裁判机关的情况下，只有双方当事人对于在彼此之间特定的、未被明确规定的案件中何为正当而产生争议。也就是说，这种问题始终普遍地以相同方式存在于法未被**制定**却应**当被适用**的情形。再者，法官权限与法的漏洞之可能性也绝不对立：即使在具体案件中作出裁判，也并不意味着涉及**法律裁判**。换句话说：并非每个在法律上**被授权**的判决均已就此当然在法律上**被证立**。[10] 最后，援引禁止拒绝裁判也是错误的：第一，该禁令并非先验且毫无例外地适用[11]；第二，在逻辑上并不允许从裁判义务推出裁判的可能性。所以事实上，不可填补之漏洞的问题完全不取决于法官权限的大小。

166　　　据此，问题完全普遍地存在于，能否想象出虽然存在法律问题但不可能给出法律答案的情形。这一问题已超出纯粹的方法论设问，进而导向法哲学领域，关键在于何为"法律"答案。但在当前的脉络中，并不需要对此进行积极澄清，而只需要消极地确定何时无论如何也**不再**能给出法律答案便已足够。已经达成的共识是，法依其本质具有一定程度的**普遍约束力**。这一般是通过立法者的权威

---

〔8〕　Rechtslücke, S. 102.

〔9〕　Anschütz, S. 335 已正确认识到此点。

〔10〕　Engisch, Rechtslücke, S. 98 f. 已正确指出此点。

〔11〕　参见 Engisch, a.a.O. und Einführung, S. 155；也可参见 Binder, S. 982 f.；比如，该禁令不适用于国际法；对此参见 Berber, S. 121 ff.; Siorat, S. 169 ff.。

性命令而获得。如果缺少这种命令，比如此处讨论的漏洞情形，法律判决就必须基于其他理由来证成其约束力：只有通过**内在说服力**才能得到普遍认同。理据首先可能存在于同法律评价的一致性。倘若无此评价，则可能基于普遍法原则的"合理性"或者"事物本性"，也可能基于被普遍认可的法观念或者社会及文化价值，等等。然而，假如也缺少这些，即**在正义观点下任何随意的规定均显得同样有道理**，此时的"法律"规定只有通过立法者权威才能确立，而只是有义务（在最广义上）适用法律的人则不得为之。因为此处的决定不再能宣称具有普遍约束力，它其实是**恣意的**。这种情形在事实上可能发生，尤其是**纯粹的技术性规定**缺失之时。[12] 当然，也时常可以通过（可能）类推或者填充仅就具体待决案件才能被准确界定的需具体化之法律概念来补充这些规定。比如，缺少关于期间的必要规定，就必须确定"合理的"期间[13]；缺少关于利率的规定，就判决"通常的"利率；缺少必要的管辖规定，"最合适的"机关就有权决定。[14] 但与此同时，也已经触及最外部界限：经常无法确定哪个机关"最合适"，而在必不可少的程序性规定缺失时尤其如此。比如，在拉伦茨[15]所举的例子中，法律将仓库出售的有效性系于登记簿的记入，但并未创设任何关于登记机关的权限与程序以及登记簿管理的规定。齐特尔曼[16]提及的情形与此类似，其中虽然规定选举，却不规定选举的程序。在这些例子中应如何适用法律，而不是

---

〔12〕 参见 Larenz, ML, S. 302 f.。

〔13〕 参见 BGHZ 11，此处对于股东会决议无效的司法宣告要求一个"合理"期间。

〔14〕 例子参见前文（边码 50）详细阐述的《基本法》第 104 条之不完整性。然而，此处极具争议的是，因为待审查的自由剥夺具有安全法的性质，行政法院是否"更合适"，或者说，因为其涉及救济性措施，民事法院按照非讼事件法程序是否"更合适"。对此，参见 Maunz-Dürig, Art. 104 GG, Randziffer 30 所附引证。

〔15〕 同前注。

〔16〕 S. 28 f.

流于恣意决定? 在现行法上, 能够想到的是《刑法典》第 28b 条之规定[17], 据此, 无力支付的罚金可以通过无偿劳动加以清偿。然而, 第 2 分句所预示的进一步细化规定至今仍然缺失, 所以就此形成的一致意见, 认为该规定暂时不可适用。[18]

167　　但即使在此类情形, 文献中也不时地尝试以不确定性为由**宣告规范不完整并因此不可适用, 从而使该规范无效**。以避免承认存在漏洞。[19] 事实上, 只要涉及授权公权力介入私法领域的规定, 这种方式就是正确的, 因为其并不符合法治国意义上的可预见性与确定性原理。但在此范围以外, 这种方式并不能解决问题而只是拖延问题。因为所要追问的恰恰在于, 这种不完整的规范是否以及为何不能适用, 并且不允许被补充。另外, 在有些情形甚至连宣告无效也无能为力。耶利内克 (G. Jellinek)[20] 举的例子是, 法国国会拒绝在内阁被有效解散之时选举新的共和国总统; 或者俄国沙皇去世, 但未按照彼得大帝诏书的要求任命其继任者。于此情形, 毫无疑问, 法国宪法要求必须有一位总统, 俄国的君主制也要求找到一位继任者。任何一个规定被宣告为无效, 均不能为此提供出路。确切地说, 按照具体情形并不能为继任问题在法律上提供解决方案, 所以存在不可填补的漏洞。

　　职是之故, 就不得不与拉伦茨和恩吉施[21]一道, 承认法漏洞的可能性。[22]

------

〔17〕　恩吉施(Einführung, S. 161 f.)是在"目的性冲突"的范围内提及此规定,但承认也可以将之归入不可填补之漏洞的问题。

〔18〕　参见 Engisch, a. a. O.。

〔19〕　Burckhardt, Lücken, S. 60 采取此类做法。

〔20〕　S. 357 f.

〔21〕　a.a.O.

〔22〕　绝大多数观点拒绝无漏洞性的教义,但并未深入挖掘其中的理由。参见 Windscheid-Kipp, S. 108, Fußn. 1b; Jung, Logische Geschlossenheit, S. 133 und durchweg, Positives Recht, S. 41 ff. und Rechtsregel, S. 112; Zitelmann, S. 39; Kantorowicz, (转下页)

然而,于此还应当作一限制:倘若通观所引的例子就会发觉,自始至终涉及的均为拒绝裁判漏洞的情形(而且,既可能是规范漏洞,也可能是规整漏洞)。这一现象并非偶然,因为前文已强调,拒绝裁判漏洞的特征在于,仅于此缺少**某个**规整,而在所有其他情形,漏洞确定时就已经至少大致确定所期待的规定。而不可填补之漏洞的特征也在于,缺少的是**任意一个**规定。**所以法漏洞问题通常在拒绝裁判漏洞的情形具有意义**,而在目的性漏洞情形,该问题由于漏洞之确定与填补的统一性而不可能发生。[23] 因此,法官于此情形不得不例外地**有违禁止拒绝裁判**的命令。其原因在于,这一禁止并非理所当然地有效,而只是源于法之安定性这一更高位阶的价值而获得其合理性与意义。但于此情形,禁止恰恰不再有利于该价值,因为法官被迫作出的恣意裁判绝不能承载对普遍认同的保障,所以非但不能促进反而是动摇法的安定性。此外,由于法官还必将违反**禁止专断的命令**,禁止拒绝裁判的命令就必须作出退让,所以实际上,于此情形就必须例外地允许以"悬而不决"的方式答复法律问题。

二、禁止类推的问题

假如说不可填补之漏洞的问题完全以拒绝裁判漏洞为典型,那么反过来,禁止类推作为对法律外的法之续造的另一种限制在此并

(接上页)S. 16; Lobe, S. 697; Stoll, Juristische Methode, S. 90 und Rechtsstaatsidee, S. 175, Fußn. 3; Somlo, Grundlehre, S. 415(只要不存在法官负责裁决争议); Sternberg, S. 135; Düringer, S. 9; Goldschmidt, S. 159 f.; Binder, S. 986 f.; Kornfeld, S. 123 ff.; Nawiasky, S. 149; Boehmer, II 1, S. 166; Wieacker, Gesetz und Richterkunst, S. 6 und S. 17; Gény, Méthode II, S. 130; Du Pasquier, Introduction, S. 205; Betti, Auslegungslehre, S. 130("从未完全实现过的解释过程之理想目标"),但容易被误解的是 Rechtsfortbildung, S. 387["只有通过法律人坚持不懈之投入才能实现(!)的目标"];Meier-Hayoz, Kommentar, Randziffern 216 ff.。

[23]　对此,参见后文边码 171。

不适用。倘若再次审视拒绝裁判漏洞的特点以及类推在其填补中所扮演的角色，这一乍看之下令人诧异的论断就立即变得合理：于此情形，漏洞存在的确定不取决于任何类推。法官面对拒绝裁判与补充法律之间的选择，由此提出的漏洞填补之可能性问题就应当以新的思路加以澄清。就此，类推作为"可能"类推仅仅构成数个理论上可想象的填补工具之一种。根据禁止类推的意义可以得知，法律的本意不可能是，法官不允许**在拒绝裁判与补充法律的两难之间诉诸某个正确的类推。确切地说，其目的仅仅在于，强行在两个仅有的可能决定之间确定其一**：不支持某种请求，不施以某种刑罚，不允许某种撤销，等等。于此情形，法官并非要在续造法律和拒绝裁判之间作出选择，而是在某个确定的（积极）决定与另一个确定的（消极）决定之间作出选择。[24] 与此不同，倘若理论上存在数个（积极的）可能性供法官选择，而且不能仅仅满足于简单地以理据不足为由拒绝诉请，也就是存在拒绝裁判漏洞，那么禁止类推依照其意义与目的就不予介入：由于已确定必须以**某种方式**补充法律，也就看不出不应当为此而考虑类推的任何理由，毕竟类推最能提供安定性且能够最好地与立法者意图相一致。否则，必定会得出荒谬的结果：于此情形，类推禁止要么要求拒绝裁判，而这明显与其特有的保障法之安定性的目的[25]背道而驰；要么迫使其诉诸普遍法原则甚或完全是法官"个人评价"的方式予以填补，而这同样站不住脚，因为这种法律补充比类推具有更强的不安定因素，禁止类推就更应当将其排除在外。

170　　　确切地说，类推禁止之目的于此还考虑到另一种观点：按照法治国意义上法律的可预见性与确定性，不完整的规范可能由于缺少

---

〔24〕　例如，参见边码48。
〔25〕　参见后文边码175末尾。

足够的确定性而无效。所以毫无疑问，对某一未指出刑罚高低的刑法规范，不应当通过类推另一个法律上相似的构成要件予以补充。不过，也不允许通过其他方式填补这一漏洞，而是说，该规定由于其不确定性而无效。然而，倘若已确定了确实应当填补漏洞，那么按照前文所述，为此也允许例外地考虑受制于禁止类推的规定。换句话说：**任何禁止类推依其意义均只涉及必然类推的情形，而并不同样涉及可能类推的情形。**为求直观，最后再简要回顾一个前文[26]已提及的例子：《有限责任公司法》第50条规定，只有要求开会的股东至少占总资本的10%，才允许召集股东会。然而，法律却并不包含关于违反此规定之情形应发生何种制裁的规定，也就是说，并未规定以不被允许之方式召集的股东会所作决议是可撤销还是无效，而规范的有效性主张对此有所要求。[27] 联邦最高法院就是通过类推（即可能类推[28]）《股份公司法》第195条第1项的方式填补这一漏洞[29]，其效果则是应认定决议无效。而就此，联邦最高法院能够正确地不受《股份公司法》第195条含有类推禁止之观点的迷惑。其原因在于，该规定的意义无疑表明这种禁止于此范围内完全不适用[30]，并且如上文在理论上所推导的，也定然能与所有其他禁止类推的情形相一致。

第二节　目的性漏洞情形下漏洞填补的界限

一、不可填补的漏洞之可能性

前文已指明，目的性漏洞的情形不存在**不可填补的漏洞**之可能　　171

---

〔26〕　参见边码56。
〔27〕　参见前文边码56。
〔28〕　参见前文边码139。
〔29〕　BGHZ 11,240.
〔30〕　第195条只是要阻止形成法律未明确提及的无效事由。

性。于此，已无须进行更为详细的论证，从第四章对于此类情形所阐释的漏洞确定与漏洞填补在思维过程上的统一性[31] 即已确凿地表明此点：由于完全不可能不在漏洞确定之同时也已经填补漏洞，所以不会存在不可填补的漏洞。于此方面，这同样适用于诸如"部分类推"这种仅存在部分统一性的情形以及目的性限缩的一些例子[32]，此处也不存在两种完全分离的过程，而至少是在确定漏洞时就已大致确定其所要寻求的漏洞填补之方向。因此可以说：**目的性漏洞总是可以被填补。**

二、禁止类推、归纳与限缩的问题

172　　故而，漏洞填补的可能性于此并未提出特殊问题，但对于其被允许性问题则完全相反：目的性漏洞正是**禁止类推与目的性限缩**问题所展开意义的领域。

(一)类推的不被允许性

首先涉及类推，在此主要应当澄清两个方面：第一个问题在于，特定规定是否按照其本性一定反对类推；第二个问题在于，何时应当接受禁止类推。

173　　大概任何错误规则所引起的危害均不能与如下论断比肩，即**例外规定按照其本质不能类推**；司法判决总是再三援引该论断，并以此方式省下仔细论证的工夫。[33] 现如今，这一原理应当被视作过时了[34]，取而代之被认识到的是存于其背后的正确思想：只要其所基

---

〔31〕　参见前文边码 140 以下。

〔32〕　参见前文边码 142 以及边码 146。

〔33〕　比如参见 Nipperdey, § 48, 脚注 9 所引用的判决。

〔34〕　早已指出此点的，参见 Regelsberger, Ius singulare, S. 54 ff.(此处也谈及"个别不得被扩展"原理的历史，Robine, S. 20 ff.也是如此);进一步讨论，例如 Bovensiepen, S. 135; Nipperdey, § 48 I 2a; Engisch, Einführung, S. 147 f.; Larenz, ML, S. 260 f.; 帝国法院和联邦最高法院的判决原则上也采此见解，参见 Nipperdey, § 48, Fußn. 9 所引判决。(转下页)

于的(适用面较窄之)原则(Prinzip)依照其意义也能适用于未被明确规定的情形,例外规定[35]便可以类推。就此而言,所要禁止的只是将此原则提升为具有**普遍性**,从而反过来将例外变成通常情形,而不是禁止将某个特殊构成要件与另一个在法律上类似的构成要件予以相同处理。举个例子作进一步说明:帝国法院将《民法典》第884条和第885条类推适用于基于无因管理产生的损害赔偿请求权(因为有意识地承担风险)。[36] 其具体论证为,既然已经要对单纯的身体损害负责,那么在致人死亡的情形就更应该产生赔偿义务。然而,这一论证在方法上是错误的,因为其对于所有的债务关系均同样适合,从而**普遍地**取消了源于债务关系的请求权通常仅仅由其参与者享有这一我们法秩序的基本原理。所以说,帝国法院实施的类推并不被允许,因为这会将第844条和第845条的例外规定提升为通常规定。[37] 与此相

(接上页)法国文献也是如此,参见 Gény, Méthode II, S. 124 f.; Robine, S. 190 ff.; Perreau I, S. 304 ff. 有所不同。(针对《民事诉讼法》第580条所作)尤其深入的阐释为 Gaul, S. 37 ff., Fußn. 6 附有其他引证。

〔35〕 显而易见,此处的例外既非在统计学意义上也非在立法技术的意义上,而是在规范性的意义上使用:涉及的是例外地突破法秩序之普遍性基本决定的规定。

〔36〕 RGZ 167, 85. 文献也无例外地从之。参见 Canaris, JZ 63, S. 661, Fußn. 62。

〔37〕 对此所作进一步讨论,参见 Canaris, a.a.O., S. 661, Ziffer 3a。然而,假如不将第670条对损害的类推适用视作"合同责任"的一种情形,而是危险责任,或者更准确地说,是**"为他人利益而行动时的风险责任"**,那么适用第844条以下规定便站得住脚;因为在危险责任的情形,"第三人权利"在体系上完全正当(例如,参见《道路交通法》第10条、《航空法》第35条和《责任法》第3条)。事实上,这种教义学归属应该是正确的:其并不涉及不法损害的赔偿,而是对不幸的分配(分配正义);由事务主人来承担此种风险,符合在危险责任情形所被认同的风险分配之基本原理:是事务主人促使受托人从事危险活动(危险确立思想,参见 Esser, Gefährdungshaftung S. 102 und Schuldrecht § 59, 2 vor a und § 212, 1),再者,也是其从活动中获得利益(利益收取思想,参见 Esser, Gefährdungshaftung S. 69 ff.)。主流学说的理由在于应当对**自愿**承担风险和费用予以相同处理,但这一请求权很难被纳入我们损害赔偿法的体系当中;其必须将赔偿请求权也系于事务处理者是否(或多或少偶然地)正确预见危险,所以在取向于"知情观察者"时就并未一以贯之(参见 Larenz SR II § 52 III)。这种为他人利益而行动情形的风险责任作为统一制度的其他情形,还有劳动者的离职请求权和危险倾向性劳动的责任排除(于此将会在《民法典》第254条的框架下对风险归责和过错进行权衡,从而在轻微失的情形排除责任也不违反体系)。认可这种制度所导致的结果例如是,确保雇员在适合劳动所生损害情形下对雇主的赔偿请求权,以及在劳动关系以外也承认危险倾向性活动作为责任排除事由。

对，基于类推第 618 条第 3 款而将第 844 条和第 845 条适用于承揽合同法则有所不同：第 618 条第 3 款的立法宗旨在于，使劳务义务人以及承揽人在合同上负有义务，在合同相对方的空间内工作时向其托付自身的生命和健康。而其之所以这么做，是为其家属赚取生活费用。[38] 和对劳务合同一样，这虽然就承揽合同而言也是正确的，但却并不能普遍地适用于所有债务关系。[38a] 所以在此情形，类推第 618 条第 3 款、第 844 条、第 845 条的例外规定是被允许的，因为仅仅是对第二个**特殊的**构成要件予以相同处理，而不是将例外宣告为普遍的基本原理。

174   于此脉络中，还应该探讨第二个问题。不时地存在如下主张，即严格法（ius strictum）的**法技术性**规定依照其本性便反对类推。[39] 第一节的阐释已经毫无疑问地表明，这一原理不论如何也不能适用于"可能"类推的情形：要避免接受不可填补的漏洞，类推法技术性规定经常是唯一可能性。但对于"必然"类推而言，这一主张也不妥当，因为期间、形式、权限等规定也是以清晰且可理解的立法宗旨为基础，那么平等原理在此也能要求对法律上类似的情形予以相同处理。例如，《民法典》第 852 条的时效规定能类推适用于排除妨害请求权[40]，或者《民法典》第 313 条的形式规定类推适

---

〔38〕 参见 Larenz, ML, S. 290 f.。

〔38a〕 有所不同的观点，参见 Canaris, 2. Festschr. für Larenz, 1983, unter IV 3 d。

〔39〕 例如，参见 Pisko, Kommentar, S. 145; Roth-Stielow, S. 86。

〔40〕 参见前文边码 159 注释 87 处。不过，在其间的情形尤其应予注意的是：一方面，因为其限于特定数量的天数、周数等，故而始终含有一定程度的恣意性；而类推恰恰基于平等原理而要求该数量的天数等，所以经常无法进行。另一方面，由于当事人权利可能因这种不成文(!)的期间规定而受严重侵害，法治国意义上的可预见性原则在此需要格外受节制。出于这些原因，解释的结果经常是，权利救济不受期间限制，也就是说，缺少期间规定并不构成法律漏洞(作为例子，参见 BVerfGE 4, 36 f., 但将其在所涉案件中正确的决定以不被允许的方式普遍化了)；然而，根据法律的意思，缺少期间规定是绕不过去的问题，所以法官并不基于类推选择某个僵化期间，而是更好地选择某个"合理"期间(作为例子，参见 BGHZ 11, 236, 于此将《股份法》第 195 条第 1 款类推转用于《有限责任公司法》第 50 条的情形，就此也可以参见前文边码 56；不过，其针对有限责任公司正确地以"合理"期间替代《股份法》第 196 条第 2 款第 1 项规定的 3 年僵化期间)。

用于在土地上授予债权性先买权。[41] **总之可以说，并不存在依照其本性不允许任何类推的规定。**

　　某种特定情形下应否**禁止类推**的问题给民法[42]带来的特殊困难并不少见。若一定要解决这一难题，就必须始终清楚地认识到，禁止类推究竟意味着什么：立法者在此命令法官对法律上类似的情形予以不同处理，也就是说，强制其**违反平等处理这个法理念的最上位诫命**。所以任何禁止类推初看之下均有些"犯忌"，从而**需要特殊的正当化理由**。这在宪法上也极有疑问，因为即便在不能直接从《基本法》第3条推出的情形，平等处理诫命也毫无疑问是法治国思想的组成部分，故而是我们的宪法。当然，这并不意味着，任何禁止类推均违反法理念或者宪法。因为法理念还包含另一个不同的要素，在此与平等原理发生修正性反作用：**法的安定性诫命**。正是而且只有这一诫命才能使禁止类推正当化。 175

　　由此，便能推出**方法上的解释规则：有疑义时拒绝接受禁止类推**。其首要前提始终在于，对法之安定性的重大需求支持承认**封闭性列举**，尤其不能根据**列举原则**将任何规整均无条件地看作是禁止类推[43]，而是像接下来的例子所要进一步展示的那样，也可能仅仅意味着，立法者想要对构成要件进行示例性列举，而不设置概括条款。于此类情形，并非不允许法律类推，而只是不允许**归纳地查明** 176

---

　　[41]　参见 RGZ 148, 105 (108)。

　　[42]　在刑法中，禁止不利于被告人的类推为多数学者所认同，参见 Schönke-Schröder, § 2 StGB 所附引证。Sax, Analogieverbot 的观点有所不同，其认为类推应被归为解释；然而，刑法上"禁止类推"的范围并非方法论问题，而是实证法尤其是宪法问题，所以需要证实《基本法》第103条第2款不是也禁止这种"扩展"的解释。格尔曼 (Germann) (Analogieverbot, S. 136) 的观点与萨克斯 (Sax) 类似，其基础是关于作为解释工具的类推与作为自由的法之发现工具的类推之区分，而前文第一章注释35已对此加以批判。

　　[43]　不同观点，例如 von Tuhr, S. 43, Fußn. 160; Bovensiepen, S. 136 追随之；Gaul, S. 37 ff. 是正确的。

普遍法原则（"法类推"）。就此而言，为避免误解应予明确强调的是，立法者当然有权对任何规定设置类推禁止。只有在其未作出清晰且无疑义决定的情形下，才适用此处所论的限制性观点。

177　　现在举几个例子对此进行说明。明显禁止类推的情形，比如《婚姻法》第16条和《股份法》第195条，法律在此清楚地规定，婚姻以及股东大会决议"只有"在明确被提及的构成要件情形是无效的。其实，这种类推禁止的正当性在于对无条件之法安定性的不可否认之需求。作为直观的反例，《民法典》第1822条说明，列举原则并不导致禁止类推的结果，而只是禁止发展"普遍性"法思想，也就是如后文所简称的那样，构成"禁止归纳"。据该条规定，监护人为被监护人实施的特定的为法律所列举之法律行为须经监护法院同意。毫无疑问，在方法上并不允许从这些列举中推导出如下这种普遍性法原理，即**所有特别危险的行为**均需要经过同意。因为如若果真如此，法律就不需要对其进行逐个列举。但另一方面，也应予承认的是，此处并不应该接受禁止类推。比如，通过（必然！）类推的方式将在取得行为上设定用益权或者将之抵押，与第3项规定的转让予以相同对待。[44] 根据前述分析，要允许此种类推，仅仅未被明确提及的情形**一般性地**具有危险并不充分，而是要求其危险性**依照种类和程度**能与法律明确规定的构成要件等量齐观。假如能指明此点，即使存在列举原则也允许类推，也就是说，此处涉及与类推例外规定极其相似的问题：**不允许通过概括条款突破列举，与此相反，允许对法律上相似的特殊构成要件予以相同对待**。

178　　最后，借此规则便能尝试对几个著名的争议问题加以研究，以探明其究竟是涉及禁止类推，还是仅仅涉及禁止归纳。首先再次回

---

[44] 参见 Palandt-Lauterbach, § 1822, 4; Erman-Hefermehl, § 1822, 3.

溯前文[45]已简要提及的问题,即《民法典》第 6 条针对禁治产事由是否包含禁止类推,或者比如说,是否允许对**因毒品成瘾而导致的禁治产**相应地适用第 3 项规定。毒瘾至少能在与酒瘾相同的程度上导致人的意志力受麻痹,甚至毁掉成瘾者的整个人格。而通过现代科学与技术,尤其是药品产业,以及在如今"大众社会"的生活条件下,毒瘾也构成与酒瘾同样重大的危险,以至于立法者如今毫无疑问会将毒瘾纳入禁治产事由[46],尽管这种危险在 1900 年颁布《民法典》时并未以此种程度存在或者被忽略了。所以此处存在漏洞,因为平等原理要求对这两种情形予以相同对待[47],那么就只能去追问,第 6 条是否基于禁止类推而禁止填补。规定的文义不能为此提供理由,因为法律并不是说"仅仅"在这些情形才允许禁治产。而如前述,根据列举原则所构建的规定并不当然毫无疑问地排除类推。关键问题必定在于,**法之安定性**是否要求限于明确提及的情形。但对此必须予以否定。虽然禁治产已构成国家对个人自由领域的严重干预,而这在事实上支持接受禁止类推。但与此相对的是,此处并不存在刑罚措施或者其他导致国家利益与公民利益彼此冲突的行为,而只是涉及恰恰有利于当事人的**保护措施**。也就是说,于此情形,只能以保护个人利益为目的之禁止类推恰恰会反过来导致其不利益:通常情况下,禁治产是挽救成瘾者从而使其不被毁掉的唯一可能性。所以,事实上必须允许类推,而不能将法之安定性看得那么重要。[48]

有观点认为,《民法典》第 2339 条关于继承资格丧失事由之规 179

---

[45] 参见边码 38。

[46] 随后,这已经由 1974 年 7 月 31 日颁布的法律而实现。

[47] 于此,再次涉及一个很好的例子,以说明基于相似性推论也就是类推而**确定**漏洞。

[48] 这个问题备受争议。参见 Staudinger-Coing,§ 6, 27 所作文献说明。

定包含民法中的另一处禁止类推。[49] 那么，即便通过恶意欺诈或者胁迫而使被继承人设立终意处分之人根据第 3 项丧失继承资格，但通过暴力或者催眠手段[50]之人却不会如此？于此情形，法律的文义也未强制要求接受禁止类推。所以此处也必须通过解释来决定，第2339 条的列举原则是否不仅仅禁止归纳。被用于支持禁止类推的尤其是该规定所谓的"惩罚性"。然而，这一论据却站不住脚，理由在于，虽然制裁思想在民法中有时也并非毫无意义，但若将其作为某一规定的根基所在，便是与我们私法秩序的基本原则不相吻合的思想。[51] 确切地说，第 2339 条应该是考虑到一种普遍的道德感觉，若继承人在对被继承人实施特别严重的违法行为时还能参与继承，则"不堪忍受"。如此看来，就不能认为存在支持禁止类推之急迫的法安定性利益。而其他支持禁止类推的理由于此也不合适：既无须通过特殊保护以防止法官的恣意，因为法官在此并非作为国家监管及行政权力的维护者，而只是作为私人纠纷的调停者出现；又不能引入第二个观点即可预见性原则，因为不能认同侵害被继承人者因其行为之可能后果而需要特殊保护。所以第 2339 条仅仅包含禁止归纳，因而只是不允许从第 3 项推导出普遍性原理，即对设立死因处分之"不当影响"会导致丧失继承资格。确切地说，是法律本身决定了，什么种类和程度的不当性被看作是充分的。不过，假如于**此范围内**忽略法律上类似的情形，比如此处的暴力和催眠，则允许以类推的方式予以相同对待。

180　　　最后一个或许能结束此难题的例子接续联邦最高法院关于将

---

〔49〕　只需参见 Staudinger-Ferid, § 2339, 4。

〔50〕　Staudinger-Ferid, Randziffer 35, Plank-Greiff, Anm. 2c 对暴力持肯定观点（但并未一以贯之，因为禁止类推也必定排除可能存在的举重以明轻），相反却否定催眠。

〔51〕　Bartholomeyczik, NJW 55, 795; Staudinger-Ferid, a.a.O., Randziffer 4 正确地如此认为。

《民法典》第 847 条类推适用于一般人格权的判决[52]而展开，并且在近期备受争议：《民法典》第 253 条是否包含禁止类推。[53] 据此规定，"基于非财产损害，只有在法律规定的情形"能"要求通过金钱予以赔偿"。这一表述虽然接近禁止类推的想法，但其文义并非无条件地必然如此：法律并不是说**明确**规定的情形，而且由于通过类推所得法条也毫无疑问地为法律所间接包含[54]，那么纯粹在语言上，也不妨将通过类推而被相同对待的情形视作由法律所（间接地）规定。所以文义并不强制要求接受禁止类推，而另一方面，前文所明确的解释标准则决定性地支持反对立场：看不出有何显著理由，使立法者应当**出于法之安定性的缘故**而要求法官违反平等原理。而且在立法材料中，也不存在任何提及禁止类推的文字。[55] 尽管如此，第 253 条绝不像可能被批评的那样内容空洞，而是以不太常见的形式表明**禁止归纳**：立法者仅仅想要阻止司法判决（经常性地）从法律所包含的情形中推导出"普遍性"基本原理，即对于非物质性损害也始终确保损害赔偿，而不是禁止将已规定的例外性构成要件与法律上类似的特殊情形予以相同对待。这也能从立法材料[56]中清楚地看出来，其将合同侵害与侵权性干预对立以观，并尤其强调在第一种情形中应当排除情感利益的赔偿。倘若能无先入之见地解读，体系解释也得出相同结论：法律首先包含通常应予回复原状这个积极性基本原理；然后，通过第二个同样具有积极性的基本原理加以扩展，即在原状赔偿不可能或者不充分的情形

---

[52] 始于 BGHZ 26, 349 st. Rspr。

[53] 采取此观点的，比如有 Larenz, NJW 58, 827; Hartmann, NJW 62, 14; Löffler, NJW 62, 225; Bötticher, AcP 158, 400 f.。

[54] 这源于其和法律评价的联系，参见前文边码 63。

[55] 参见 Mot. zum BGB, Bd. 2, S. 22; Prot. zum BGB, Bd. 1, S. 298。

[56] 尤其参见 die Motive, a.a.O.。

应确保金钱赔偿请求权；第253条又通过第三个消极性基本原理对非物质损害的情形加以限制。依照其本质，这种消极性**基本原理允**许对特殊的构成要件创设例外，但禁止仅仅通过概括条款而被突破。最后，具有决定性意义的是，立法者于此想要做出的是**实质性价值决定**，即原则上且尤其在合同法中排除情感利益并拒绝尊严的"**商业化**"，而不是顾及法的安定性之特殊需求这一**形式性秩序决定**。但通常只有在秩序性决定的情形，正义观点才会向法之安定性作出退让，所以也只有于此情形，在存疑之时接受禁止类推具有正当性。[57]

不论最终如何解决这三个争议问题，至少可以作为方法上的知识作出如下总结：**应当在禁止类推(禁止"法律类推")和单纯地禁止归纳(禁止"法类推")之间予以清楚地区分**。因为法官在第一种情形被命令偏离具有根本意义的平等原理，所以**在有疑义时总是应仔细地查明，法之安定性需求是否真的要求禁止类推**，不然只能认为是禁止归纳。

(二)目的性限缩的不被允许性

181 迄今为止，文献中对于**目的性限缩**是否以及何时**不被允许**的问题并未给予太多注意。于此，也要再区分几个不同的问题。

首先，必须再次提醒目的性限缩的本质和正当性：其要么能就整个适用领域对某一规范加以限制，此时为立法宗旨本身所要求；要么能通过例外性构成要件对某一规定加以补充，此时其正当性为消极平等原理的诚命。[58] 但不论如何，必须坚定支持的是，绝不能

---

[57] 但这绝不意味着，第847条对一般人格权的类推适用就值得赞同。因为联邦最高法院并未成功完成必要的法律相似性推论；一般人格权与第847条所称权利的最重要区别尤其在于，在后者情形存在"尊严的商业化"危险，而这是立法者想要抵制的趋势。令人信服地反对与第847条存在法律相似性的见解，参见 Larenz, a.a.O.。

[58] 参见前文边码79以下和边码74。

将诸如"立法宗旨消失，法律即告失效"之类的原理作为其证立之根据。原因在于，这些并不具有普遍的有效性[59]，因为据此不仅要正当化为何通过例外性构成要件限制某一规范，而且要为其完全**废止**（Derogierung）而提供正当性。然而，这并非法官的任务，而必须交由立者者处理。所以例如，对于紧急时期颁布的经济法规，在形势常规化以后也不允许单纯地由于其立法宗旨丧失而不予适用，这必定会对法的安定性造成最严重的冲击。也就是说，在目的性限缩的情形中始终要谨慎地考虑，确实只是通过例外性构成要件对某一规范加以限制，而不是在事实上以一种伪装的形式使其完全失去效力。不论如何，任何基于"规范情境变迁"[60]而对法律之调整均不属于法官的任务与权限。

这一问题可以通过两个例子加以阐明。第一个是联邦劳动法院 关于北威州《家务劳动日法》第 1 条的判决。[61] 据该条规定，拥有家室的女性每周工作 40 小时以上的，有权在任何时候请求享有一个无须工作的工作日（"**家务劳动日**"）。而联邦劳动法院则判决，该规定基于目的性限缩而不适用于那些每周工作 5 天的女性雇员。为此，联邦劳动法院通过两种不同的思考路径提供支持，当然并未准确地加以区分。其首先详细指出，对有工作的女性而言，如今的形势相较于币制改革前法律产生之时已出现根本性变迁，其健康及经济状况自从紧急时期结束后发生了重大改善。根据前述分析，这一论证明显在方法上站不住脚。因为并不能借此正当化对《家务劳动日法》第 1 条的限制，而只能正当化已对法官关闭大门的对该条规定之废止。

---

〔59〕 较早观点参见 Vangerow, S. 56f. (作有实质上相当于正文所进行的关于（不被允许的）废止和（被允许的）限缩之间的界分；Windscheid-Kipp, S. 104, Fußn. 6 对此所作批评并不正确)；此后的论述有 Nipperdey, § 56, Fußn. 10; Ramm, S. 360f.; Larenz, ML, S. 264 f. 实质上也是如此; Becker, S. 437 f. 进了一步，但并非毫无限制。

〔60〕 但也对照前文边码 126 以下关于"嗣后"漏洞问题的阐释。

〔61〕 BAG 13, 1.

联邦劳动法院据以作出判决的第二个论据为，女性在引入每周5个工作日后已经有充足的劳动时间。其实，并不能轻易否定这一论证的正当性，因为于此情形，仅仅针对每周工作5天这个**特殊群体**对该规定加以限制。但是，依然能立即对此提出质疑：假如每周5个工作日正如所期待的那样被普遍执行，那么《家务劳动日法》第1条便会被联邦劳动法院的司法判决置于**完全**失效的境地。**此后**，联邦劳动法院将会不得不作出决定，使这种如今还能被称为补充法律的做法毫无疑问地转变成废止法律。但判决作出之时间点真的重要吗？或者不是应该更确切地说，假如能清楚地预见到在不久的将来会导致某一规定完全失去效力，那么目的性限缩则不被允许？不论如何，完全确定的是，此处已触及目的性限缩其量还能被支持的最外部边界。[62]

183　　与此相反，在最高法院的另一个司法裁判中，完全有正当理由基于"规范情境变迁"而对规定加以限制。根据《文学著作权法》第15条第2款规定，"为个人使用"而"复制"艺术作品允许不经创作者同意，只要不具有从作品赚取收入之目的。联邦最高法院所要决定的问题为，这是否也适用于私人的**磁带录音**，或者不必为此向作者或作曲者支付对价。[63] 对此，其首先确定，通过技术性的声音载体而录音，原则上也可以被理解为法律意义上的"复制"；因为在《文学著作权法》颁布之时，立法者已经认识到唱片录音的可能性。尽管如此，联邦最高法院拒绝将《文学著作权法》适用于私人磁带录音。为对此进行证立，其基于对发生史和立法材料的深入研究而详细指出，立法者不想借此规定使"个人领域"普遍地优先于著作权法所保护的利益领域，而确切地说，其只是要优待音乐和文学

---

〔62〕 这一判决在其他方面也并非毫无疑问。就此，参见 Ramm, a.a.O. 在方法的视角下，拉姆（Ramm）显然误解了，目的性限缩绝不属于法律**修正**领域，而是构成法官补充法律的合法工具。

〔63〕 BGHZ 17, 266（尤其参见 S. 286 ff.）。

爱好者这个清楚划定的小圈子：第 15 条第 2 款应该使为在家练习音乐或者类似的私人演奏之目的而私下誊抄文本和曲谱变得容易。也就是说，立法者想要有利于买不起许多书本等的社会弱者；此种目的观念恰恰不适合相对而言非常昂贵的录音设备拥有者。这一基本思想也表明，是艺术练习者这个小圈子，而并非像在使用磁带的情形不过是数不清的单纯艺术消费者，应当属于受优待的范围。最后，将第 14 条第 2 款适用于磁带拥有者也会太过重大地影响作者和作曲者的利益：立法者相信，由于简单誊抄极其不便，而唱片录音当时对私人来说又存在无法克服的技术困难，著作权人只是失去相对比较少的版税；与此相反，因为磁带录音不费吹灰之力，将第 15 条第 2 款适用于此则担心会造成重大的收入损失。

基于上述就很清楚，法律的出发点是与磁带录音完全不同的"规范情境"，即便如此也要适用第 15 条第 1 款，则会将两个在本质上即在承载立法宗旨的关键点上彼此偏离的情形进行相同对待，而消极平等原理却要求对其予以不同处理。就此而言，不同于先前阐述的《家务劳动日法》之情形，第 15 条第 2 款最初的适用范围完全未被触动，即誊抄曲谱不能为磁带录音所替代。这仅仅排除了此后由于技术变迁而新产生的**特殊构成要件**！所以说，此处续造法的结果并非废止第 15 条第 2 款，而是仅仅将之限于其"原本"的意义领域，故而被允许。

第二个属于此脉络的难题为，特定规定是否**依照其性质**就不容许进行目的性限缩。于此，总被提及的例子是"严格的秩序规定"。[64] 其实，在期间与形式规定以及类似法技术规定的情形

184

---

[64] 对此，尤其参见 Heck, Gesetzesauslegung, S. 182 ff.; Boehmer, II 2, S. 72 ff.; von Hippel, Formalismus durchweg und Rechtstheorie, S. 91 ff.; Pisko, Kommentar, S. 145; German, Grundfragen, S. 55; Du Pasquier, Modernisme, S. 209 ff.（其区分"严格法"与"宽松法"）; Roubier, S. 90 ff. und S. 107 ff.; De Page, II, S. 247 ff.; Merz, S. 314 ff.。

中，在特定方向上应当排除目的性限缩。所以肯定有所不妥的想法是，由于某个 20 周岁的人"例外地"具有成年人的成熟程度，因此不适用《民法典》第 106 条以下规定。虽然立法者的出发点在于，通常只有年满 21 周岁以后才属于成年人，但第 106 条之立法宗旨并不仅仅在于满足必要的成熟度。确切地说，法律不只是追求某个特定**目标**，而是也规定了实现此目标的唯一**路径**。这因**法的安定性**利益而发生，其于特定情形要求个案妥当性予以退让，从而设置硬性规定。职是之故，维护法的安定性也是此类规定之宗旨，而不能说在有些情形不遵守该规定也能实现法律所追求之目标，因此将其予以排除。所以就此而言，此处缺少目的性限缩的**前提**，但在其他方面只要不恰好涉及硬性的时间界限、形式要求等，目的性限缩在严格法规范的情形也被允许。另外，这一问题在有些时候可能具有极高的实践意义，例如早先就存在关于继承法上形式规定的激烈争论。[65] 但并不需要对此作进一步深究，因为海克、冯·希佩尔和伯默尔[66]已经探讨与此相关的所有重要方面。最后，还需简要地指明一点：只要涉及基于**法伦理原则**而限制严格的秩序性规定，问题就完全不同。[67] 因为于此情形，恰恰不涉及立法宗旨的丧失，而是其被更高位阶的观点所压制。

185　　　最后应予研究的问题为，是否像禁止类推一样，在特定情形下也可能存在**法定的禁止目的性限缩**。据目前所见，文献中迄今为止尚未对此问题加以探讨，而只是强行作出肯定答复。例如就刑法而言，认为也应当从《基本法》第 103 条第 2 款推出禁止不利于被告人

---

　　〔65〕　参见冯·希佩尔（von Hippel）和伯默尔（Boehmer）前引处的引证；也参见海克（a.a.O.）令人印象深刻的关于"流沙危险"之详细阐释。

　　〔66〕　a.a.O.

　　〔67〕　对此，参见 Larenz, ML, S. 299 f.; Merz, S. 322 ff. Merz 也正确地指出这种具有类似概括条款效力的限制经常所具有的危险性，从而要求形成确定规则。

之目的性限缩。因为比如说，通过添加不成文的例外性构成要件对某项优待加以限制，就如同以类推的方式扩张某种资格一样，也会对被告人产生相同危险。

举个例子进行说明。母亲在分娩过程中或者完成分娩后杀死其非婚生子女的，根据《刑法典》第217条，所受刑罚比按照一般杀人罪的规定要轻得多。这一优待的意义应当如此看待，即立法者想要顾及女性在分娩期间或者刚完成分娩后的特殊心理所导致的受刺激状态。而总是反复出现的情况为，母亲很早就提前仔细地计划并准备杀死孩子。于此情形，适用第217条规定的优待根据其宗旨必定不正当。尽管如此，也存在正确的共识，即该规定在此也有利于行为人。[68] 但对于此，却并不存在令人信服的论证。只有进行如下尝试，即于此情形将会涉及不利于被告人的限缩，而这与类推一样必定不被允许。也就是说，对现行刑法而言，应当承认"禁止限缩"或者"禁止限制"。

第三节　原则及价值漏洞情形下漏洞填补的界限

如同关于漏洞确定与填补之间关系的讨论，原则及价值漏洞在法律外法之发现的界限问题上也处于中间位置：不可填补的漏洞和禁止类推这两个问题于此均有其意义。

一、不可填补之漏洞的可能性

于此情形，倘若不以特定的技术性规定补充法律，某个原则或者价值就难以实现，便会出现**不可填补的漏洞**。这种情形极其少见，因为在确定漏洞时至少已经确立漏洞填补的方向。[69] 但是，并

186

---

〔68〕　例如，参见 Schönke-Schröder, § 217 IV 3; RGSt 77, 245 (247); OGHSt 3, 115 (117)。

〔69〕　参见前文边码152以下。

不能从理论上排除这种可能性，况且通过前文[70]所举的例子已经能够认识到，在对原则进行具体化时要创设这种技术性规定有时可能面临多大困难。不过，在无法创设此类规则的情形中，要证实有疑问的原则确实属于现行法的组成部分也特别困难。

二、禁止类推和归纳的问题

187　　此处也应当注意**禁止类推**：在类推已被禁止之处，毫无疑问，就更加不可能允许基于普遍法原则的法之续造。因为后者相较于类推而言，内含更强的不确定性因素。原因一方面在于，其方法上的操作远远不止单纯的相似性推论，而是要证实原则的"普遍性"[71]，其难度对法官而言不可同日而语；另一方面，基于相同的理由，其"可预见性"对于受法律拘束者而言要比类推的情形更难获得确保。其实很明显，借助普遍法原则的论证毫无疑问会变成纯粹的恣意司法，比如在刑法中。

188　　尽管如此，对基于普遍法原则的法之续造而言，《基本法》第103条第2款之禁止类推的有效性并非毫无争议。例如，其意义体现于如下问题：是否不同于《刑法典》第259条的文义，即便不是为自己利益而是为被代理人利益而行动，法人或者自然人的法定代理人也可能由于窝藏赃物而受处罚；或者说，不同于《破产法》第243条文义，即便并非其自身而是被代理人才是破产债权人，其也可能因为出卖选票而受处罚。于此情形，可罚性部分借助从《破产法》第244条、《有限责任公司法》第83条、《托管法》第39条、《保险企业监管法》第144条以及《帝国保险法》第536条推出的"普遍性"基本原理而被承认：倘若法定代理人为被代理人利益而实现犯罪构成要件，即便必要的犯

---

〔70〕　参见边码160。
〔71〕　参见边码92。

罪主体资格以及必要利益存在于无责任能力或者不完全责任能力的被代理人而非其自身，法定代理人也可受处罚。[72] 然而，这种论证能否与《基本法》第 103 条第 2 款保持一致，却显得大有疑问。根据上文所论，毋庸置疑，其正当性理由不能在于，并不存在原本意义上的类推，而是基于普遍法原则的法之续造。[73] 充其量可以指出的是，此处并未扩张《刑法典》分则的特定构成要件，而是增加总则所缺少的关于法定代理人之可罚性规则，而禁止类推仅仅适用于分则部分。然而，如此将刑法上的禁止类推限于分则之做法既不能从《基本法》第 103 条第 2 款的文义推出，又会在法治国的观点下引发疑问。即便撇开这些不谈，也不能认可这种做法：其以总则性规则之名，在结果上将较少几个极其特定的[74]刑法规定扩张至其文义以外，从而绝不符合《基本法》第 103 条第 2 款之意义和目的。借助前述普遍原理所作论证的疑问尤其清楚地体现在《破产法》第 243 条所规定的情形：据以发展普遍原则的《破产法》第 244 条明确地仅仅针对第 239 条至第 241 条确定法定代理人的可罚性，而第 243 条却并未被提及。难道在结果上将第 244 条也适用于恰恰并未被提及的第 243 条，还能确实符合刑法上的禁止类推？

总之，不论如何也应予坚持的是，在类推被禁止之处，基于普遍原则的法之续造必须更加不被允许。除此之外，即便允许类推，后者为法律所排除的情形也不少见，这尤其适用于根据列举原则所构造的规定。对此，前文在论述"禁止归纳"和禁止"法类推"的框架下已作有阐释。[75]

---

〔72〕 参见 Schönke-Schröder, Vorb. VI 2 vor § 47 附有关于文献和判决的引证。

〔73〕 Schönke-Schröder, a.a.O. 却显然如此认为。

〔74〕 在基于择一认定的"限缩"之类的情形(参见前文第 4 章注释 44)则有所不同，因为其对于分则全部的构成要件均有适用，而不只是扩张几个特定的规定。

〔75〕 参见边码 176 以下。

重要结论总结

一

法律漏洞的概念一方面通过普遍语言用法，另一方面通过漏洞概念的特殊法学任务予以规定。依据普遍的语言用法，漏洞应当表示"违反计划的不完整性"。这个概念的特殊任务在于界定"法律外的法之发现"。因此，有必要从两个方向作进一步规定：其一，应当澄清不完整性特征，并就此划出和依据法律的法之发现的界限；其二，需要研究应基于何种立场作出计划违反性的价值判断，以及其与违反法律的法之发现的分界线经过何处。

1. 漏洞领域和依据法律的法之发现（狭义的"解释"）的界分标准是通过"**可能文义**"所界定的法律规定。所不同的是，只有在法律**评价**也缺失之处才能说"自由的法之发现"。就此而论，漏洞领域和自由的法之发现领域彼此交叉重合。具体而言，其原因在于，类推通常以存在漏洞为前提，但另一方面，需填充的法律概念之具体化不应被归入漏洞领域。只要存在习惯法规整，也应当反对漏洞的观点。

2. 相应于法官在补充漏洞时的地位，确定计划违反性并因此**和违反法律的法之发现相界分**的标准，只能是现行法的意思；于此情形，必须超越法律内在目的而取向于整体法秩序，包括部分超法律的普遍法原则和价值，从而能借助漏洞概念完整地掌握法律外的法之发现领域。现行法不要求规整之处不存在漏洞，充其量只是法政策上的错误。具体而言，当问题落入"法外空间"或者"反面推论"介入时，尤其不应将法律的沉默看作漏洞。另外，漏洞的观点始终以积极地证明计划违反性为前提。做不到这一点，法官就无权进行法的续造。为从术语上表明和已提及的那两种法律"有意义的"沉默之区别，此处可以称为"沉默推论"。法外空间之特征应当在于，案件事实对某个在诉讼上独立的法律领域而言是不重要的，所以建议将法外空间作为消极诉讼前提之基础。反面推论的标志是，对某种未被规定的情形，消极平等原理于此要求与特定的法律构成要件相对立的法效果（"不相似推论"）。需要将其与禁止类推的情形相区别，此时恰恰相反应当肯定漏洞之存在，而只是出于法的安定性原因，法律不允许对其加以填补。最后，在穷尽所有确定漏洞的工具后，倘若法秩序仍然不能对某一问题给出积极答复，那么便转向沉默推论。

综上得出漏洞的定义为：漏洞是实证法（即在可能文义范围之内的法律以及习惯法）中以整个现行法秩序为标准的违反计划之不完整性。

二

要在具体情形中有效地确定漏洞，这一定义就太过普遍化。所以有必要弄清楚的是，法秩序的哪些组成部分总是于此具有意义，从而以此方式获得切实可行的**漏洞确定之标准**。经分析表明，法秩序的全部要素均能够被用于确定漏洞，并体现为依次提升的三个阶段。

1. 漏洞确定最简单的情形是源于实证法**规定**，要么源于单个规范，要么源于数个规定之间的互动。"开放的规范漏洞"尤其属于此种情形，因为某一法律规定不经补充从根本上就不能被适用。但一系列"规整漏洞"也属于此，尤其是在法律程序之内缺少规定、在"完全法律"的情形缺少制裁或者逻辑与目的性"规范冲突"的情形。就此而言，其共同特征在于，法官在此始终面临**在拒绝裁判和补充法律之间作出选择**。也就是说，最终是禁止拒绝裁判在这些情形强制要求续造法。但有别于普遍性观点，禁止拒绝裁判与漏洞补充之间并无普遍联系，而确切地说，只是该组漏洞所独有之特征。

2. 为确定漏洞，也应该考虑处于规定背后的法律**具体评价**。在**与积极或者消极的平等原理联系起来时**，其尤其具有意义。就此表明，漏洞与错误的界分经常只有借助**类推**或者反面推论才能进行，所以这些在文献和判决中仅仅在漏洞填补框架下被提及的操作也应当被看作漏洞确定的工具。这同样适用于**目的性限缩**，其效果在于，针对特定的特殊情形通过增加例外性规定而补充某一规范（隐藏的规整漏洞），或者就其整个适用范围对某一规定加以限制（隐藏的规范漏洞）。在第一种情形中，消极的平等原理要求续造法；而在第二种情形中，由于某一规定之文义涵盖范围相对于其意义太过宽泛，其立法宗旨直接要求加以限制。与此相反，只要某个规定的文义就其整个适用范围而非某个在法律上相似的案型来说太过狭窄，其立法宗旨便要求加以扩展。于此情形，可以称为"**目的性扩张**"。其也应当被承认为漏洞确定的工具。

3. 虽然通常仅仅在漏洞填补的框架下被给予注意，**普遍性法原则与法价值**也同样是漏洞确定之标准。但在此情形，并不是为确定漏洞而要对所有被概括在此范畴下的法思想均应给予注意，故而有必要进行精确且在细节上经常极其困难的探究。首先应予排除的是那些本身即具有"法条性质"并因此经常能直接涵摄在其下的"基本原理"，其即便不成文也属于实证法的组成部分。不过，此外所剩的"普遍原则"也并非均无例外且无疑问地能被用来确定漏洞。确切地说，于此始终有必要证实，其构成现行法秩序的组成部分。这要求作两方面考虑：一是消极地审查，所涉原则未被实证法的规定和评价所排除；二是积极地证实，某个原则出于特殊理由对我们的法秩序主张有效性。这主要可能有三种情形：**从实证法中获取法原则**(经常采取归纳的方式，也被错误地称为"法类推")、**将其回溯法理念以及从事物本性中推导之**(后两者经常采取论题思维的方式)。借助**法价值与狭义的受法律所保护之利益**来确定漏洞也是如此。其与普遍法原则的区别只是处于较少"被具体化"的阶段，因而不包含对法官活动的直接指示，还不体现为构成要件与法效果这种典型的二分结构。

三

漏洞的种类可以在各种不同观点下进行区分。

1. 所有混淆法律外的法之发现与违反法律的法之发现的建议，均应加以拒绝。属于此种情形的区分一方面有"法律内的与法律外的"漏洞、"形式的与实质的"漏洞以及"规定漏洞与评价漏洞"，另一方面有"可适用性漏洞与批判性漏洞""内在的与超验的"漏洞、"逻辑与伦理"漏洞、"原本与非原本"漏洞。齐特尔曼有关"真正与不真正漏洞"的区分也应予以拒绝，因为其使用了错误的界分标准，而且以并不恰当的"普遍性消极原理"为基础。

2. 主流学说所承认的最重要的传统分类可能性包括：根据历史上的立法者是否知道某个问题，称其为**"有意的与无意的"**漏洞；根据漏洞是在法律颁布时即已存在，还是事后由于社会事实与法秩序的内在评价之变迁而产生，就存在**"自始的"**或者**"嗣后的"**漏洞；根据法律文义是太过狭窄还是太过宽泛，会存在**"开放的"**或者"隐藏的"漏洞；最后，根据是仅缺少法条之一部分，抑或缺少整个法条，或是缺少数个法条的整体，可以称其为**"规范漏洞、规整漏洞与领域漏洞"**。

3. 本书所赞同的分类建议是**根据漏洞确定之标准加以区分**。据此，只要法律规定要求法之续造就存在**"规定漏洞或者拒绝裁判漏洞"**，那么禁止拒绝裁判就强制要求补充法律；只要漏洞确定是基于法律的具体评价，因而类推、当然推论、目的性扩张与限缩被用作确定漏洞之工具，就是**"目的性"**漏洞；只要普遍法原则及价值构成确定漏洞的工具，就称为**"原则及价值漏洞"**。这一区分与传统分类彼此交叉重叠。与所选取的界分标准相适应，具体漏洞种类总是在漏洞确定上体现出特殊性质，这在第二章已作具体阐述。不过，三种漏洞之间还呈现出其他典型区别，随后两章已对此予以进一步详细探讨。

四

这尤其适用于**漏洞确定与漏洞填补的关系**。有别于几乎为普遍性的观点，二者并非两种完全独立之操作，更确切地说，而是应该相应于对漏洞所作的新分类加以区别讨论。

1. 在**禁止拒绝裁判漏洞**的情形，主流学说是恰当的：漏洞之确定与填补是两种在思维上完全不同的操作。于此情形，只要有机会进行类推便仅仅被用于填补漏洞，而且，由于其只构成数个理论上可能的填补工具之一，所以在术语上应当被称为"可能类推"。

2. 在**目的性漏洞**的情形，确定与填补通常是同一种操作。于此情形，只要有机会类推就是唯一可以想象的填补工具，因此称其为"必然类推"。不过，在实践中极其少见的例外情形，确定与填补也在思维上部分地分离。这尤其适用于那些"部分类推"的例子以及目的性限缩的几种情形。此外，在目的性限缩(或扩张)的情形，漏洞补充也是统一的思维过程，借此甚至可能产生新的法制度。于此脉络中有意义的还有，目的性限缩作为方法上的操作也可以适用于法秩序中(部分不成文)的普遍性基本原理。

3. 在**原则及价值漏洞**的情形，漏洞之确定与填补虽然是两种分离的操作，但却存在密切的内在联系：为确定漏洞所使用的原则也为填补指明了方向，但还需要"具体化"。这通过现行法体系中的教义学归属和与法律规定及具体评价相协调而实现。就此而言，只要适用类推便承担"具体化功能"：其经常在数个原则中给出有利于某一特定原则的方案。

五

法律外法之发现的界限可能源于漏洞填补要么不可能，要么不被允许。第一种情形所要面对的是不可填补之漏洞的问题，而第二种情形主要面对禁止类推的问题。

1. 不同于法的无漏洞性教义，应该肯定**不可填补之漏洞的可能性**，主要是在缺少法技术性规定的情形。但这一问题并非对所有种类的漏洞均有意义，而是**拒绝裁判漏洞**之特色。与此相反，对法官续造法的第二种限制，即禁止类推，于此并不适用。因为依照其意义，只有"必然"类推才被禁止，而非"可能"类推。

2. 在**目的性漏洞**的情形，由于漏洞之确定与填补的统一性，**不可填补之漏洞**是无法想象的。与此相反，**禁止类推**在此有其本来的作用领域。而在有疑义的情形，应将其与单纯的"禁止归纳"(禁止"法类推")清楚地区分开来，后者只是不允许(通过从实证法归纳的方式)获得普遍法原则，而且经常在如下情形被承认，即立法者并不想出于法的安定性原因作出形式的秩序性决定(也只有此种诫命才能使违反平等原理变得正当化），而是要作出实质的价值判断。目的性限缩的边界首先在于，其仅仅允许添加某一例外性构成要件，而非完全废止某个规定。此外，相对于禁止类推而应位于另一边的是"**禁止限缩**"（"**禁止限制**"），例如，现行刑法就应对此予以承认。

3. 在**原则及价值漏洞**的情形，倘若找不到为具体化所必需的法技术性规定，那么在理论上就可能出现**不可填补之漏洞**。于此情形，**禁止类推**也具有意义，因为借助普遍法原则的法之续造等就更应该被禁止。

文献索引

一、方法论问题的文献索引

引用方式：基本上只引用作者姓氏。若使用同一位作者的数个作品，就增加题目中的标志性语词。

Al-Sanhoury, A.-A., Le Standard juridique, in: Recueil d'études sur les sources du droit en l'honneur de François Gény II, S. 144 ff.; Paris 1934.

Anschütz, Gerhard, Lücken in den Verfassungs- und Verwaltungsgesetzen; VerwArch., Bd. 14 (1904), S. 315 ff.

Arndt, Adolf, Gesetzesrecht und Richterrecht, NJW 63, S. 1273 ff.

Bachof, Otto, Über die Geltung des Art. 104 des Grundgesetzes oder von der Aufgabe des Richters zur Ausfüllung von Gesetzeslücken; JZ 51, S. 737 ff.

— Die richterliche Kontrollfunktion im westdeutschen Verfassungsgefüge, in: „Verfassungsrecht und Verfassungswirklichkeit"; Festschrift für Hans Huber, S. 26 ff.; Bern 1961.

Bäumlin, Richard, Staat, Recht und Geschichte; Zürich 1961.

Ballweg, Ottmar, Zu einer Lehre von der Natur der Sache, Baseler

Studien zur Rechtswissenschaft, Heft 57; Basel 1960.

Bartholomeyczik, Horst, Die Kunst der Gesetzesauslegung; Frankfurt a. M. 1951.

Bastian, Hermann, Der Richter als Gesetzgeber; Diss. Mainz 1955.

Baumgarten, Arthur, Die Wissenschaft vom Recht und ihre Methode, I. Teil, S. 299 ff.; Tübingen 1922.

— Grundzüge der juristischen Methodenlehre, S. 35 ff.; Bern 1939.

Becker, Walter G., Gegenopfer und Opferverwehrung, S. 433 ff.; Berlin und Frankfurt a. M. 1958.

Bekker, Ernst Immanuel, Grundbegriffe des Rechts und Mißgriffe der Gesetzgebung; Berlin und Leipzig 1910.

Bender, Bernd, Zur Methode der Rechtsfindung bei der Auslegung und Fortbildung gesetzten Rechts; JZ 57, S. 593 ff.

— Inhalt und Grenzen des Gebots der verfassungskonformen Gesetzesauslegung; MDR 59, S. 441 ff.

Berber, Friedrich J., Zur Problematik der Rechtsquellen im internationalen Wasserrecht, Festschrift für Paul Giesecke, S. 117 ff.; Karlsruhe 1958.

Bergbohm, Karl, Jurisprudenz und Rechtsphilosophie I, S. 367 ff.; Leipzig 1892.

Betti, Emilio, Ergänzende Rechtsfortbildung als Aufgabe der richterlichen Gesetzesauslegung, in: Festschrift für Leo Raape, S. 379 ff.; Hamburg 1948.

Betti, Emilio, Zur Grundlegung einer allgemeinen Auslegungslehre, in: Festschrift für Ernst Rabel, S. 79 ff.; Tübingen 1954.

Beudant, Ch., Cours de droit civil français, Bd. 1, 2. Aufl.; Paris 1934.

Bierling, Ernst Rudolf, Juristische Prinzipienlehre, IV. Bd., S. 382 ff., 1894 bis 1917; Neudruck 1961.

Biermann, Johannes, Die Gründe der Zweifelhaftigkeit rechtlicher Ergebnisse; Gießen 1911.

Binder, Julius, Philosophie des Rechts, 1. Aufl.; Berlin 1925.

Bobbio, Norberto, Über den Begriff der „ Natur der Sache"; ARSP 44 (1958), S. 305 ff.

Boehmer, Gustav, Grundlagen der bürgerlichen Rechtsordnung; Tübingen 1950–1952.

Boulanger, Jean, Principes généraux du droit et droit positif, in: Le droit privé français au milieu du XXe siècle (Etudes offertes à George Ripert I), S. 51 ff.; Paris 1950.

— Etudes sur le rôle du juge en cas de silence ou d'insuffisance de la loi, in: Traveaux de l'Association Henri Capitant pour la culture juridique française, V (1949), S. 61 ff.; Paris 1950.

— La Méthode depuis le code civil de 1804 au point de vue de la technique juridique. Bericht über den Vortrag von Boulanger, in: Traveaux de l'Association Henri Capitant VI (1950), S. 58 ff.; Paris 1952.

Bovensiepen, Analogie und per argumentum e contrario, in: Stier–Somlo, Handwörterbuch der Rechtswissenschaft, S. 133 ff.; Berlin und

Leipzig 1926.

Brändl, siehe Staudinger.

Brütt, Lorenz, Die Kunst der Rechtsanwendung; Berlin 1907.

Burckhardt, Walther, Die Lücken des Gesetzes und die Gesetzesauslegung; Bern 1925 (Abhandlungen zum Schweizer Recht, NF 8).

— Methode und System des Rechts, S. 259 ff.; Zürich 1936.

Capitant, Henri, Introduction à l'étude du droit civil; 4 éd., Paris 1925.

Coing, Helmut, Die obersten Grundsätz des Rechts; Heidelberg 1947.

— Grundzüge der Rechtsphilosopie; Berlin 1950.

— Die juristischen Auslegungsmethoden und die Lehren der allgemeinen Hermeneutik; Köln und Opladen 1959.

— siehe Staudinger.

Dahm, Georg, Deutsches Recht, S. 48 ff.; 2. Aufl.; Stuttgart und Köln 1963.

Danz, Erich, „ Einführung in die Rechtsprechung ", S. 83 ff.; Jena 1912.

Del Vecchio, Giorgio, Les principes généraux du droit, in: Recueil d'études sur les sources du droit en l'honneur de François Gény, Tome II, S. 69 ff.; Paris 1934. Deutsche Übersetzung: Die Grundprinzipien des Rechts; Berlin 1923.

— Die Gerechtigkeit, 2. Aufl.; Basel 1950.

— Lehrbuch der Rechtsphilosophie, 2. Aufl.; Basel 1951.

De Page, Henri: De l'interprétation des lois; Brüssel und Paris 1925.

Dernburg, Heinrich, Pendekten, I. Bd., S. 82 ff., 7. Aufl.; Berlin 1902.

Desserteaux, Marc, A quel critère peut-on reconnaître les cas d'application de la libre recherche scientifique, in: Recueil d'études sur les sources du droit en l'honneur de François Gény, II, S. 423 ff.; Paris 1934.

Dölle, Hans, Juristische Entdeckungen, Festvortrag vor dem 42. deutschen Juristentag, Düsseldorf 1957; Bd. II der „Verhandlungen des 42. deutschen Juristentages"; Tübingen 1959.

Dorolle, Maurice, Le raisonnement par analogie; Paris 1949.

Du Pasquier, Claude, Modernisme judiciaire et jurisprudence suisse, in: Recueil de travaux offert par la faculté de droit de l'université de Neuchâtel à la société suisse des juristes, S. 191 ff.; Neuchâtel 1929.

— Introduction à la théorie générale et à la philosophie du Droit; Paris und Neuchâtel 1937.

— Les lacunes de la loi et la jurisprudence du Tribunal fédéral suisse sur l'art. ler ccs; Basel 1951 (Basler Studien zur Rechtswissenschaft, Heft 31).

Düringer, Adalbert, Richter und Rechtsprechung; Leipzig 1909.

Egger, August, Kommentar zum schweizerischen Zivilgesetzbuch, Bd. I zu Art. 1 ZGB, 2. Aufl.; Zürich 1930.

— Schweizerische Rechtsprechung und Rechtswissenschaft, Rektoratsreden an der Universität Zürich; Berlin 1913.

Ehrlich, Eugen, Die juristische Logik; 2. Aufl., Tübingen 1925.

Elze, Hans, Lücken im Gesetz; München und Leipzig 1916.

Engisch, Karl, Die Einheit der Rechtsordnung; Heidelberg 1935.

—— Der Begriff der Rechtslücke, in: Festschrift für Wilhelm Sauer, S. 85 ff.; Berlin 1949.

—— Der rechtsfreie Raum, Zeitschrift für die ges. Staatswissenschaft, 108 Bd. (1952), S. 385 ff.

—— Die Idee der Konkretiserung in Recht und Rechtswissenschaft unserer Zeit; Heidelberg 1953.

—— Einführung in das juristische Denken; 2. Aufl., Stuttgart 1959.

—— Logische Studien zur Gesetzesanwendung; 2. Aufl., Heidelberg 1960.

—— Zur „Natur der Sache" im Strafrecht, in: Festschrift für Eberhard Schmidt, S. 90 ff.; Göttingen 1961.

Esser, Josef, Die Interpretation im Recht, Studium Generale, Bd. 7 (1954), S. 372 ff.

—— Grundsatz und Norm in der richterlichen Fortbildung des Privatrechts; Tübingen 1956.

Fabreguettes, M. P., La logique judiciaire et l'art de juger; 2ᵉ ed., Paris 1926.

Fechner, Erich, Rechtsphilosophie; 2. Aufl., Tübingen 1962.

Friedrich, Hans-Peter, Die Analogie als Mittel der richterlichen Rechtsfindung, in: 100 Jahre schweizerisches Recht, S. 439 ff., ZSR 1952, NF 71, 1; Basel 1952.

Fuchs, Ernst, Was will die Freirechtsschule; Rudolfstadt 1929.

Fuchs, Wilhelm, Lex permissiva, Indifferenzstandpunkt, rechtsleerer Raum, Lückenfrage; Revue internationale de la théorie du droit, 1. Jg., 1926/27. S. 183 ff.

Gaul, Hans Friedhelm, Die Grundlagen des Wiederaufnahmerechts und die Ausdehnung der Wiederaufnahmegründe. Zugleich ein Beitrag zum Problem der Analogie beim enumerativen Ausnahmerechtssatz; Bielefeld 1956.

Gény, François, Méthode d'interprétation et sources en droit privé positif; 2. Aufl., Paris 1919.

— Science et technique en droit privé positif; Paris 1913–1924.

Germann, Oskar Adolf, Methodische Grundfragen; Basel 1946.

— Zum songenannten Analogieverbot nach schweizerischem Strafgesetzbuch, Festgabe für Hafter; SchwZStrR 61 (1946), S. 119 ff.

— Grundlagen der Rechtswissenschaft; Bern 1950.

— Präjudizielle Tragweite höchstinstanzlicher Urteile, insbesondere der Urteile des schweizerischen Bundesgerichts; ZSR 1949, NF 68, S. 297 ff., und als Sonderdruck; Basel 1950.

— Präjudizien als Rechtsquellen; Uppsala 1960.

Gilliard, François, La nature des principes généraux du droit, ZSR, NF 81 (1962 I. Hbd.), S. 191 ff.

Gmür, Max, Die Anwendung des Rechts nach Art. 1 des schweizerischen Zivilgesetzbuches, Abhandlungen zum schweizerischen Recht, Heft 26; Bern 1908.

Goldschmidt, James, Der Prozeß als Rechtslage, S. 158 ff.; Berlin 1925.

Grabherr, Peter, Zulässige Interpretation und verbotene Analogie nach schweizerischem Strafgesetzbuch; Diss., Thun 1952.

Graven, Jean, Les principes de la légalité, de l'ansalogie et de l'interprétation en droit pénal suisse, SchwZStR 66 (1951), S. 377 ff.

Gutzwiler, Max, Zur Lehre von der „Natur der Sache", in: Festgabe der Juristischen Fakultät der Universität Fribourg zum Juristentag; Fribourg 1924.

Hafter, Ernst, Lücken im Strafgesetzbuch. Lückenausfüllung, SchwZStR 62 (1947), S. 133 ff.

Heck, Philipp, Gesetzesauslegung und Interessenjurisprudenz; Tübingen 1914.

— Begriffsbildung und Interessenjurisprudenz; Tübingen 1932.

Hedemann, Justus Wilhelm, Die Flucht in die Generalklauseln; Tübingen 1933.

Heller, Theodor, Logik und Axiologie der analogen Rechtsanwendung; Berlin 1961.

Hellwig, Konrad, Lehrbuch des deutschen Zivilprozeßrechts, Bd. 2, S. 163 ff.; Leipzig 1907.

Henckel, Wolfram, Die ergänzende Vertragsauslegung; AcP 159, 106 ff.

Henkel, Heinrich, Einfrührung in die Rechtsphilosophie; München und Berlin 1964.

Herrfahrdt, Heinrich, Lücken im Recht; Diss., Bonn 1915.

Hildebrandt, Heinz, Rechtsfindung im neuen deutschen Staate, S. 62 ff.; Berlin und Leipzig 1935.

Hippel, Fritz von, Formalismus und Rechtsdogmatik; Hamburg 1935.

— Rechtstheorie und Rechtsdogmatik; Frankfurt a.M. 1964.

Huber, Eugen, Recht und Rechtsverwirklichung; insbesondere S. 410 ff.; 2. Aufl., Basel 1925.

Isay, Hermann, Rechtsnorm und Entscheidung, S. 223 ff.; Berlin 1929.

Jellinek, Georg, Allgemeine Staatslehre, S. 356 ff.; 3. Aufl., Berlin 1929.

Jellinek, Walter, Gesetz, Gesetzesanwendung und Zweckmäßigkeitserwägung, S. 167 ff.; Leipzig 1913.

Jerusalem, Franz W., Kritik der Rechtswissenschaft; Frankfurt a. M. 1948.

Jeschek, Hans−Heinrich, Methoden der Strafrechtswissenschaft, Studium Generale, 1959, 107 ff.

Jung, Erich, Von der „logischen Geschlossenheit" des Rechts, Festgabe der Gießener Juristenfakultät für Heinrich Dernburg, S. 133 ff.; Berlin 1900.

— Positives Recht, Sonderabdruck aus der Festschrift der juritischen Fakultät der Universität Gießen; Gießen 1907.

— Rechtsregel und Rechtsgewissen; AcP 118 (1921), S. 1 ff. insbesondere S. 101 ff.

Kantorowicz, Hermann U., (Gnaeus Flaveus), Der Kampf um die Rechtswissenschaft; Heidelberg 1906.

Kaufmann, Erich, Das Wesen des Völkerrechts und die clausula rebus sic stantibus, S. 48 ff.; Tübingen 1911.

Keller, Adolf, Die Kritik, Korrektur und Interpretation des Gesetzeswortlautes; Züricher Diss., Winterthur 1960.

Kelsen, Hans, Reine Rechtslehre; 2. Aufl., Wien 1960.

Kiß, Géza, Gesetzesauslegung und „ungeschriebenes" Recht, Kritische Beiträge zur Theorie der Rechtsquellen; JherJb. 58 (1911), S. 413 ff.

Klug, Ulrich, Juristische Logik; 2. Aufl., Berlin, Göttingen, Heidelberg 1958.

Kohler, Josef, Lehrbuch des Bürgerlichen Rechts, 1. Bd., S. 82 ff.; Berlin 1906.

König, Wilhelm (und Rudolf Reinhardt), Richter und Rechtsfindung; München und Berlin 1957.

Kornfeld, Ignatz, Soziale Machtverhältnisse, S. 123 ff.; Wien 1911.

Kraus, Oskar, Die leitenden Grundsätze der Gesetzesinterpretation, GrünhutsZ. 32 (1905), S. 611 ff.

Kübler, Friedrich Karl, Der deutsche Richter und das demokratische Gesetz, AcP 162, 104 ff.

Larenz, Karl, Die Methode der Auslegung der Rechtsgeschäfte; Leipzig 1930.

— Wegweiser zu richterlicher Rechtsschöpfung, in: Festschrift für Artur Nikisch, S. 275 ff.; Tübingen 1958.

— Methodenlehre der Rechtswissenschaft; Berlin 1960.

— Ergänzende Vertragsauslegung und dispositives Recht; NJW 63, 737 ff.

— Über das Verhältnis von Interpretation und richterlicher Rechtsfortbildung, in: Festschrift für Olivecrona, S. 384 ff.; Stockholm 1964.

Laun, Rudolf von, Eine Theorie vom natürlichen Recht, AöR 30 a. f. (1913), S. 369 ff.

Lehmann, Heinrich, Allgemeiner Teil des Bürgerlichen Gesetzbuches, § 8; 12. Aufl., Berlin 1960.

Less, Günther, Von Wesen und Wert des Richterrechts; Erlangen 1954.

Littmann, Eberhard, Analogie oder Umkehrschluß (argumentum e contrario), FR 1963, S. 74 ff.

Lobe, Mängel unseres Rechtslebens, in: Das Recht, 1913, S. 691 ff.

Lorenz, Werner, Rechtsvergleichung als Methode zur Konkretisierung der allgemeinen Grundsätze des Rechts; JZ 62, 269 ff.

Maihofer, Werner, Die Natur der Sache, ARSP 44 (1958), S. 145 ff.

Manigk, Alfred, bei Stier–Somlo, S. 428 ff., „Auslegung", Handwörterbuch der Rechtswissenschaft; Berlin und Leipzig 1926.

Meier–Hayoz, Arthur, Der Richer als Gesetzgeber; Zürich 1951.

— Berner Kommentar, Kommentar zum schweizerischen Zivilrecht,

Bd. 1 zu Art. 1; Bern 1962.

Merz, Hans, Auslegung, Lückenfüllung und Normberichtigung, AcP 163 (1964), S. 305 ff.

Meyer–Ladewig, Jens, Justizstaat und Richterrecht, AcP 161 (1962), S. 97 ff.

Moor, Julius, Das Logische im Recht, Revue internationale de la théorie du droit, 2. Jg. (1927/28), S. 157 ff.

Nawiasky, Hans, Allgemeine Rechtslehre als System der rechtlichen Grundbegriffe, S. 142 ff.; 2. Aufl., Einsiedeln, Zürich, Köln 1948.

Nipperdey, Hans–Carl, in Enneccerus–Nipperdey, Allgemeiner Teil des Bügerlichen Rechts, § § 51 ff.; 15. Aufl., Tübingen 1959.

Noll, Peter, Übergesetzliche Rechtfertigungsgründe, im besonderen die Einwilligung des Verletzten, S. 1–15 (Schweizerische Kriminalistische Studien, Bd. 10); Basel 1955.

Oertmann, Paul, Gesetzeszwang und Richterfreiheit; Leipzig 1909.

Oftinger, Karl, Einige grundsätzliche Betrachtungen über die Auslegung und Ergänzung der Verkehrsgeschäfte, ZSR 59 (1939), S. 178 ff.

Perreau, E.-H., Technique de la Jurisprudence en droit privé; Paris 1923.

Petraschek, Karl, System der Rechtsphilosophie, insbesondere S. 303 ff.; Freiburg i. B. 1932.

Pisko, Oskar, zu § 7 österr. ABGB in Kommentar zum allgemeinen bürgerlichen Gesetzbuch, 1. Bd., 1. Hdb., herausgegeben von Heinrich Klang; 1. Aufl., Wien 1933.

— Handelsgesetze als Quelle des bürgerlichen Rechtes. Ein Beitrag zur Lehre von der Analogie; Wien 1935.

Radbruch, Gustav, Rechtswissenschaft als Rechtsschöpfung, in: Archiv für Sozialwissenschaft und Sozialpolitik, Bd. 22 (1906), S. 355 ff.

— Die Natur der Sache als juristische Denkform, Festschrift für Rudolf von Laun, S. 155 ff.; Hamburg 1958.

— Rechtsphilosophie; 5. Aufl., Stuttgart 1956.

Remm, Thilo, Auslegung und gesetzesändernde Rechtsfortbildung; ArbuR 1962, S. 353 ff.

Redel, Oskar, Rechtslücken und Rechtsschöpfung; Diss., Gießen 1933.

Regelsberger, Ferdinand, Pandekten, 1. Bd., S. 140 ff.; Leipzig 1893.

— Das jus singulare und die analoge Anwendung, in: Festschrift für Rudolf von Jhering; Leipzig 1892.

Reichel, Hans, Gesetz und Richterspruch, S. 92 ff.; Zürich 1915.

— Zur Rechtsquellenlehre, Zeitschrift für Philospie, Bd. 6 (1932), S. 76 ff.

Reinhardt, Rudolf (und Wilhelm König), Richter und Rechtsfindung; München und Berlin 1957.

Riezler, Erwin, Das Rechtsgefühl; 2. Aufl., München 1946.

Rinck, Hans Justus, Gleichheitssatz, Willkürverbot und Natur der Sache, JZ 63, S. 521 ff.

Ripert, Georges, Les règles du droit civil applicables aux rapports internationaux, in: Académie de droit international: Recueil des Cours 1933 II (Tome 44), S. 565 ff.

— Les forces créatrices du droit, Paris 1955.

Robine, Luc, L'interprétation des Textes exceptionnels en Droit civil français; Thèse, Bordeaux 1933.

Ross, Alf, Theorie der Rechtsquellen, S. 340 ff.; Leipzig und Wien 1929.

Roth–Stielow, Klaus, Die Auflehnung des Richters gegen das Gesetz; Villingen 1963.

Rotondi, Mario, Equité et principes généraux du droit dans l'ordre juridique italien, in: Recueil d'études sur les sources du droit en l'honneur de Franşois Gény Ⅱ, S. 403 ff.

Roubier, Paul, Théorie générale du droit, 2ᵉ ed.; Paris 1951.

— La Méthode depuis le code civil de 1804 au point de vue de la technique juridique, Bericht über den Vortrag von Roubier, in: Traveaux de l'Association Henri Capitant VI (1950); Paris 1952.

Rümelin, Max, Werturteile und Willensentscheidungen im Civilrecht, in: Reden bei der öffentlichen Feier der Übergabe des Prorectorats der Universität Freiburg, S. 23 ff.; Freiburg 1891.

— Das neue schweizerische Zivilgesetzbuch und seine Bedeutung für uns; Tübingen 1908.

Rumpf, M., Gesetz und Richter, S. 150 ff.; Berlin 1906.

Saleilles, Raymond, Einführung in das Studium des deutschen bürgerlichen Rechts, S. 86 ff.; Breslau 1905.

Sauer, Wilhelm, Juristische Methodenlehre; Stuttgart 1940.

Savigny, Friedrich Karl von, Juristische Methodenlehre, herausgegeben von G. Wesenberg; Stuttgart 1951.

Sax, Walter, Das strafrechtliche Annalogieverbot. Eine methodologische Untersuchung über die Grenze der Auslegung im geltenden deutschen Strafrecht; Göttingen 1953.

Schack, Friedrich, „ Analogie " und „ Verwendung allgemeiner Rechtsgedanken" bei der Ausfüllung von Lücken in den Normen des Verwaltungsrechts, in: Festschrift zu Ehren von Rudolf von Laun, S. 275 ff.; Hamburg 1948.

Schaffstein, Friedrich, Zur Problematik der teleologischen Begriffsbildung im Strafrecht; Bonn 1934.

Schmitt, Carl, Gesetz und Urteil; Berlin 1912.

Schönke, Adolf, — Schrade, Werner, Einführung in die Rechtswissenschaft, S. 13 ff., 6. Aufl.; Karlsruhe 1955.

Schreier, Fritz, Die Interpretation der Gesetze und Rechtsgeschäfte, S. 39 ff.; Leipzig und Wien 1927.

Schüle, Adolf, Treu und Glauben im deutschen Verwaltungsrecht, VerwArch 38 (1933), S. 399 ff.

Schweizer, Otto, Freie richterliche Rechtsfindung intra legem als Methodenproblem, (Basler Studien zur Rechtswissenschaft, Heft 52); Basel 1959.

Schwinge, Erich, Teleologische Begriffsbildung im Strafrecht; Bonn 1930.

Siebert, Wolfgang, Die Methode der Gesetzesauslegung; Heidelberg 1958.

Simonius, August, Über Bedeutung, Herkunft und Wandlung der Grundsätze des Privatrechts, in: Hundert Jahre schweizerisches Recht, ZSR 1952, Bd. 71, NF, S. 237 ff.; Basel 1952.

Siorat, Lucien, Le problème des lacunes en droit international; Paris 1958.

Somlo, Felix, Die Anwendung des Recht, GrünhZ. Bd. 38 (1911), S. 55 ff.

— Juristische Grundlehre, 2. Aufl.; Leipzig 1927.

Spasoïevitch, J., L'analogie et d'interprétation, Contribution à l'étude des méthodes en droit privé; Thèse, Paris 1911.

Spiegel, Ludwig, Gesetz und Recht, Vorträge und Aufsätze zur Rechtsquellenlehre, S. 118 ff.; München und Leipzig 1913.

Spiro, Karl, Alte Rechtssprichwörter und modernes Privatrecht, ZSR 1950, NF 69, S. 121 ff.

— Über den Gerichtsgebrauch zum allgemeinen Teil des revidierten Obligationenrechts (Basler Studien zur Rechtswissenschaft, Heft 25); Basel 1948.

Stammler, Rudolf, Theorie der Rechtswissenschaft, S. 641 ff.; Halle 1911.

Staudinger, Kommentar zum BGB, I. Bd., Allgemeiner Teil; 11. Aufl.; Berlin 1957.

—*Brändl*, Einleitung, Randziffern 54 ff.

—*Coing*, zu § § 133 und 157 BGB.

Stein, Erwin, Die verfassungsrechtlichen Grenzen der Rechtsfortbildung durch die Rechtsprechung, NJW 64, 1745 ff.

Sternberg, Theodor, Einführung in die Rechtswissenschaft, 1. Teil, 2. Aufl.; Leipzig 1912.

Stoll, Heinrich, Rechtsstaatsidee und Privatrechtslehre, JherJb. 76 (1926), S. 134 ff.; insbesondere S. 175 ff.

— Juristische Methode, in: Leben in der Justiz, S. 83 ff.; Berlin 1934.

Stratenwerth, Günther, Das rechtstheoretische Problem der Natur der Sache; Tübingen 1957.

Teichmann, Arndt, Die Gesetzesumgehung, S. 78 ff.; Göttingen 1962.

Tuhr, Andreas von, Der allgemeine Teil des Deutschen Bürgerlichen Rechts, 1. Bd., S. 40 ff.; Leipzig 1910.

Tuor, P., Das schweizerische Zivilgesetzbuch, S. 27 ff., 5. Aufl.; Zürich 1953.

Vangerow, Karl Adolph von, Lehrbuch der Pandekten, S. 55 ff., 7. Aufl.; Marburg und Leipzig 1875.

Viehweg, Theodor, Topik und Jurisprudenz, 2. Aufl.; München 1963.

Wach, Adolf, Handbuch des deutschen Zivilprozeßrechts, § 22; Leipzig 1885.

Wächter, Carl Georg von, Pandekten I, S. 123 ff.; Leipzig 1880.

Waiblinger, Max, Die Bedeutung des Grundsatzes „ nullum crimen sine lege" für die Anwendung und Fortentwicklung des schweizerischen

Strafrechts, in: Rechtsquellenprobleme im schweizerischen Recht, Festgabe für den schweizerischen Juristenverein, S. 212 ff.; Bern 1955.

Weigelin, Ernst, Die Lücke im Recht, JherJb., Bd. 88 (1939), S. 1 ff.

Weinkauff, Hermann, Richtertum und Rechtsfindung in Deutschland; Tübingen 1952.

— Der Naturrechtsgedanke in der Rechtsprechung des Bundesgerichtshofes, NJW 60, S. 1689 ff.

Weischedel, Wilhelm, Recht und Ethik, 2. Aufl.; Karlsruhe 1959.

Welzel, Hans, Naturrecht und materiale Gerechtigkeit, 4. Aufl.; Göttingen 1962.

Wenzel, Leonhard, Die Problematik der richterlichen Ausfüllung von Gesetzeslücken, JZ 60, S. 713 ff.

Westermann, Harry, Wesen und Grenzen der richterlichen Streitentscheidung im Zivilrecht; Münster 1955.

Wieacker, Franz, Zur rechtstheoretischen Präzisierung des § 242; Tübingen 1956.

— Gesetz und Richterkunst. Zum Problem der außergesetzlichen Rechtsordnung; Karlsruhe 1958.

Wilburg, Walter, Entwicklung eines beweglichen Systems im Bürgerlichen Recht; Graz 1950.

Windscheid, Bernhard, Lehrbuch des Pandektenrechts, 1. Bd., S. 102 ff. 9. Aufl., bearbeitet von Theodor Kipp; Frankfurt a.M. 1906.

Wolff, Hans. J., Rechtsgrundsätze und verfassungsgestaltende Grundentscheidungen als Rechtsquellen, in: Forschungen und Berichte aus dem öffentlichen Recht, Bd. 6 (Gedächtnisschrift für Walter Jellinek), S. 33 ff.; München 1955.

Wolff, Karl, Zu § 7 österr. ABGB, in: Kommentar zum allgemeinen bürgerlichen Gesetzbuch, 1. Bd., 1. Hbd., herausgegeben von Heinrich Klang, 2. Aufl.; Wien 1948.

Wüstendörfer, Hans, Die deutsche Rechtsprechung am Wendepunkt, AcP 110 (1913), S. 219 ff.

Zimmermann, Theo, Analogie oder Umkehrschluß, NJW 54, S. 624 ff.

— Der Wortlaut des Gesetzes im Spiegel höchstrichterlicher Rechtsprechung, NJW 56, S. 1262 ff.

Zippelius, Reinhold, Wertungsprobleme im System der Grundrechte, S. 79 ff.; München und Berlin 1962.

Zitelmann, Ernst, Lücken im Recht, Leipzig 1903.

Zoll, Frédéric, Méthodee d' interprétation en droit privé positif, in: Recueil d' études sur les sources du droit en l' honneur de François Gény, II, S. 434 ff.; Paris 1934.

Zweigert, Konrad, Juristische Interpretation, Studium Generale 1954, S. 380 ff.

二、用作例子的重要文献索引

Baumbach-Duden, Kommentar zum Handelsgesetzbuch, 16. Aufl.; Müchen und Berlin 1964.

Baumbach – Hueck, Kommentar zum Aktiengesetz, 11. Auflage.; München und Berlin 1961.

— Kommentar zum GmbH – Gesetz, 11. Aufl.; München und Berlin 1964.

Baumbach – Lauterbach, Kommentar zur Zivilprozeßordnung, 27. Aufl.; München und Berlin 1963.

Baur, Fritz, Lehrbuch des Sachenrechts, 2. Aufl.; Müchen und Berlin 1963.

Beitzke, Günther, Familienrecht, 12. Aufl.; München und Berlin 1964.

Binding, Karl, Handbuch des Strafrechts; Leipzig 1885.

Blomeyer, Arwed, Allgemeines Schuldrecht, 3. Aufl.; Berlin 1964.

— Zivilprozeßrecht; Berlin, Göttingen, Heidelberg 1963.

Bötticher, Eduard, Die Gleichheit vor dem Richter, Hamburger Universitätsreden, Heft 16, 2. Aufl.; Hamburg 1961.

Boor, Hans Otto de, Zur Lehre vom Parteiwechsel und vom Parteibegriff; Leipzig 1941.

Caemmerer, Ernst von, Wandlungen des Deliktsrechts, in: Hundert Jahre deutsches Rechtsleben. Festschrift zum hunderjährigen Bestehen des deutschen Juristentages, II, S. 49 ff.; Karlsruhe 1960.

Dohna, Alexander Graf zu, Der Aufbau der Verbrechenslehre, 2. Aufl.; Bonn 1941.

Enneccerus – Kipp – Wolff, Lehrbuch des Bürgerlichen Rechts —

Allgemeiner Teil, 15. Bearbeitung, von Hans – Carl Nipperdey; Tübingen 1959 – Schuldrecht, 15. Bearbeitung, von Heinrich Lehmann; Tübingen 1958 — Sachenrecht, 10. Bearbeitung, von Ludwig Raiser; Tübingen 1957.

Erman, Handkommentar zum Bürgerlichen Gesetzbuch, 3. Aufl.; Münster 1962.

Esser, Josef, Schuldrecht, 2. Aufl.; Karlsruhe 1960.

—— Grundlagen und Entwicklung der Gefährdungshaftung; München und Berlin 1941.

Fischer, Hans Albrecht, Die Rechtswidrigkeit mit besonderer Berücksichtigung des Privatrechts; München 1911.

Flume, Werner, Rechtsgeschäft und Privatautonomie, in: Hundert Jahre deutsches Rechtsleben, Festschrift zum hundertjährigen Bestehen des deutschen Juristentages, I, S. 135 ff.; Karlsruhe 1960.

Gernhuber, Joachim, Drittwirkungen im schuldverhältnis kraft Leistungsnähe, in: Festschrift für Nikisch, S. 249 ff.; Tübingen 1958.

Gierke, Julius von, Handels – und Schiffahrtsrecht, 8. Aufl.; Berlin 1958.

Hellwig, Konrad, System des Deutschen Zivilprozeßrechts I; Leipzig 1912.

Hueck, Alfred, Das Recht der offenen Handelsgesellschaft, 3. Aufl.; Berlin 1964.

—— Gesellschaftsrecht, 11. Aufl.; München 1963.

—— Lehrbuch des Arbeitsrechts, 1. Bd., 7. Aufl.; Berlin und Frankfurt 1963.

Kegel, Gerhard, Internationales Privatrecht, 2. Aufl.; München und Berlin 1964.

Kisch, Wilhelm, Parteiänderung im Zivilprozeß; München 1912.

Lange, Heinrich, Allgemeiner Teil des Bürgerlichen Gesetzbuchs, 5. Aufl.; München und Berlin 1961.

Larenz, Karl, Lehrbuch des Schuldrechts, I. und II. Bd., 6. Aufl.; München und Berlin 1963.

Lehmann, Heinrich, Allgemeiner Teil des Bürgerlichen Gesetzbuchs, 12. Aufl.; Berlin 1960.

— Deutsches Familienrecht, 3. Aufl.; Berlin 1960.

Lent – Jauernig, Zivilprozeßrecht, 11. Aufl.; München und Berlin 1963.

Maunz – Dürig, Kommentar zum Grundgesetz; München und Berlin 1964.

Maurach, Reinhart, Deutsches Strafrecht, A. T., 2. Aufl.; Karlsruhe 1958.

Nikisch, Arthur, Zivilprozeßrecht, 2. Aufl.; Tübingen 1952.

Oertmann, Paul, Bürgerliches Gesetzbuch, Allgemeiner Teil und Recht der Schuldverhältnisse, 3. und 5. Aufl.; Berlin 1927.

Palandt, Kommentar zum Bürgerlichen Gesetzbuch, 23. Aufl.; München und Berlin 1964.

Planck, Kommentar zum Bürgerlichen Gesetzbuch, 4. Aufl.; Berlin und Leipzig 1913–1930.

Raape, Leo, Internationales Privatrecht, 5. Aufl.; Berlin und Frankfurt 1961.

Reichsgerichtsräte, Kommentar der Reichsgerichtsräte zum Bürgerlichen Gesetzbuch, 11. Aufl.; Berlin 1959–1961.

Rosenberg, Leo, Lehrbuch des deutschen Zivilprozeßrechts, 9. Aufl.; München und Berlin 1961.

Schlegelberger, Franz, Kommentar zum Handelsgesetzbuch, 4. Aufl.; Berlin und Frankfurt 1960.

Schönke – Schröder, Kommentar zum Strafgesetzbuch, 11. Aufl.; München und Berlin 1963.

Schönke–Schröder–Niese, Lehrbuch des Zivilprozeßrechts, 8. Aufl.; Karlsruhe 1956.

Soergel–Siebert, Kommentar zum Bürgerlichen Gesetzbuch, 9. Aufl.; Stuttgart 1959.

Staudinger, Kommentar zum Bürgerlichen Gesetzbuch, 11. Aufl.; Berlin 1957–1963.

Stein–Jonas–Schönke–Pohle, Kommentar zur Zivilprozeßordnung, 18. Aufl. und 19. Aufl., 1. und 2. Lieferung; Tübingen 1958 und 1964.

Tägert, Hans, Die Geltendmachung des Dirttschadens; Heide 1938.

Walsmann, Hans, Die Anschlußberufung; Leipzig 1928.

Welzel, Hans, Das deutsche Strafrecht, 7. Aufl.; Berlin 1960.

Westermann, Harry, Sachenrecht, 4. Aufl.; Karlsruhe 1960.

Würdinger, Hans, Aktienrecht; Karlsruhe 1959.

内容索引

阿拉伯数字是指正文边码,罗马数字及其后的阿拉伯数字分别指章目和脚注。

关键词	中文对译词	位置
Cessante ratione legis	立法宗旨消失	181
Derogierung	废止	181 以下
Dispositives Recht	任意法	45
Einschränkung(einer Norm) s. Reduktion	(对规范的)限制 见:限缩	
Enumerationsprinzip	列举原则	176
Ethik(und Recht)	伦理(和法)	106
Extension, teleologische	扩张,目的性	79,81 以下, 133,161
Fehler, rechtspolitischer	错误,法政策上的	21,64 以下,66 末尾,76 末尾, 77 末尾,121 末尾
Feststellung von Lücken (Zusammenfassung)	漏洞的确定 (总结)	47 以下 118
Freie Rechtsfindung	自由的法之发现	7(脚注 7 处), I 脚注 17,I 脚 注 87,120,165
Fristvorschrift	期间规定	
– und Analogie	期间规定和类推	174,V 脚注 40
– und tel. Reduktion	期间规定和目的性 限缩	184
Gebotsberichtigung u. s. Reduktion	诫命更正 并见:限缩	II 脚注 85
Geschlossenheit	封闭性	164 以下

关键词	中文对译词	位置
logische –	逻辑封闭性	164
teleologische –	目的封闭性	165
Gesetz（und Recht i. S. v. Art. 20 GG）	（《基本法》第 20 条意义上的）法律（和法）	28,I 脚注 95
Gewohnheitsrecht	习惯法	18
Gleichheitssatz	平等原理	8,48,63 以下，70,100,109 末尾,118,132 以下,146,175
Induktion	归纳	90 以下
–sverbot	禁止归纳	176 以下
Institut s. Rechtsinstitut	制度,见:法制度	
Interesse, geschütztes	利益,受保护的	114, II 脚注 226
Kollisionslücke	冲突漏洞	58 以下,137
Konkretisierung（allgemeiner Rechtsprinzipien）（Zusammenfassung）	（普遍法原则的）具体化 （总结）	153 以下 162
Konkretisierungsbedürftige Rechtsbegriffe	需具体化的法律概念	16
Lücke	漏洞	
anfängliche –	自始漏洞	126
Anordnungs–	规定漏洞	131 以下

关键词	中文对译词	位置
– praeter legem	法律外漏洞	16，I 脚注 46，120
Prinzip–	原则漏洞	131 以下，152 以下，186 以下
Rechts–	法漏洞	I 脚注 62，164 以下
rechtspolitische –	法政策上的漏洞	121
Rechtsverweigerungs–	拒绝裁判漏洞	131 以下，137 以下，164 以下
Regelungs–	规整漏洞	51，129，145
Richtigkeits–	正确性漏洞	121
teleologische –	目的性漏洞	131 以下，140 以下，171 以下
transzendente –	超验的漏洞	121
unausfüllbare –	不可填补的漏洞	164 以下
unechte –	不真正漏洞	122 以下
uneigentliche –	非原本的漏洞	121
verdeckte –	隐藏漏洞	75 末尾，80，128，145
Wert–	价值漏洞	131 以下，152 以下，186 以下
Wertungs–	评价漏洞	7
Lückenlosigkeit, Dogma der	无漏洞性，教义	164

关键词	中文对译词	位置
Natur der Sache	事物本性	92 末尾,94 末尾, 95 末尾, 107 以下,116, 117 末尾,118, II 脚注 226
Normlücke	规范漏洞	22,51,73,80, 129 以下,144
Ordnungsvorschriften s. auch rechtstechnische Vor- schriften	秩序规定 也见:法技术性 规定	184
Planwidrigkeit	计划违反性	3 以下, 20 以下
Prinzipien s. Rechtsprinzipien	原则 见:法原则	
Prinziplücke	原则漏洞	131 以下,152 以下,186 以下
Problemdenken s. Topik	问题思维 见:论题学	
Recht(i. S. v. Art. 20 GG)	(《基本法》第 20 条意义上的)法	28,I 脚注 95
Rechtsanalogie	法类推	90 以下
Verbot der –	禁止法类推	176 以下
Rechtsfreier Raum	法外空间	29, 30 以下, 54,58,114
– als negative Prozeßvoraussetzung	法外空间作为消极诉讼前提	32

关键词	中文对译词	位置
Rechtsidee	法理念	49, 63, 92 末尾, 99 以下, 109, 116, 118
Rechtsinstitut	法制度	
Bildung von –	（法制度的）构造	25, 84 以下, 147 以下, 152 以下, 162
Rechtsprinzipien, allgemeine	法原则, 普遍性	28, 49, 84 以下, 118, 152 以下
rechtstechnische –	法技术性的普遍法原则	86
Rechtssicherheit	法的安定性	116, 175 以下, 184
Rechtstechnische Prinzipien	法技术性原则	86
Rechtstechnische Vorschriften	法技术性规定	160, 166, 174, 184, 186
Rechtsverweigerungslücke	拒绝裁判漏洞	131 以下, 137 以下, 164 以下
Rechtsverweigerungsverbot	禁止拒绝裁判	47, 50 以下, 118, 132 以下, 165
Reduktion, teleologische	限缩, 目的性	74 以下, 79 以下, 133, 144, 161
Unzulässigkeit der –	限缩的不被允许性	181 以下

关键词	中文对译词	位置
Wandel der Normstiuation s. auch nachträgliche Lücke	规范情景变迁 也见：嗣后漏洞	181 以下
Werte	价值	28,49,113 以 下,118
Wertung des Gesetzes	法律的评价	7,8 末尾,48, 49,63 以下,75 末尾,79 以下, 87, 118, 132,165
Wortsinn	文义	6 以下
möglicher –	可能文义	10

最重要例子的关键词索引

阿拉伯数字是指正文边码,罗马数字及其后的阿拉伯数字分别指章目和脚注。

关键词	中文对译词	位置
Bigamie	重婚	61, 77, 128,145
Dauerschuldverhältnis	持续性债务关系	91,95,160
Dienstbarkeit	役权	94
Drittschadensliquidation	第三人损害清算	25,45,150
Eigentümergrunddienstbarkeit	所有人地役权	94
Einwilligung (als Rechtfertigungsgrund)	同意作为正当化事由	104,124
Entmündigung (bei Rauschgiftsucht)	（在吸毒成瘾的情形的）禁治产	38,178
Erbunwürdigkeit	无继承资格	179
Faktische Gesellschaft	事实公司	25,96,146
Fürsorgepflicht	照顾义务	24,111
Gefährdungshaftung	危险责任	71（脚注72处),87
Gefahrgeneigte Arbeit	危险倾向型劳动	111, V 脚注 37
Gehilfenhaftung	辅助人责任	83 末尾
Gehör, rechtliches	听审,法律上的	40 末尾,51
Geschäft „für den, den es angeht"	"涉及谁就为谁"而行为	25,147
Geschäftsfähigkeit (Schutz mangelnder)	行为能力（瑕疵的保护）	74, 97, 128,152
Hausarbeitstag	家务劳动日	182

关键词	中文对译词	位置
Kindstötung	杀害儿童	185
Kontrahierungszwang	强制缔约	25,149
Kündigung (aus wichtigem Grund)	（基于重大事由）终止	91,95
Kuppelei	通奸	106
Nichtigkeit（von Beschlüssen bei der GmbH)	无效（有限责任公司决议）	56，V 脚注 40
Notstand	紧急避险	
entschuldigender –	受宽恕的紧急避险	71
rechtfertigender –	正当化的紧急避险	24，101，154 以下
– im Zivilrecht	民法中的紧急避险	71,156
Obligationsstatut	债之准据	25,45,52,128,131 以下,137
Parteiwechsel im Zivilprozeß	民事诉讼中的当事人变更	24,117
Persönlichkeitsrecht	人格权	115,IV 脚注 66,180,V 脚注 57
Prokura	代理权	82
Prozeßökonomie	诉讼经济	117
Rauschgiftsucht	吸毒成瘾	38,178
Schadensliquidation im Drittinteresse	为第三人利益的损害清算	25,45,150

关键词	中文对译词	位置
Schuldstatut s. Obligiationsstatut	债务准据,见:债之准据	
Selbstaufopferung (im Straßenverkehr)	（道路交通中的）自我牺牲	66,142
Tonbandaufnahme	磁带录音	183
Treuepflicht	忠实义务	24,111
Uneheliches Kind	非婚生子女	21 末尾, 67, 127,141
Unterlassungsklage	不作为之诉	24, 102,159
Unzucht (zwischen Verlobten)	（订婚者之间的）淫乱	106
Verbotsirrtum	禁令错误	98,158
Vertreter, Strafbarkeit des gesetzlichen	代理人,法定……的可罚性	188
Vormerkung (gutgläubiger Erwerb)	（善意取得之）预告登记	68,141
Vorspiegelung (§ 463 BGB)	虚构(《民法典》第463条)	8, 48, 91, 128, 138,140
Waffengleichheit im Zivilprozeß	民事诉讼中的武器对等	100
Wahlfeststellung	择一认定	25, 124,148
Werkvertrag (§ 618 III)	承揽合同(《民法典》第618条第3款)	64, 141,173

关键词	中文对译词	位置
Widerklage	反诉	100
Willensmängel (bei der Gründung einer AG)	（设立股份公司情形之）意思瑕疵	96,152
Witwenrente	遗孀养老金	82
Zurückbehaltungsrecht, handelsrechtliches	留置权，商法上的	83

卡纳里斯教授生平年表

2021年3月5日,德国当代著名私法与法理论学者克劳斯-威廉·卡纳里斯(Claus-Wilhelm Canaris)教授与世长辞。其弟子们在讣告中对卡纳里斯教授做出如下评价:"他以理性的洞察、体系构造的才智与创造性想象塑造了法律科学。其思想永存。它们奠基于一贯的理论反思和致力宏大图景的自由精神。"

以下为慕尼黑大学法学院官方网站公布的卡纳里斯教授的生平资料[1],特译为中文,以作纪念。

生平年表(1937年7月1至2021年3月5日)

1937年7月1日	生于(波兰西南部城市)里格尼茨
1943年至1957年	在柯尼斯堡、(上巴伐利亚)米斯巴赫和杜塞尔多夫上小学和中学
1957年	从杜塞尔多夫人文主义洪堡文理中学高中毕业,并被德意志人民研究基金会录取
1957年至1961年	在慕尼黑、日内瓦和巴黎学习法学、哲学与日耳曼学
1961年	在慕尼黑通过第一次法律国家考试,随后担任卡尔·拉伦茨的学术助理

---

[1] 网址为:https://www.jura.uni-muenchen.de/personen/c/canaris_claus_wilhel/vita_cwc/index.html。

1963 年	在卡尔·拉伦茨的指导下于慕尼黑取得博士学位(论文题目:《法律漏洞的确定》)
1965 年	在慕尼黑通过第二次法律国家考试
1967 年	在卡尔·拉伦茨的指导下于慕尼黑取得教授资格(论文题目:《德国私法中的信赖责任》)
1967 年/1968 年	埃尔朗根—纽伦堡大学和雷根斯堡大学代理教席
1968 年	拒绝雷根斯堡大学的聘任
	格拉茨大学奥地利劳动法与德意志私法正教授
1969 年	汉堡大学正教授
1972 年起	慕尼黑大学民法、商法与劳动法以及法哲学正教授(接替卡尔·拉伦茨)
1974 年至 2001 年	慕尼黑大学民法与民事诉讼法研究所执行所长,商法、经济法与劳动法研究所代理执行所长
1976 年/1977 年	慕尼黑大学法学院院长、学术评议会成员
1983 年至 1995 年	巴伐利亚交易所理事会成员(名誉投资者代表)
1984 年至 1992 年	德意志研究基金会民法专业鉴定人
1987 年至 1993 年	民法学会理事会成员
1988 年	被德意志研究基金会授予莱布尼茨奖
1990 年起	巴伐利亚科学院哲学历史类高级院士
1990 年	被里斯本大学授予名誉法学博士学位
1991 年起	欧洲科学与艺术学院高级院士,萨尔茨堡
1993 年	被马德里(自治)大学授予名誉法学博士学位
1993 年	被格拉茨大学授予名誉法学博士学位
1994 年起	欧洲私法学者协会高级会员,帕维亚
1994 年	被雅典大学授予名誉法学博士学位

1995 年起	奥地利科学院通讯院士（哲学历史类），维也纳
1997 年	为纪念其六秩华诞召开以"法学思维中的统一性与一致性"为总主题的研讨会，I. Koller, J. Hager, M. Junker, R. Singer 与 J. Neuner 主办，并出版会议文集（1998）
1997 年	日本科学促进会研究员
1998 年	高级法律研究会名誉研究员，伦敦
1999 年至 2006 年	巴伐利亚科学院哲学历史类院士，并于 1999 年、2001 年、2003 年和 2005 年任副主席
2000 年	被授予德意志联邦共和国一等功绩十字勋章
2001 年	联邦司法部召集的给付障碍法委员会成员
2002 年至 2005 年	私法与民事程序法研究所负责人
2002 年	《法秩序变迁中的延续性》，六十五华诞祝寿文集，J. Hager, F.C. Hey, I. Koller, K. Langennbucher, J. Neuner, J. Petersen 与 R. Singer 出版
2003 年起	威尼托科学、人文与艺术学院高级外籍院士，威尼斯
2005 年 10 月 1 日	荣休
2005 年	被维罗纳大学授予名誉法学博士学位
2006 年	被授予巴伐利亚马克西米利安科学与艺术奖章
2007 年	《七秩华诞祝寿文集》，两卷，1532 页、1480 页，A. Heldrich, J. Prölss, I. Koller, K. Langenbucher, H.C. Grigoleit, J. Hager, F.C. Hey, J. Neuner, J. Petersen, R. Singer 出版
2008 年	伦巴第科学与人文学院高级外籍院士，米兰
	慕尼黑路德维西-马克西米利安大学高级研究中心成员

2012 年	《作品全集》，三卷，990 页、870 页、1558 页，J. Neuner 与 H. C. Grigoleit 会同 I. Koller, J. Hager, M. Junker, R. Singer, J. Petersen, K. Langenbucher, F. Hey, C. Herresthal, T. Riehm, M. Auer 出版
2017 年	《21 世纪的私法教义学：八秩华诞祝寿文集》，1282 页, A. Auer, H.C. Grigoleit, J. Hager, C. Herresthal, F. Hey, I. Koller, K. Langenbucher, J. Neuner, J. Petersen, T. Riehm, R. Singer 出版
2021 年 3 月 5 日	卒于慕尼黑

译后记

德国现代法学方法论的奠基人菲利普·海克（Philipp Heck）曾说过，"在所有的改变中，方法的改变是最大的进步"。近几十年来，我国的法学方法论研究及其实践运用已经取得长足的发展，这与国内数代法律学人对德语法学方法论作品的引介密不可分。其实，德语法学方法论最为繁盛的时期当数20世纪五十至七十年代，而卡纳里斯教授的《法律漏洞的确定》便是其中最具代表性的经典作品之一。之所以选择翻译本书，译者的初衷在于将国内学术界与实务界对相关问题的思考引向深处，从而实现更大的进步。

本书为卡纳里斯教授的再版博士论文，但又不只是一篇博士论文。正如其弟子莱茵哈德·辛格（Reinhard Singer）教授所言："对于一位当时刚好26岁的法律人来说，这是一部极其成熟的作品，其判断稳当且自信，具有令人印象深刻的体系建构力量。假如不是被撰写成博士论文，其（如今）也（还）能被用作关于方法论的教科书，而且必定在一点上胜过其老师（拉伦茨）的方法论：论证的强度和准确性。"暂且不论师徒二人孰高孰低，至少在译者看来，卡纳里斯教授高超的理论建构能力和对司法实践的热切关怀均堪称典范。

如果说译著也可以算是学术作品的话，那么翻译这本"法律漏洞教科书"便是译者在研习法学方法论的道路上所迈出的重要一步。整个翻译过程持续近六年之久，其间反复因其他学术研究而多次中断，以致未能在卡纳里斯教授有生之年顺利出版，甚为惋惜。现已完成全书的翻译及校对工作,谨在此深切缅怀卡纳里斯教授。

值本书即将问世之际,译者心中充满感激。首先感谢我的导师——清华大学法学院申卫星教授多年的悉心培养。老师持续关注本书的翻译工作,并在百忙之中拨冗为本书作序。感谢丛书主编中南财经政法大学李昊教授对选题的建议和辛苦组织。感谢清华大学法学院博士生徐海雷协助翻译书中为数不少的法语注释。感谢北京大学出版社陆建华、隋明晰编辑的精心制作。感谢众多师长、学友对我的鼓励和帮助。感谢父母多年来对我的鼎力支持。感谢兰博士的长久陪伴。

本书翻译难度较大,加之译者自身的德语水平和学术积累均有待提升,所以书中难免存在错漏之处,恳请诸位读者批评指正。与此同时,译者也衷心期待与学术界与实务界的前辈、同仁和广大学子深入交流。译者的电子邮箱为:yangxujustice@126.com。

杨旭

2022 年 5 月 22 日于花园路住所

法律人进阶译丛

《民事诉讼法（第4版）》，〔德〕彼得拉·波尔曼 著

《消费者保护法》，〔德〕克里斯蒂安·亚历山大 著

《日本典型担保法》，〔日〕道垣内弘人 著，2022年出版

《日本非典型担保法》，〔日〕道垣内弘人 著，2022年出版

《担保物权法（第4版）》，〔日〕道垣内弘人 著

《日本信托法（第2版）》，〔日〕道垣内弘人 著

《公司法的精神：欧陆公司法的核心原则》，〔德〕根特·H.罗斯 等著

⊙ 案例研习

《德国大学刑法案例辅导（新生卷·第三版）》，〔德〕埃里克·希尔根多夫著，2019年出版

《德国大学刑法案例辅导（进阶卷·第二版）》，〔德〕埃里克·希尔根多夫著，2019年出版

《德国大学刑法案例辅导（司法考试备考卷·第二版）》，〔德〕埃里克·希尔根多夫著，2019年出版

《德国民法总则案例研习（第5版）》，〔德〕尤科·弗里茨舍 著，2022年出版

《德国债法案例研习I：合同之债（第6版）》，〔德〕尤科·弗里茨舍 著，2023年出版

《德国债法案例研习II：法定之债（第3版）》，〔德〕尤科·弗里茨舍 著

《德国物权法案例研习（第4版）》，〔德〕延斯·科赫、马丁·洛尼希著，2020年出版

《德国家庭法案例研习（第13版）》，〔德〕施瓦布著

《德国劳动法案例研习（第4版）》，〔德〕阿博·容克尔 著

《德国商法案例研习（第3版）》，〔德〕托比亚斯·勒特 著，2021年出版

⊙ 经典阅读

《法学方法论（第4版）》，〔德〕托马斯·M.J.默勒斯 著，2022年出版

《法学中的体系思维和体系概念（第2版）》，〔德〕克劳斯-威廉·卡纳里斯 著，2023年出版

《法律漏洞的确定（第2版）》，〔德〕克劳斯-威廉·卡纳里斯 著，2023年出版

《欧洲民法的一般原则》，〔德〕诺伯特·赖希 著

《欧洲合同法（第2版）》，〔德〕海因·克茨 著

《德国民法总论（第4版）》，〔德〕莱因哈德·博克 著

《合同法基础原理》，〔美〕梅尔文·A.艾森伯格 著，2023年出版

《日本新债法总论（上下卷）》，〔日〕潮见佳男 著

《法政策学（第2版）》，〔日〕平井宜雄 著